应用型本科旅游管理专业精品系列规划教材

旅游资源学理论与实务

主　编　张艳萍　肖怡然　邓思胜

北京理工大学出版社
BEIJING INSTITUTE OF TECHNOLOGY PRESS

内容简介

本书集"简明性、理论性、应用性、碎片性"四大特点于一体,根据高等院校旅游管理专业本科人才培养的目标和要求,结合旅游人才需求的新特点、新趋势,在编写内容和体例上尝试突破和创新。在内容上,力求用简明、科学的语言阐述旅游资源学复杂、深奥的学科理论。同时为了突出应用性并有利于学生理解和应用理论的特点,每章均配以典型的实例解析。在编写体例上,充分考虑学科体系和知识逻辑性的同时,还以"小贴士""知识归纳"等形式,对相关理论、知识、标准进行补充性、提示性介绍,对重要知识点和操作点进行重点说明。

全书共分十章,主要内容有:旅游资源的概念和特点、旅游资源学的研究内容与研究方法、旅游资源的成因和分类、自然旅游资源分述、人文旅游资源分述、旅游资源分区、旅游资源调查与评价、旅游资源开发、旅游业可持续发展与旅游资源保护等。

本书可作为高等院校旅游类及相关专业学生的教材,也可作为旅游职业培训、学历提升的教材,同时也是旅游从业人员自学的重要参考书。

版权专有　侵权必究

图书在版编目(CIP)数据

旅游资源学理论与实务 / 张艳萍,肖怡然,邓思胜主编. —北京:北京理工大学出版社,2019.12(2024.7重印)

ISBN 978-7-5682-8027-3

Ⅰ.①旅…　Ⅱ.①张…②肖…③邓…　Ⅲ.①旅游资源-高等学校-教材　Ⅳ.①F590

中国版本图书馆 CIP 数据核字(2019)第 300394 号

出版发行 /	北京理工大学出版社有限责任公司
社　　址 /	北京市海淀区中关村南大街 5 号
邮　　编 /	100081
电　　话 /	(010)68914775(总编室)
	(010)82562903(教材售后服务热线)
	(010)68948351(其他图书服务热线)
网　　址 /	http://www.bitpress.com.cn
经　　销 /	全国各地新华书店
印　　刷 /	北京虎彩文化传播有限公司
开　　本 /	787 毫米×1092 毫米　1/16
印　　张 /	11.5
字　　数 /	282 千字
版　　次 /	2019 年 12 月第 1 版　2024 年 7 月第 3 次印刷
定　　价 /	32.00 元

责任编辑 / 梁铜华
文案编辑 / 时京京
责任校对 / 刘亚男
责任印制 / 李志强

图书出现印装质量问题,请拨打售后服务热线,本社负责调换

出版说明

用创新性思维引领应用型旅游管理本科教材建设

市场上关于旅游管理专业的教材很多，其中不乏国家级规划教材。然而，长期以来，旅游专业教材普遍存在定位不准、与企业实践背离、与行业发展脱节等现象，甚至出现大学教材、高职高专教材和中职中专教材从内容到形式都基本雷同的情况。当教育部确定大力发展应用型本科后，编写出一套真正适合应用型本科使用的旅游管理专业教材，成为应用型本科旅游管理专业发展必须解决的棘手问题。

北京理工大学出版社是愿意吃螃蟹的。2015年夏秋之交，出版社先后在成都召开了两次应用型本科教材研讨会，参会的人员有普通本科院校、应用型本科院校和部分专科院校的一线教师及行业专家，会议围绕应用型本科教材的特点、应用型本科与普通本科教学的区别、应用型本科教材与高职高专教材的差异进行了深入探讨，大家形成许多共识，并在这些共识的基础上组建了教材编写组和大纲审定专家组，按照"新发展、新理念、新思路"的原则编写了这套教材。教材在以下四个方面有较大突破：

一是人才定位。应用型本科教材既要改变传统本科教材按总经理岗位设计的思路，避免过高的定位让应用型本科学生眼高手低，学无所用；又要与以操作为主、采用任务引领或项目引领方式编写的专科教材相区别，要有一定的理论基础，让学生知其然亦知其所以然，有发展的后劲。教材编写组最终确定将应用型本科教材定位为培养基层管理人才，使这种人才既懂管理，又会操作，能为旅游行业广为接纳。

二是课程和教材体系创新。在人才定位后，教材编写组对应用型本科课程和教材体系进行了创新，核心是弥补传统本科教材过于宏观的缺陷，按照市场需要和业务性质来创新课程体系，并根据新课程体系创新教材体系，如在《旅行社经营与管理》之外，配套《旅行社计调业务》《旅游产品设计与开发》《旅行社在线销售与门店管理》等教材。将《饭店管理》细化为《前厅服务与管理》《客房服务与管理》《餐饮服务与管理》，形成与人才定位一致的应用型本科课程体系和教材体系。与此同时，编写组还根据旅游业新的发展趋势，创新了许多应用型本科教材，如《乡村旅游经营与管理》《智慧旅游管理与实务》等，使教材体系更接地气并与产业结合得更加紧密。

三是知识体系的更新。由于旅游业发展速度很快，部分教材从知识点到服务项目再到业务流程都可能落后了，如涉旅法规的变更、旅游产品预订方式的在线化、景区管理的智慧化以及乡村旅游新业态的不断涌现等，所以要求教材与时俱进、不断更新。教材编写组在这方面做了大量工作，使这套教材能够及时反映中外旅游业的发展成就，掌握行业变化动态，传授最新知识体系，并与相关旅游标准有机融合，尽可能做到权威、全面、方便、适用。

四是融入导游考证内容。2016年1月19日，国家旅游局办公室正式发布了《2016年全国导游人员资格考试大纲》（旅办发〔2016〕14号），大纲明确规定：从2016年起，实行全国统一的导游人员资格考试，不指定教材。本套教材中的《旅游法规与政策》《导游实务》《旅游文化》等属于全国导游资格考试统考科目，教材紧扣《全国导游资格考试大纲》，融入了考证内容，便于学生顺利获取导游证书。

为了方便使用，本套教材的编写体例也极尽人性化，教材各章设计了"学习目标""实训要求""小知识""小贴士""知识归纳""案例解析"和"习题集"，同时配套相应的教学资源，无论是学生还是教师使用都十分方便。本套教材的配套资源可在北京理工大学出版社官方网站下载，下载网址为：www.hitpress.com.cn 或扫封底二维码关注出版社公众号。

当然，由于时间和水平有限，这套教材难免存在不足之处，敬请读者批评指正，以便教材编写组不断修订并日臻完善。希望这套教材的出版，能够为旅游管理专业应用型本科教材建设探索出一条成功之路，进一步提升旅游管理专业应用型本科教学的水平。

四川省旅游协会副会长
四川省导游协会会长
四川省旅发委旅行社发展研究基地主任
四川师范大学旅游学院副院长

陈乾康

总 序

随着高等教育迈向大众化，人才培养逐渐由重理论、重学术向重实践、重能力转变，强调职业素质、职业技能与职业能力的培养，注重培养适应时代发展需要的应用型人才。旅游管理作为一门应用性极强的学科，在探索应用型本科的专业建设、课程体系重构、教学手段革新、丰富教学内容等方面走在前列，对其他专业向应用型本科转型具有引领示范作用。

2015年10月，国家旅游局、教育部联合出台了《加快发展现代旅游职业教育的指导意见》，其中指出要"加强普通本科旅游类专业，特别是适应旅游新业态、新模式、新技术发展的专业应用型人才培养"。在当今时代，本套"旅游管理专业应用型本科规划教材"对推动普通本科旅游管理专业转型，培养适应旅游产业发展需求的高素质管理服务人才具有重要的意义。具体来说，本套教材主要有以下特点：

一、理念超前，注重理论结合实际

本套教材始终坚持"教材出版，教研先行"的理念，经过调研旅游企业、征求专家意见、召开选题大会、举办大纲审定大会等多次教研活动，最终由几十位高校教师、旅游企业职业经理人共同开发、编写而成。

二、定位准确，彰显应用型本科特色

该套教材科学地区分了应用型本科教材与普通本科教材、高职高专教材的差别，以培养熟悉企业操作流程的基层管理人员为目标，理论知识按照"本科标准"编写，实践环节按照"职业能力"要求编写，在内容上做到了教材的理论与实践相结合。

三、体系创新，符合职业教育的要求

本套教材按照"课程对接岗位"的要求，优化了教材体系。针对旅游企业的不同岗位，教材编写组编写了不同的课程教材，如针对旅行社业务的教材有《旅行社计调业务》《导游实务》《旅行社在线销售与门店管理》《旅游产品设计与开发》《旅行社经营与管理》等，保证了课程与岗位的对接，符合旅游职业教育的要求。

四、资源配备,搭建教学资源平台

本套教材以建设教学资源数据库为核心,制作了图文并茂的电子课件,方便教师教学,还提供了课程标准、授课计划、案例库、同步测试题及参考答案、期末考试题等教学资料,以便教师参考;同步测试题包括单项选择题、多项选择题、判断题、简答题、技能操作题及参考答案,便于学生练习和巩固所学知识。

在全面深化"大众创业,万众创新"的当今社会,学生的创新能力、动手能力与实践能力成为旅游管理应用型本科教育的关键点与切入点,而本套教材的率先出版可谓一个很好的出发点。让我们为旅游管理应用型本科的发展壮大而共同努力吧!

教育部旅游管理教学指导委员会副主任委员
湖北大学旅游发展研究院院长

前 言

随着国际、国内旅游业的发展，旅游教育向纵深领域拓展，旅游业迫切需要大批既具有扎实的专业理论基础，又具有很强的实践能力的应用型人才。编者根据高等院校旅游管理专业本科人才的培养目标和要求，结合旅游业人才需求的新特点、新趋势，编写了这本《旅游资源学理论与实务》教材。

旅游资源是旅游业生存与发展的基础，旅游资源与旅游活动关系十分密切。旅游资源学就是专门研究旅游经济活动与旅游资源关系的学科，是专门研究旅游资源形成、特点、分类、分区、开发利用和保护的一门综合性学科。依据上述要求，本教材在大量借鉴前人研究成果的基础上，从旅游资源学的研究内容和不同种类的旅游资源的特点、分布等基础理论知识出发，将理论与实践结合，通过实际案例进行讲解。

首先，本教材全面系统地分析了旅游资源学的主要概念、定义、研究对象与内容、研究方法，阐述了旅游资源的形成机制、特征和分类方法。

其次，系统介绍了旅游资源的分类，按自然旅游资源和人文旅游资源分别讲解，主要包括地文景观、水域风光、气象气候与天象、生物景观、历史古迹、宗教文化、古典园林、城市与乡村、民俗风情、文学艺术等内容。另加一章介绍旅游资源分区，包括中国旅游资源分区和世界旅游资源分区。

再次，系统介绍了旅游资源的利用与保护，以旅游业可持续发展为出发点，以合理开发和利用旅游资源为中心，包括旅游资源的调查、评价、论证和规划工作，以及开发中和开发后的保护与管理工作等内容。

最后，本书配有大量经典案例，帮助学生更好地理解旅游资源学相关内容，力求做到理论与实践结合。

本书参考了大量国内外相关研究成果，这些研究成果给了我们很大的帮助和启示，在此对这些研究的作者致以诚挚的谢意。最后，要特别感谢出版社老师给予的支持与帮助。

在本教材撰写过程中，我们尽可能全面阅读相关资料，但因时间和水平有限，书中难免存在一些疏漏之处，敬请读者指正。

张艳萍
2019 年 8 月

目 录

第一章 绪 论 …………………………………………………………………… (1)
　第一节 旅游资源的概述 …………………………………………………… (1)
　　一、旅游资源的概念 …………………………………………………… (1)
　　二、旅游资源含义的层次分解 ………………………………………… (2)
　第二节 旅游资源学的研究内容和方法 …………………………………… (4)
　　一、旅游资源学的研究内容 …………………………………………… (4)
　　二、旅游资源学的研究方法 …………………………………………… (5)
　第三节 旅游资源的特点 …………………………………………………… (6)
　　一、多样性与美学观赏性的统一 ……………………………………… (6)
　　二、时间性 ……………………………………………………………… (7)
　　三、地域的固定性与差异性 …………………………………………… (7)
　　四、开发利用的可重复性 ……………………………………………… (7)

第二章 旅游资源的成因和分类 ……………………………………………… (9)
　第一节 旅游资源的成因 …………………………………………………… (9)
　　一、自然旅游资源的形成条件 ………………………………………… (9)
　　二、人文旅游资源的形成条件 ………………………………………… (11)
　第二节 旅游资源分类 ……………………………………………………… (12)
　　一、旅游资源分类的概念、原则和依据 ……………………………… (12)
　　二、分类的原则和依据 ………………………………………………… (13)
　第三节 国家标准中的分类 ………………………………………………… (14)
　　一、国家标准中的分类方案 …………………………………………… (14)
　　二、国家标准中的旅游资源分类表 …………………………………… (14)

第三章 自然旅游资源（Ⅰ） ………………………………………………… (24)
　第一节 自然旅游资源的概念 ……………………………………………… (24)
　　一、自然旅游资源的概念 ……………………………………………… (24)
　　二、自然旅游资源的类型 ……………………………………………… (24)
　第二节 地质地貌旅游资源分类及其旅游产品类型 ……………………… (25)

一、地质地貌在旅游业中的作用 ………………………………………………（25）
　　　二、主要地质地貌旅游资源及旅游产品类型 …………………………………（26）
　　第三节　水体旅游资源分类及旅游产品类型 ……………………………………（27）
　　　一、水体旅游资源在旅游业中的作用 …………………………………………（27）
　　　二、主要水体旅游资源及旅游产品类型 ………………………………………（28）

第四章　自然旅游资源（Ⅱ） ………………………………………………………（32）
　　第一节　天气与气候旅游资源 ……………………………………………………（32）
　　　一、气候对旅游发展的影响 ……………………………………………………（32）
　　　二、天气与气候旅游资源的特点 ………………………………………………（33）
　　　三、气候旅游资源类型 …………………………………………………………（33）
　　第二节　气象与天象旅游资源 ……………………………………………………（34）
　　　一、气象旅游资源 ………………………………………………………………（34）
　　　二、天象旅游资源 ………………………………………………………………（35）
　　第三节　生物旅游资源 ……………………………………………………………（36）
　　　一、生物与旅游 …………………………………………………………………（36）
　　　二、生物旅游资源的概念及特点 ………………………………………………（37）
　　　三、生物旅游资源的基本类型 …………………………………………………（38）
　　　四、著名生物旅游资源介绍 ……………………………………………………（38）
　　　五、自然保护区 …………………………………………………………………（41）

第五章　人文旅游资源（Ⅰ） ………………………………………………………（47）
　　第一节　历史古迹旅游资源 ………………………………………………………（47）
　　　一、历史古迹的旅游价值 ………………………………………………………（47）
　　　二、古人类遗址 …………………………………………………………………（47）
　　　三、古文化遗址 …………………………………………………………………（48）
　　　四、古建筑 ………………………………………………………………………（48）
　　　五、皇帝陵墓 ……………………………………………………………………（54）
　　第二节　宗教文化旅游资源 ………………………………………………………（57）
　　　一、宗教在旅游中的作用 ………………………………………………………（57）
　　　二、宗教建筑旅游资源 …………………………………………………………（57）
　　　三、宗教艺术旅游资源 …………………………………………………………（59）
　　第三节　园林旅游资源 ……………………………………………………………（60）
　　　一、园林发展史 …………………………………………………………………（60）
　　　二、中西方园林艺术的差异 ……………………………………………………（63）
　　　三、中国著名园林介绍 …………………………………………………………（64）
　　　四、外国著名园林介绍 …………………………………………………………（65）

第六章　人文旅游资源（Ⅱ） ………………………………………………………（70）
　　第一节　城市与乡村旅游资源 ……………………………………………………（70）
　　　一、城市旅游资源 ………………………………………………………………（70）

目录

　　二、乡村旅游资源 …………………………………………………………（77）

第二节　民俗风情旅游资源 …………………………………………………（79）

　　一、民俗风情与旅游 ………………………………………………………（79）

　　二、主要民俗风情旅游资源介绍 …………………………………………（80）

第三节　文学艺术旅游资源 …………………………………………………（82）

　　一、文学艺术在旅游中的作用 ……………………………………………（82）

　　二、文学艺术旅游资源的分类 ……………………………………………（82）

第四节　其他旅游资源 ………………………………………………………（85）

　　一、工业旅游资源 …………………………………………………………（85）

　　二、国外特色旅游资源 ……………………………………………………（86）

第七章　旅游资源分区 …………………………………………………………（89）

第一节　旅游资源分区的依据 ………………………………………………（89）

　　一、以地理区划为依据 ……………………………………………………（89）

　　二、以旅游资源特色为依据 ………………………………………………（90）

　　三、以旅游资源相似性为依据 ……………………………………………（90）

　　四、以旅游资源开发和保护为依据 ………………………………………（90）

第二节　中国旅游资源分区 …………………………………………………（91）

　　一、中国旅游资源分区概述 ………………………………………………（91）

　　二、京鲁重地、山海胜地——京华旅游区 ………………………………（91）

　　三、黄河文明、华夏寻根——中原旅游区 ………………………………（91）

　　四、关东文化、林海雪原、火山景观——东北旅游区 …………………（92）

　　五、荆楚文化、湖山峡谷——华中旅游区 ………………………………（93）

　　六、山水园林——华东旅游区 ……………………………………………（94）

　　七、岭南文化，亚热带、热带景观——华南旅游区 ……………………（94）

　　八、民族风情、奇山秀水——西南旅游区 ………………………………（96）

　　九、丝路文化、塞外风光——西北旅游区 ………………………………（96）

　　十、藏族文化、世界屋脊——青藏旅游区 ………………………………（98）

　　十一、中西文化、海岛风貌——港澳台旅游区 …………………………（99）

第三节　世界旅游资源分区 …………………………………………………（100）

　　一、东亚及太平洋地区 ……………………………………………………（100）

　　二、欧洲地区 ………………………………………………………………（104）

　　三、美洲地区 ………………………………………………………………（108）

　　四、非洲地区 ………………………………………………………………（110）

　　五、南亚地区 ………………………………………………………………（114）

　　六、中东地区 ………………………………………………………………（115）

第八章　旅游资源调查与评价 …………………………………………………（119）

第一节　旅游资源调查 ………………………………………………………（119）

　　一、旅游资源调查的含义 …………………………………………………（119）

二、旅游资源调查的作用 …………………………………………………………… (119)
　　三、旅游资源调查的主要内容 ……………………………………………………… (120)
　　四、旅游资源调查的基本程序 ……………………………………………………… (122)
　　五、旅游资源调查的方法 …………………………………………………………… (123)
　第二节　旅游资源评价 …………………………………………………………………… (124)
　　一、旅游资源评价的含义和目的 …………………………………………………… (124)
　　二、旅游资源评价的原则 …………………………………………………………… (125)
　　三、旅游资源评价的内容 …………………………………………………………… (125)
　　四、旅游资源评价的方法 …………………………………………………………… (127)
　　五、旅游资源评价的程序 …………………………………………………………… (129)
　第三节　旅游资源评价国家标准 ………………………………………………………… (130)
　　一、总体要求和评价体系 …………………………………………………………… (130)
　　二、旅游资源调查和评价文（图）件内容编写 …………………………………… (132)

第九章　旅游资源开发 ………………………………………………………………………… (140)
　第一节　旅游资源开发的概念 …………………………………………………………… (140)
　　一、旅游资源开发的概念 …………………………………………………………… (140)
　　二、旅游资源开发的意义 …………………………………………………………… (141)
　第二节　旅游资源开发的原则与理念 …………………………………………………… (142)
　　一、旅游资源开发的原则 …………………………………………………………… (142)
　　二、旅游资源开发的理念 …………………………………………………………… (144)
　第三节　旅游资源开发模式与程序 ……………………………………………………… (147)
　　一、旅游资源开发的模式 …………………………………………………………… (147)
　　二、旅游资源开发的程序 …………………………………………………………… (152)

第十章　旅游业可持续发展与旅游资源保护 ………………………………………………… (157)
　第一节　可持续发展理念 ………………………………………………………………… (157)
　　一、旅游业可持续发展的含义 ……………………………………………………… (157)
　　二、实现旅游业可持续发展的意义 ………………………………………………… (158)
　第二节　旅游资源与旅游环境保护 ……………………………………………………… (158)
　　一、旅游资源、旅游业发展与旅游环境保护的关系 ……………………………… (158)
　　二、我国旅游环境保护面临的问题 ………………………………………………… (159)
　第三节　可持续旅游发展及其实现路径 ………………………………………………… (163)
　　一、实施可持续旅游发展战略 ……………………………………………………… (163)
　　二、政策引导、加强管理、综合发展 ……………………………………………… (163)
　　三、加强监管 ………………………………………………………………………… (163)
　　四、建立旅游资源与环境保护的制度体系 ………………………………………… (163)

参考文献 ………………………………………………………………………………………… (168)

第一章 绪 论

【学习目标】
1. 掌握旅游资源的概念。
2. 了解旅游资源学的研究对象和方法。
3. 熟悉旅游资源的共同特点。

第一节 旅游资源的概述

一、旅游资源的概念

旅游资源是旅游业发展的重要基础,国内外学者对旅游资源的界定各有不同。

在国外,旅游资源被称作旅游吸引物,是指旅游目的地吸引旅游者的各要素的综合。

在我国,随着旅游业的发展和人们对资源认识的加深,旅游资源这一名词已被人们认同并广泛地应用。许多学者对这一概念进行了有益的探讨,然而由于人们着眼点的不同,到目前为止,对旅游资源这一概念的具体界定仍存在着不同的认识,有许多不同的阐述。例如:

"凡是能为人们提供旅游观赏、知识乐趣、度假疗养、娱乐休息、探险猎奇、考察研究及人民友好往来和消磨闲暇时间的客体和劳务,都可称为旅游资源。"——郭来喜

"凡是对旅游者产生吸引力,并具备一定旅游功能和价值的自然与人文因素的原材料,统称为旅游资源。"——卢云亭

"旅游资源是在现实条件下,能够使人们产生旅游动机并进行旅游活动的各种因素的总和。"——陈传康、刘振礼

"目前已经利用和尚未利用的、能够吸引人们开展旅游活动的自然过程、人类活动以及它们在不同时期形成的各种产物之总称。"——阎守邕等

"凡是经过开发能够吸引游客的东西都可称之为旅游资源。"——何礼荪

"能够使旅游者发生兴趣,有足够的力量吸引他们前来,并由此可获得经济效益的各种要素的集合。"——晓鞍

"自然界和人类社会凡能对旅游者产生吸引力,可以为旅游业开发利用,并可产生经济效益、社会效益和环境效益的各种事物和现象。"——中华人民共和国国家标准《旅游资源分类、调查与评价》(BG/T 18972—2017)

综上所述,在众多的观点中,对旅游资源认识的共同之处在于旅游资源的核心是对游客具有一定的吸引力,但是对旅游资源具体内容的概括与表述存在着差异。

根据旅游业发展实际,借鉴上述观点,本教材认为:旅游资源是指能够激发旅游者产生旅游动机,并能被旅游业开发利用的,能产生经济效益、社会效益和环境效益的各种自然的、人工的事物和现象。

二、旅游资源含义的层次分解

要正确把握旅游资源的概念,应该从以下几方面着手。

(一) 对游客具有吸引力是旅游资源的根本特征

旅游资源作为资源的一部分,具有资源的共同特征,对人类生产、生活具有实用价值(自然界赋予的或者人工创造的、历史遗存的事物和现象多种多样,那些不具备物质形态的文化、艺术、思想等,其表现形式更是名目繁多)。它们并非都是旅游资源,只有那些对游客有一定吸引力,有可能被旅游业开发利用的内容才算旅游资源。例如美丽的花卉、广阔的草原、峻峭的山脉、碧绿的湖水、秀美的冰川、茂密的森林、奇特的动物、精湛的艺术表演、纯朴的风俗习惯、良好的社会氛围等,当它们对游客产生一定的吸引力,并被旅游业开发利用,成为游客观光游览、参与体验、学习研究、科学考察的对象时,便成为旅游资源。反之,如果不能对游客产生吸引力、没有旅游开发利用价值,便难以成为旅游资源。值得注意的是,旅游资源既包括未被开发利用的内容,也包括已被开发利用的内容。未被开发利用的能对游客产生吸引力的事物和现象,可以为发展旅游业所利用,毫无疑问属于旅游资源。而那些经过开发利用的旅游资源及人工创造物,由于它们既可被看作是加工后的产品,同时又可作为继续开发的对象,不断地加工提高,继续开发,重复使用,因此也属旅游资源的范畴。

(二) 旅游资源的形式多样

旅游资源既有自然的,也有人工的;既有物质的,也有非物质的;既有有形的,也有无形的。在旅游资源中,除了有自然形成的草原、山脉、湖水、冰川、森林、动物,还有人们充分发挥主观能动性和创造力所创造的宫殿、园林、文化名城名镇、珍贵文物等,它们是物质的、有形的、实实在在存在的,认同感较强,易于被人们所认可,能够为旅游业开发利用,是旅游资源中很重要的一部分。除此之外,还有许多无形的、非物质的旅游资源,例如文化艺术、口传文化、高尚的品德、对旅游者有吸引力的社会氛围、神话故事等。这些非物质的、精神的现象是在物质的基础上产生的,总是与一定的物质基础相联系,并依附于一定的物质而存在,例如高尚的品德、多姿多彩的口传文化、热情的服务,常常与具体的人或物联系在一起。它们对旅游者有吸引力,能够为旅游业开发利用,对它们的开发利用能产生经济效益、社会效益、环境效益,具有旅游资源的本质属性。充分发掘这些无形的非物质旅游资源,不仅可以拓宽旅游的内容,而且可以为有形的、物质的旅游资源创造出一种新的附加价值。

> **小贴士**
>
> ### 世界各地奇特的树
>
> 1. 指南树
>
> 生长在非洲马拉加西岛上,树干上长满一排排细小的针叶,它们总是指向南极。
>
> 2. 药树
>
> 在西非的热带草原上生长着一种小树,树体内含有大量能杀菌的生物盐,能治疗疟疾、贫血和痢疾,树皮和树根晒干后就是天然的"奎宁"。
>
> 3. 汽油树
>
> 在南美洲亚马孙河流域生长着一种树木,分泌的汁液可直接用作汽车燃料油,经分析,这种汁液是烃类混合物。
>
> 4. 跳舞树
>
> 在西双版纳的原始森林里,有一种小树,能随着音乐节奏摇曳摆动,翩翩起舞。
>
> 5. 气象树
>
> 在广西忻城县龙顶山村旁,有一棵青冈树,晴天时,树叶是深绿色;下雨前一两天,树叶会呈红色;雨过天晴,树叶会恢复为绿色。据科技人员研究,这是由于这棵树对气候变化非常敏感。
>
> 6. 防火树
>
> 防火树是指具有较强耐热性能和隔热性能的树种。树木具有隔热性主要是由于茂密的枝叶对热的阻挡作用,树木不同的排列组合方式具有不同的隔热性能。
>
> 7. 面包树
>
> 面包树是桑科常绿乔木,原产太平洋群岛及印度、菲律宾,为马来群岛一带著名的林木之一。面包树的果实富含淀粉,烧烤后可食用。烤制过的面包果,味如面包,松软可口。

(三) 旅游资源的概念是开放的,旅游资源的范围在不断扩大

人类对自然界和社会的认识是随着生产力的提高和社会的进步而不断提高的,对旅游资源的认识也是如此。旅游资源是一个不断发展、内涵不断丰富的概念,随着社会的进步、经济的发展、人们生活水平的提高、科学技术的进步,人们旅游需求的多样化、个性化日益明显,旅游资源的范畴也在不断扩大。比如康养旅游、保健旅游、茶旅游的兴起,使一些地方兴起了访问百岁老人,游览参观茶叶种植地、茶叶加工场所、茶文化博物馆、中药材博物馆等旅游活动。参与型、体验型旅游活动已不局限于过去的滑冰、滑雪、冲浪、游泳、体验民风民俗等,而是出现了滑沙、滑草、低空飞行、热气球、放风筝、田园作业等新内容。旅游活动不仅在地面,而且开始向水下、空中发展。一些地方开展了游人潜水观看海底世界、乘坐飞机升空俯瞰城镇已经成为旅游体验的项目。陕西西安的卫星测控中心、四川西昌的卫星发射中心、美国的宇航中心、澳大利亚的造币厂等,已向游客开放，成为重要的旅游点。各种主题公园、微缩集锦式公园、大型的文化旅游综合体纷纷出现，人物栩栩如生的各种蜡像馆更是五花八门，特别是集优美的环境、现代的高科技、深厚的文化内涵于一体的大型综合性旅游景点与游乐场所，因符合时代潮流更受人们的偏爱。随着科学技术的进步，今后旅游资源的范围还将不断扩大，某些现在看来不是旅游资源的客体或因素，以后都可能成为旅游资源。

第二节 旅游资源学的研究内容和方法

旅游资源学是一门综合性学科，它专门研究旅游资源的成因、特点、分类、分区、调查与评价、开发利用与保护。旅游资源学的研究经常采用实地调研、社会调查、历史分析、资料统计、定性分析与定量分析相结合、区域对比、利用地图、应用遥感技术等方法。

一、旅游资源学的研究内容

旅游资源学研究的主要对象是旅游资源的成因、特点、分类、分区、调查与评价、开发利用与保护，研究的具体内容有以下几个方面。

(一) 研究旅游资源的形成条件

自然旅游资源、人文旅游资源和社会旅游资源，都有自己的形成条件和发展过程。由于各类旅游资源形成的条件不同、所处的时空不同，旅游资源显示出了不同的特点和价值。因此，在对旅游资源进行调查、评价、开发利用和保护时，就必须认真研究各类旅游资源的形成条件和原因。

只有这样，才能充分挖掘、开发、利用旅游资源的科学价值和文化内涵，最大限度地发挥旅游资源的社会效益、经济效益和生态效益，促进旅游业的绿色、开放、包容、可持续发展。

(二) 研究旅游资源的特点、分类与分区

旅游资源是资源的组成部分，它与其他资源相比，有一些共性，但也有自己独特的个性，如旅游资源具有美学属性，对旅游者具有吸引力。旅游资源学就是要深入研究旅游资源独特的个性和本质，以区别于其他资源。同时，在认识各类旅游资源形成条件、原因的基础上，还要研究各类旅游资源之间的相同性与差异性，从而剖析它们各自的特点。各地区旅游资源之间的差异性越大、特色越突出，越能满足旅游者的精神需求和旅游体验需求，旅游资源的开发价利用价值就越高。

旅游资源的科学分类是认识和研究旅游资源的前提条件，有利于旅游资源的开发利用与保护，是旅游资源学研究的重要方面。

旅游资源分区的依据、中国旅游资源与世界旅游资源的具体分区也是旅游资源学研究的内容。

(三) 研究旅游资源的开发利用

旅游资源的开发利用是在对各类旅游资源进行客观、科学、全面、系统的调查与评价基础上进行的。对旅游资源进行科学的开发利用，有利于旅游资源的保护，有利于资源所在地旅游业的可持续发展，能更好地体现其绿色、开放、包容、可持续的发展理念。因此，旅游资源学要根据旅游资源开发的相关理论，研究旅游资源开发规划的理念、原则、内容、方法等。

（四）研究旅游资源调查与评价的基本方法

对旅游资源进行全面系统的、客观的调查，并做出正确评价，是科学进行旅游资源开发与规划的基础。因此，旅游资源学要研究旅游资源调查的目的、内容、程序、方法和手段。在对旅游资源进行全面系统调查的基础上，根据旅游资源评价的原则、方法等，对旅游资源进行全面的客观的评价，为编制科学的旅游资源开发规划奠定基础。

（五）研究旅游资源的保护

旅游资源是旅游业赖以生存与发展的基础。因此，对旅游资源进行科学、有效的保护，是旅游业可持续发展的根本保证。旅游资源学要以可持续发展理论为基础，研究旅游资源的合理开发和可持续利用、生态环境的承载力、造成旅游资源破坏的主要原因及保护对策，加强旅游资源的科学管理，加强生态文明建设，真正贯彻和实施旅游业可持续发展理念和战略。

二、旅游资源学的研究方法

由旅游资源学研究的主要内容可知，旅游资源学涉及诸多相关学科的知识，如资源学、旅游学、地理学、地质学、景观学、园林学、建筑学、历史学、社会学、民俗学、考古学、宗教学、美学、文学、环境学、生态学、规划学等，由此也决定了旅游资源学的研究方法主要有如下几种。

（一）规范研究法和实证研究法相结合

规范研究为旅游资源学研究提供理论背景，实证研究提供现实背景和事实判断。在研究旅游资源的形成条件、旅游资源的分区等问题时，主要运用规范研究方法；在研究旅游资源的调查评价、旅游资源开发等问题时，又将实证研究融入规范研究之中。

（二）实地调查法

旅游资源总是分布在一定的区域内，它们与地理环境有着十分密切的关系。要对旅游资源的分布规律、形成条件、数量、规模、类型、科学内涵、组成结构、吸引功能、开发价值等进行调查评价，就必须亲自深入实地进行考察。只有深入考察旅游资源所处的地理环境，分析其形成、发展、演化的原因与规律，才能对旅游资源进行科学的开发利用和保护。

（三）比较分析法

比较分析法又叫对比分析法。在对旅游资源进行系统评价的过程中，用到此方法，把相互联系的两个或多个旅游资源进行比较，阐明研究对象的规模大小、禀赋好坏，以及各种关系是否协调等。

（四）历史分析法

在人文旅游资源和社会旅游资源中，有不少是人类社会各个历史时期有关生产、生活、政治、军事、外交、宗教、文学、艺术等方面的文化遗产。这些文化遗产具有强烈的时代性、地域性、民族性和艺术性等特点。对它们的研究，只有采用历史分析的方法，通过深入的分析研究，了解人类不同历史时期的社会、经济、政治、军事、文化、生活环境和生活水平，了解它们的产生原因、发展与演化过程，才能使人们正确认识其历史价值和文化价值。

（五）定性分析与定量分析相结合的方法

定性分析主要是通过归纳与演绎、抽象与概括、分析与综合等方法对旅游资源的相关方面进行定性研究。定量分析就是对旅游资源的数量特征、数量变化、数量关系进行分析，从而揭示旅游资源的某些特点、问题。任何风景区都是由多种景观类型和环境要素组成的，对构成旅游景观的各种要素的研究，除定性研究外，还必须包括定量研究。对有关的要素要分别统计，例如面积、长度、宽度、深度、温度、含量、直径、周长、层数、个数等。通过这些分析，才能确定一个风景区的资源特色、旅游价值、环境容量等。

（六）地图利用法

旅游资源的调查与评价是进行旅游资源开发与规划的前提。在进行调查时，通常要选用合适的等高线地形图、行政区划图等专业地图作为底图，将调查区域旅游资源的类型、分布、等级等情况填绘在地图上，综合各种条件，编制出旅游资源开发规划设计的有关图件。此外，旅游资源的许多研究成果也是通过各种类型的图件来体现的。

（七）遥感技术的应用

遥感是不接触目标物而探测其性质、形态和变化规律的综合技术，一般在高空或远距离处，利用传感器接收物体辐射的电磁波信息，经处理、判读和分析后实现探测物体的目的。遥感一般有航空遥感和航天遥感之分，目前以大比例尺的远红外航片和卫片的效果较好。在使用遥感图像时，要与相应比例尺的地形图、地质图、植被分布图等专业地图匹配使用，通过对遥感图像与地面实物的反复比较，从已知旅游景点建立解释标志，逐渐向外扩展。航片、卫片具有视野广阔、立体感强、地面分辨率高、信息量大、真实客观等优点，还可以节约人力、物力、时间，提高工作效率，因此常常用在旅游资源调查、研究中。

第三节 旅游资源的特点

从资源学的范畴来说，旅游资源有其共性，更具有特性，本节主要讨论旅游资源的共同特点。

一、多样性与美学观赏性的统一

从总体上讲，一方面，旅游资源无论从类型上看还是从存在的形式上看都是丰富多样的，自然、人文、社会旅游资源都具有多样性；另一方面，旅游资源最大、最普遍的意义在于美学观赏性，主要体现在旅游资源可以陶冶人们的性情、提高人们的审美情趣、培养美感，还体现在旅游资源外在的美感、气势及其内在的美学特征上。

二、时间性

时间性是指旅游资源与时间的关系，这种关系主要表现在四个方面。

（1）在不同的历史时期、不同的社会经济条件下，人们对旅游资源的认识、开发与保护是不同的。

（2）旅游资源，尤其是自然旅游资源随时间的推移在改变，美感变好与变坏、规模变大与变小等。

（3）某些资源只在某些特定的时间或时节才能出现。

（4）某些旅游资源随着区域气候的季节性变化，在不同时节呈现出不同的特色，有时甚至呈现完全不同的特色。

三、地域的固定性与差异性

旅游资源总是在特定空间内形成的，并以一定的形式、形态，按一定的规律分布在某一特定的地理空间，即旅游资源在地域上是固定的。不仅如此，由于各地的自然条件、历史基础、社会发展水平等不同，各地的旅游资源也呈现出不同的特色、不同的形态。随着自然区位、经度纬度的区域变化，旅游资源存在着一定的区域差异，例如热带风光、温带风光、寒带风光等，均与不同的地理区位密切相关。不仅自然旅游资源如此，人文旅游资源、社会旅游资源的分布也同样受到地理位置的影响，存在着区域差异，所谓"一方水土养育一方人"即是这个道理。人类在长期的发展过程中，为了自身的生存，为了追求更美好的生活，必须要发挥人的主观能动性，适应自然。改造自然，因而生活在不同环境中的人们创造出的各种人文景观、灿烂文化，必然也受到了特定环境的影响，打下了特定区域的烙印，体现出明显的地域差异。例如在建筑风格方面，四川羌族地区的民居建筑与川西汉族地区存在巨大差异，无疑与一定的自然环境区域差异密切相关。

四、开发利用的可重复性

在旅游活动中，除了极少部分旅游资源会被旅游者消耗，需要通过自然繁殖、人工饲养、栽培和再生产来补充外，绝大多数旅游资源都具有长期重复使用的属性。例如，由地质地貌、水文水体、气象气候、生物生态、历史古迹、民俗文化等旅游资源开发设计形成的旅游产品、旅游活动项目，旅游者只能带走各种印象、体验和美感，但不能把这些旅游资源带走，因此它们可以供人们长期多次重复开发利用。当然，值得注意的是，对旅游资源的重复开发利用是相对的。因此，在开发利用过程中，要设法采取有效措施，尽量减少各种自然的、人为的破坏，从而延长重复开发利用的期限。

★ 实例解析

四川省旅游资源

四川省简称川或蜀。位于中国大陆西南地区、长江上游，属西南内陆，西有青藏高原相扼，东有三峡险峰重叠，北有巴山秦岭屏障，南有云贵高原拱卫，形成了闻名于世的四川盆地。四川旅游资源极为丰富，历来有"天下山水在于蜀"之说。

四川是著名的旅游资源大省，旅游资源极其丰富。九寨沟、黄龙、峨眉山—乐山大佛、青城山—都江堰、大熊猫栖息地等5处列入了联合国教科文组织的《世界遗产名录》。加入世界人与生物圈保护网络的保护区有4处（九寨、卧龙、黄龙、稻城亚丁）。已建立国家级风景名胜区14处，省级风景名胜75处。截至2018年年底，已有12个5A级旅游景区，在全国排第四位。有中国优秀旅游城市21座；自然保护区167个，面积8.3万平方千米，占全省土地面积的17.1%，其中国家级自然保护区31个。全省湿地公园64个，其中国家湿地公园29个，省级湿地公园35个；森林公园137处，其中国家级森林公园44处，森林公园总面积232.48万公顷（1公顷=0.01平方千米），占全省面积的4.78%，森林公园总数位列全国前十。四川地质构造复杂，地质地貌景观丰富，地质遗迹类型多样，已发现地质遗迹220余处，其中有世界级地质公园3处，有国家级地质公园18处，数量居全国前列。有国家历史文化名城8座，博物馆252个，全国重点文物保护单位230处，省级文物保护单位969处；有国家级非物质文化遗产139项，省级非物质文化遗产522项。

(资料来源：旅游资源，四川省人民政府网. 2019年8月)

请阅读案例并思考：
四川省有哪些旅游资源？其特色是什么？

知识归纳

旅游资源是指凡能够激发旅游者产生旅游动机，并能被旅游业开发利用的、能产生经济效益、社会效益和环境效益的各种自然的、人工的事物和现象。

旅游资源学是一门综合性学科，它专门研究旅游资源的成因、特点、分类、分区、调查与评价、开发利用与保护。旅游资源学涉及诸多相关学科的知识，如资源学、旅游学、地理学、地质学、景观学、园林学、建筑学、历史学、社会学、民俗学、考古学、宗教学、美学、文学、环境学、生态学、规划学等，其研究经常采用实地调研、社会调查、历史分析、资料统计、定性分析与定量分析相结合、区域对比、利用地图、应用遥感技术等方法。

旅游资源的特点包括：多样性与美学观赏性的统一；时间性；地域的固定性与差异性；开发利用的可重复性。

复习思考题

1. 旅游资源学的研究内容有哪些？
2. 列举旅游资源学的研究方法。
3. 旅游资源的特点有哪些？

第二章　旅游资源的成因和分类

【学习目标】
1. 熟悉旅游资源形成的原因。
2. 了解旅游资源分类的概念、目的。
3. 掌握旅游资源的分类。

第一节　旅游资源的成因

一、自然旅游资源的形成条件

自然旅游资源是自然界诸要素在长期的相互作用、相互影响下形成的。

(一) 地球的圈层结构形成了多种类型的自然旅游资源

科学研究表明，地球表层有岩石圈、生物圈、水圈、大气圈4个圈层，它们是自然旅游资源形成的前提条件。在人类活动所涉及的各个圈层所包含的丰富多彩的自然资源中，有些可转化为供旅游业利用的自然旅游资源。在岩石圈表层可形成地质构造、岩石矿物、火山等各种奇妙的地质景观和山岳、峡谷、岩溶、丹霞等地貌景观；在生物圈中可形成由多种动植物组成的生物景观；在水圈中可形成江、河、湖、海、泉、瀑等水体景观；在大气圈中可形成云、雾、雨、雾凇等各种类型的气候气象景观。这些都是可供旅游业开发利用的旅游资源。

(二) 地质作用是形成自然旅游资源的动力基础

地质作用是自然旅游资源形成的原动力。

地质作用包括内营力作用和外营力作用，内营力作用形成地球大的背景、大的轮廓、大的框架，对地壳的发展变化起着主导作用；外营力作用则起着雕琢美景的作用。地球的内营力作用常常形成火山地貌、山岳地貌、峡谷地貌、地震遗址等地文景观；地球外营力的作用形式主要有风化作用、侵蚀作用、搬运作用、沉积作用和固结成岩作用等，它们塑造了形态各异的地表。外营力作用可形成风沙地貌、流水地貌、喀斯特地貌、海岸地貌和冰川地貌等自然景观。在内营力和外营力的共同作用下，可形成丰富多彩的自然资源。

（三）区域纬度和海拔高度的不同是旅游资源呈现横向、纵向带状分布的重要原因

由于各地所处的纬度不同，导致太阳辐射在地表分布不均，形成了各自然景观沿着纬度变化的方向呈现出有规律的分布，如北半球大陆东部由赤道到北极，依次形成了热带雨林带、热带季雨林带、亚热带常绿阔叶林带、温带落叶阔叶林带、亚寒带针叶林带、苔原带和冰原带等自然景观带。在高山地区，由于海拔的不同，从山底到山顶的水、热、光状况随着海拔高度的增加而变化，形成了生物旅游资源的垂直分布规律，也形成了很多地方的生物基因库。

（四）地表水体的水文特征是形成旅游资源的重要条件

地表水由海洋、河流、湖泊、泉水（冷泉、温泉）等组成，地球不同类型的水体形成了多样的水域风光旅游资源。在地质作用下，地球的地表水按海洋—蒸发—运移—降水—河流—海洋的循环大系统循环着。地球上的水呈固态、液态、气态等形式分布于海洋、陆地和大气之中，形成了海洋水、陆地水、大气水，并共同组成一个连续不规则的水圈。

水既是人类和其他生物生存的物质基础，也是一种重要的旅游资源。在各种水体中，海洋占地球表面积的71%，在地质、地貌、气候、生物等因素影响下，在海洋与陆地交接的边缘形成了海滩、潮汐、波浪等旅游资源。

陆地上纵横交错的河流，由于流经不同的自然景观带和不同的地貌部位，形成了景观各异的自然旅游资源。地面洼地中蓄积的水体就是湖泊；瀑布是河流流经地层软硬不同、地质构造复杂的地区而从陡坡上倾泻下来的水流；泉是地下水的露头处，由于地质构造、地貌、水文条件的不同，形成了不同类型的泉景，其中温泉因具有观赏、健身、疗养等多种功能而备受旅游者青睐，也是旅游资源开发中的热点。

（五）生物的多样性是形成生物旅游资源的物质基础

生物包括植物、动物和微生物3类。其中植物100多万种，动物50多万种，微生物由于瞬息万变，目前尚难统计，加之迄今为止微生物还未被旅游业开发利用，所以这里不加讨论。在地球表面，由于各地自然环境的复杂性、差异性，形成了地球上生物种类和组合的多样性、差异性。在不同的地理环境条件下，各具特点的动植物群落有明显的地域差异性。

生物是在地球发展的历史过程中产生的，随着地质历史的发展，生物种群也在不断地演化，生物由低级到高级、由简单到复杂不断进化着。有些古生物的遗址或遗迹保存于地层中，形成了生物化石，极具观赏和研究价值，成为一种地质旅游资源，如中生代的恐龙化石等。随地质历史时期地理环境的变迁，许多生物灭绝了，有的则在特定的条件下保留、存活下来，成为稀有生物，如大熊猫、银杏、水杉等，也成为珍贵的动植物旅游资源。

（六）复杂多变的气候是形成气象气候旅游资源的直接原因

气候是某一地区多年天气的综合特征。太阳辐射的差异是形成气候差异的众多因素中的主要因素。由于太阳辐射在地面不同纬度上的分布不均匀，使地球表面热量随着纬度的

增加而减少,这是造成地球上气候差异的最主要原因,从而导致了从赤道到两极依次出现热带、温带、寒带等气候带。各气候带又分为若干气候类型,形成了云、雨、风、霜、露、雷鸣、闪电、冷热、干湿、极光、蜃景、霓虹等不同的气象旅游资源。

由于纬度和海拔的差异,我国大陆上形成了高纬度地区的山岳避暑胜地,热带、亚热带的避寒胜地;由于大气的时空差异,形成了不同的大气物理现象,如我国黄山云海、峨眉金顶佛光等奇景。

二、人文旅游资源的形成条件

人文旅游资源是人类在长期的生产实践和社会生活中所创造的艺术成就和文化结晶,是能激发旅游者旅游动机的物质财富和精神财富的总和。

(一) 历史的传承性是人文和社会旅游资源形成的重要条件

马克思主义唯物史观告诉我们,人类历史是不断向前发展的,不同的历史时期,有与之相适应的生产力发展水平和社会生活方式。在人类发展过程中保存下来的古人类遗址、古代建筑、古典园林、帝王陵寝、文学艺术、伟大工程、宗教文化等成为重要的文物古迹旅游资源。人们通过对它们的观赏与研究,可以了解不同历史时期的政治、经济、科技、社会、文化等特点,从中发现人类历史的发展规律;它们可以激发人们的旅游动机、引起游人的普遍兴趣、拓展人们的视野、陶冶人们的情操。许多文物古迹旅游资源还是历史的见证者,是一部直观而生动的历史教科书。

(二) 文化的地域差异形成了各具特色的人文旅游资源

在地球上,自然现象和人文现象的空间分布总是呈现出不均衡性,因而各个地区的文化也呈现出明显的差异性。不同地区、不同时期、不同民族在生产方式、生活习俗、宗教信仰、审美观念等方面各不相同,呈现出各具特色和魅力的地域文化。同一民族、不同地区的人群由于历史发展和自然环境的不同,也会形成不同的民俗风情,它们可以满足旅游者求新、求异、求奇需求,因此成为极具开发价值的旅游资源。如我国地域辽阔,拥有56个民族,各民族都形成了与当地环境相适应的特有的民俗文化,成为丰富多彩的民俗文化旅游资源。

小贴士

安塞腰鼓

安塞腰鼓源于战争或者祭祀,后来演变为民间传统的娱乐活动,已有两千多年的历史。安塞腰鼓参加者一般为男性,可有几人到几千人一起演奏,非常壮观。安塞腰鼓分两种形式:一种为路鼓,即边走边打;另一种为地鼓,在广场、舞台等指定地点表演。打鼓者多头系羊毛巾,腰结红绸带,鼓系腰间,两手执槌,在大鼓、大锣、铜铙及唢呐的伴奏下,左蹦右跳,生龙活虎,显示对黄土高原的挚热情感,是力量的凝聚和爆发,如图2-1所示。

图 2-1　安塞腰鼓

（三）人类的创新意识和创新活动是人文旅游资源形成的又一重要条件

人类为了自身的繁衍和发展，为了追求更高的生活质量，必须充分发挥主观能动性，去适应自然、改造自然。人类的创新意识和创新活动必然留下众多的人造景观，如教育、文化、科研单位，商场，企业，都市景观，乡村景观，现代建筑工程，主题公园，度假村，游乐和体育场所，博物馆，展览馆等，它们已成为对旅游者颇具吸引力的旅游资源，具有巨大的旅游开发价值。如上海的迪斯尼乐园，深圳的锦绣中华、中华民俗村、世界之窗，北京的世界公园，昆明的云南民族村等，这些人造景点已成为深受人们欢迎的新型旅游资源。

第二节　旅游资源分类

一、旅游资源分类的概念、原则和依据

（一）分类的概念

旅游资源的分类，是根据旅游资源的相似性和差异性将其进行归并或划分出具有一定从属关系的不同等级类别的旅游资源的过程。在所划分出的每一种类别中，属性上彼此有相似之处，或存在着一定差异。例如根据成因可把旅游资源划分为自然旅游资源、人文旅游资源两大类，所有的自然旅游资源均为天然，自然界形成的，而所有的人文旅游资源均是在人为作用下形成的，两者之间存在着明显的不同。自然旅游资源与人文旅游资源这两大类，根据各自内部的差异还可进一步划分出次一级类型，从而形成具有一定从属关系的不同等级的类别系统。

（二）分类的意义和目的

旅游资源涉及面很广，种类多样，为了更好地认识、研究，合理地开发利用和保护旅游资源，科学的分类是一项重要的基础性研究工作。旅游资源的分类具有重要的意义。

首先，旅游资源分类可以使旅游资源条理化、系统化，为进一步开发利用、科学研究提供方便。区域性旅游资源分类系统的建立，又可为区域旅游开发提供一定的科学依据。因此，旅游资源分类是研究、认识及开发利用旅游资源的重要基础，具有重要的实践意义。

其次，旅游资源的分类过程，实际上是人们加深对旅游资源属性的认识过程。分类总是通过分析大量旅游资源属性的共性或差异性，分出不同级别的从属关系及其联系。通过不断补充新的资料，提出新的分类系统，从而加深对旅游资源属性的认识，提升理论水平。因此，旅游资源分类也具有一定的理论意义。

综上所述，旅游资源分类的目的在于通过各种分类系统的建立、补充，加深对旅游资源整体或区域旅游资源属性的认识，掌握其特点、规律，为进一步开发利用、保护及科学研究服务。

二、分类的原则和依据

（一）分类的原则

依据旅游资源的性状，即现存状况、形态、特性、特征划分，作为旅游资源分类的原则主要有以下几点。

1. 相似性与差异性原则

不能把不具有共同属性的旅游资源归为一类，划分出的同一级同一类型旅游资源必须具有共同的属性，不同类型之间应具有一定的差异。

2. 对应性原则

划分出的次一级类型内容，必须完全对应于上一级类型的内容。例如对地质地貌旅游资源进一步分类，应包括所有的地质地貌旅游资源，不能只包括地质旅游资源或地貌旅游资源，更不能包括非地质地貌旅游资源。

3. 分级与分类相结合的原则

旅游资源是一个复杂的系统，可以分为不同级别、不同层次的亚系统。分类时，可以把分级与分类结合起来，逐级进行分类。例如可以把旅游资源先分为高一级的自然旅游资源与人文旅游资源，然后再对其分别进行次一级类型的划分，如果需要，还可再向下划分更低一级类型。

4. 不同级别或不同系列的类型划分

不同级别的类型划分不能采用相同的依据，但是对每一类型直接划分次一级类型时，必须采用相同的依据，否则会出现分类的重叠。同时，分类系统还应简明扼要，具有实用性。

（二）分类的依据

根据不同的目的，旅游资源可以有多种分类标准和分类方法。常见到的标准主要有以下几种。

1. 按照旅游资源自身属性划分

属性是指旅游资源的性质、特点、存在形式、状态等，例如自然旅游资源中的地质地貌旅游资源、水体旅游资源、气候旅游资源、生物旅游资源等，它们的性状不同，因而可以划分为不同的类别。

2. 按照旅游资源成因划分

成因是指旅游资源形成的基本原因、过程。例如，人文旅游资源是人为的；自然旅游资源是自然界形成的；地貌旅游资源按成因可分为流水作用的旅游地貌、风力作用的旅游地貌、溶蚀作用的旅游地貌等。

3. 按照旅游资源功能划分

旅游资源的功能是指旅游资源能够满足开展旅游活动需求的作用。有的旅游资源可以满足开展多种旅游活动的需求，因而具有多种旅游功能。根据旅游资源的功能可以把旅游资源划分为不同的类别，例如观光游览型、参与体验型、购物型等。

4. 按照旅游资源级别划分

根据旅游资源级别的高低和旅游资源价值的大小，中国的旅游资源又可分为国家级、省级和市（县）级三种类型。

5. 其他划分依据

根据旅游资源可持续利用的潜力分为可再生旅游资源和不可再生旅游资源；根据旅游资源的开发状态分为已开发旅游资源、待开发旅游资源、潜在的旅游资源；以游客的体验性质作为分类标准，典型的分类如 1979 年美国德赖弗等将旅游资源分为原始地区、近原始地区、乡村地区、人类利用集中地区、城市化地区。

第三节　国家标准中的分类

一、国家标准中的分类方案

旅游资源是构成旅游业发展的基础，现行旅游资源国家标准为《旅游资源分类、调查与评价》（GB/T 18972—2017）。该标准充分考虑了 2003 年颁布 GB/T 18972—2003 之后，旅游界对旅游资源的含义、价值、应用等方面的研究和实践成果，为了更加突出实际操作、突出资源与市场的有机对接以及对旅游资源及其开发利用的综合评价，更加适用于旅游资源开发与保护、旅游规划与项目建设、旅游行业管理与旅游法规建设、旅游资源信息管理与开发利用等方面的工作，重点对旅游资源的类型划分进行了修订。《旅游资源分类、调查与评价》（GB/T 18972—2017）将旅游资源分为主类、亚类、基本类型 3 个层次，每个层次的旅游资源类型有相应的英文字母代号。

二、国家标准中的旅游资源分类表

国家旅游局于 2017 年 12 月 29 日颁发的《旅游资源分类、调查与评价》（GB/T 18972—2017），对自然旅游资源和人文旅游资源的分类如表 2-1 所示。

第二章 旅游资源的成因和分类

表 2-1 旅游资源基本类型表

主类	亚类	基本类型	说明
A 地文景观	AA 自然景观综合体	AAA 山丘型景观	山地丘陵区内可供观光游览的整体景观或个别景观
		AAB 台地型景观	山地边缘或山间台状可供观光游览的个体景观或整体景观
		AAC 沟谷型景观	沟谷内可供观光游览的整体景观或个别景观
		AAD 滩地型景观	缓平滩地内可供观光游览的整体景观或个别景观
	AB 地质与构造形迹	ABA 断层景观	地层断裂在地表面形成的景观
		ABB 褶曲景观	地层在各种内力作用下形成的扭曲变形
		ABC 地层剖面	地层中具有科学意义的典型剖面
		ABD 生物化石点	保存在地层中的地质时期的生物遗体、遗骸及活动遗迹的发掘地点
	AC 地表形态	ACA 台丘状地景	台地和丘陵形状的地貌景观
		ACB 峰柱状地景	在山地、丘陵或平地上突出的峰状实体
		ACC 垄岗状地景	由内营力塑造和外营力侵蚀而成的沟谷、劣地，以及在基岩内和岩石表面的天然洞穴
		ACD 沟壑与洞穴	林立的石（土）质峰林
		ACE 奇特与象形山石	形状奇异、拟人状物的山体或石体
		ACF 岩石圈灾变遗迹	岩石圈自然灾害变动所留下的表面遗迹
	AD 自然标记与自然现象	ADA 奇异自然现象	发生在地表一般还没有合理解释的自然界奇特现象
		ADB 自然标志地	标志特色地理、自然区域的地点
		ADC 垂直自然带	山地自然景观及其自然要素（主要是地貌、气候、植被、土壤）随海拔呈递增的现象
B 水域景观	BA 河系	BAA 游憩河段	可供观光游览的河流段落
		BAB 瀑布	河流在流经断层、凹陷等地区时垂直从高空跌落的跌水
		BAC 古河道段落	已经消失的历史河道段落
	BB 湖沼	BBA 游憩湖区	湖泊水体的观光游览区域段落
		BBB 潭池	四周有岸的小片水域
		BBC 湿地	天然或人工形成的沼泽地等带有静止或流动水体的成片浅水区
	BC 地下水	BCA 泉	地下水的天然露头
		BCB 埋藏水体	埋藏于地下的温度适宜、具有矿物元素的地下热水、热气
	BD 冰雪地	BDA 积雪地	长时间不融化的降雪堆积面
		BDB 长年冰川观光地	现代冰川存留区域
	BE 海面	BEA 游憩海域	可供观光游憩的海上区域
		BEB 涌潮与激浪现象	海水大潮时潮水涌进景象，以及海浪推进时的击岸现象
		BEC 小型岛礁	出现在江海中的小型明礁或暗礁

续表

主类	亚类	基本类型	说明
C 生物景观	CA 植被景观	CAA 林地	生长在一起的大片树木组成的植物群体
		CAB 独树与丛树	单株或生长在一起的小片树木组成的植物群体
		CAC 草地	以多年生草本植物或小半灌木组成的植物群落构成的地区
		CAD 花卉地	一种或多种花卉组成的群体
	CB 野生动物栖息地	CBA 水生动物栖息地	一种或多种水生动物常年或季节性栖息的地方
		CBB 陆地动物栖息地	一种或多种陆地野生哺乳动物、两栖动物、爬行动物等常年或季节性栖息的地方
		CBC 鸟类栖息地	一种或多种鸟类常年或季节性栖息的地方
		CBD 蝶类栖息地	一种或多种蝶类常年或季节性栖息的地方
D 天象与气候景观	DA 天象景观	DAA 太空景象观察地	观察日、月、星辰、极光等太空现象的地方
		DAB 地表光现象	发生在地面上的天然或人工现象
	DB 天气与气候现象	DBA 云雾多发区	云雾及雾凇、雨凇出现频率较高的地方
		DBB 极端与特殊气候显示地	易出现极端与特殊气候的地区或地点,如风区、雨区、热区、寒区、旱区等典型地点
		DBC 物候景观	各种植物的发芽、展叶、开花、结实、叶变色、落叶等季变现象
E 建筑与设施	EA 人文景观综合体	EAA 社会与商贸活动场所	进行社会交往活动、商业贸易活动的场所
		EAB 军事遗迹与古战场	古时用于战事的场所、建筑物和设施遗存
		EAC 教学科研实验场所	各类学校和教育单位、开展科学研究的机构和从事工程技术实验场所的观光、研究、实习的地方
		EAD 建设工程与生产地	经济开发工程和实体单位,如工厂、矿区、农田、牧场、林场、茶园等
		EAE 文化活动场所	进行文化活动、展览、科学技术普及的场所
		EAF 康体游乐休闲度假地	具有康乐、健身、消闲、疗养、度假条件的地方
		EAG 宗教与祭祀活动场所	进行宗教、祭祀、礼仪活动场所的地方
		EAH 交通运输站	用于运输通行的地面场站等
		EAI 纪念地与纪念活动场所	为纪念故人和开展各种宗教祭祀、礼仪活动的馆室或场地

续表

主类	亚类	基本类型	说明
E 建筑与设施	EB 实用建筑与核心设施	EBA 特色街区	反映某一时段建筑风貌,或经营专门特色商品和商业服务街道
		EBB 特性屋舍	具有观赏游览功能的景观建筑
		EBC 独立厅、室、馆	具有观赏游览功能的景观建筑
		EBD 独立场、所	具有观赏游览功能的文化、体育场馆等空间场所
		EBE 桥梁	跨越河流、山谷、障碍物或其他交通线而修建的架空通道
		EBF 渠道、运河段落	正在运行的人工开凿的水道段落
		EBG 堤坝段落	防水、挡水的构筑物段落
		EBH 港口、渡口与码头	位于江、河、湖、海沿岸进行航运、过渡、商贸、渔业活动的地方
		EBI 洞窟	由水的溶蚀、侵蚀和风蚀作用形成的可进入的地下的空洞
		EBJ 陵墓	帝王、诸侯陵寝及领袖先烈的陵墓
		EBK 景观农田	具有一定观光游览功能的农田
		EBL 景观牧场	具有一定观光游览功能的牧场
		EBM 景观林场	具有一定观光游览功能的林场
		EBN 景观养殖场	具有一定观光游览功能的养殖场
		EBO 特色店铺	具有一定观光游览功能的店铺
		EBP 特色市场	具有一定观光游览功能的市场
	EC 景观与小品建筑	ECA 形象标志物	能反映某处旅游形象的标志物
		ECB 观景点	用于景点观赏的场所
		ECC 亭、台、楼、阁	供游客休息、乘凉或观景用的建筑
		ECD 书画作	具有一定知名度的书画作品
		ECE 雕塑	用于美化或纪念而雕刻塑造,具有一定寓意、象征或象形的观赏物和纪念物
		ECF 碑碣、碑林	雕刻记录文字、经文的群体石刻或多角形石柱
		ECG 牌坊、牌楼、影壁	为表彰功勋、科第、德政以及忠孝节义所立的建筑物,以及中国传统建筑中用于遮挡视线的墙壁
		ECH 门廊、廊道	门头廊形装饰物,不同于两侧基质的狭长地带
		ECI 塔形建筑物	具有纪念、镇物、表明风水和某些实用目的的直立建筑物
		ECJ 景观步道、甬道	用于观光游览行走而砌成的小路
		ECK 花草坪	天然或人造的种满花草的地面
		ECL 水井	用于生活、灌溉用的取水设施
		ECM 喷泉	人造的由地下喷射水至地面的喷水设备
		ECN 堆石	由石头堆砌或填筑形成的景观

续表

主类	亚类	基本类型	说明
F 历史遗迹	FA 物质类文化遗存	FAA 建筑遗迹	具有地方风格和历史色彩的历史建筑遗存
		FAB 可移动文物	历史上各时代重要实务、艺术品、文献、手稿、图书资料、代表性实务等，分为珍贵文物和一般文物
	FB 非物质类文化遗存	FBA 民间文学艺术	民间对社会生活进行形象的概括而创作的文学艺术作品
		FBB 地方习俗	社会文化中长期形成的风尚、礼节、习惯及禁忌
		FBC 传统服饰装饰	具有地方和民族特色的衣饰
		FBD 传统演艺	民间各种传统演艺方式
		FBE 传统医药	当地传统留存的医药制品和治疗方式
		FBF 传统体育赛事	当地定期举行的体育比赛活动
G 旅游购品	GA 农业产品	GAA 种植业产品与制品	具有跨地区声望的当地生产的种植业产品及制品
		GAB 林业产品与制品	具有跨地区声望的当地生产的林业产品及制品
		GAC 畜牧业产品与制品	具有跨地区声望的当地生产的畜牧产品及制品
		GAD 水产品与制品	具有跨地区声望的当地生产的水产品及制品
		GAE 养殖业产品与制品	具有跨地区声望的当地生产的养殖业产品及制品
	GB 工业产品	GBA 日用工业品	具有跨地区声望的当地生产的日用工业品
		GBB 旅游装备产品	具有跨地区声望的当地生产的户外旅游装备和物品
	GC 手工艺品	GCA 文房用品	文房书斋的主要用具
		GCB 织品、染织	纺织及染色印花织物
		GCC 家具	生活、工作及社会实践中供人们坐、卧或支持与储存物品的器具
		GCD 陶瓷	由瓷石、高岭土、石英石、莫来石等烧制而成，外表施以玻璃质釉质或彩绘的物器
		GCE 金石雕刻、雕刻制品	用金属、石料或木头等材料雕刻的工艺品
		GCF 金石器	用金属、石料制成的具有观赏价值的器物
		GCG 纸艺和灯艺	以纸材料和灯饰材料为主要材料制成的平面或立体的艺术品
		GCH 画作	具有一定观赏价值的手工画成作品

续表

主类	亚类	基本类型	说明
H 人文活动	HA 人事活动记录	HAA 地方人物	当地历史和现代名人
		HAB 地方事件	当地发生过的历史和现代事件
	HB 岁时节令	HBA 宗教活动与庙会	宗教信徒举行的礼仪活动，以及节日或规定日子里在寺庙附近或既定地点举行的聚会
		HBB 农时节日	当地与农业生产息息相关的传统节日
		HBC 现代节庆	当地定期或不定期的文化、商贸、体育活动
数量统计			
8 主类	23 亚类	110 基本类型	

★ 实例解析

四川省旅游资源与四川省"十三五"旅游业发展规划

《四川省"十三五"旅游业发展规划》（以下简称《规划》），根据各地旅游资源特点，分别为 5 大旅游区量身定制了发展方案，确定了"511"的重大战略布局，其中，"5"代表的 5 个区域，而另外两个"1"则是 10 大旅游目的地和 10 大精品旅游线路，两个"1"不仅覆盖面广，涉及的景点多，同时串联组合起了许多新的线路。

一、10 大旅游目的地

1. 大成都国际都市休闲旅游目的地

《规划》提出，率先把成都建成世界重要旅游目的地。推进以都江堰万达旅游城、成都太古里等为代表的休闲、购物等旅游产品建设。打造龙门山、龙泉山、三岔湖、龙泉湖和沱江等环成都山水休闲旅游带。整合推进三星堆、金沙遗址等古蜀文化旅游以及武侯祠、宽窄巷子等特色文化旅游品牌培育。力争到 2020 年，建成 70 家国家 4A 级以上景区。

2. 大峨眉国际度假旅游目的地

力争将该目的地构建成为符合国际国内旅游市场需求的四川旅游第二极。以三山（峨眉山、瓦屋山、大瓦山）、三城（乐山、雅安、眉山）、两江（岷江、大渡河）为骨架，加快建设岷江东岸、蒙顶山、周公山、七里坪—柳江古镇、瓦屋山等旅游区，加快峨眉等国家旅游度假区建设，构建"聚合观光、动态度假"旅游目的地示范区。

3. 大九寨世界遗产旅游目的地

《规划》提出，进一步提升九寨沟、黄龙旅游精品的国际化水平。深度开发中查沟、白马王朗等新景区。整合若尔盖县、红原县、阿坝县、壤塘县等大草原生态资源和文化资源，发力松潘古城、达古冰山等旅游热点，推动阿坝州旅游二次创业。推动开放九黄机场为国际航空口岸，突破入境游口岸单一瓶颈。

4. 国道 318/317 川藏世界旅游目的地

打造国道 318/317 沿线融自然观光、文化体验、山地运动、科普科考与体验度假等为一体的最美景观大道和世界遗产走廊旅游目的地群。重点打造高尔寺山等10个最美景观公路遗址公园、大格聂等6个国际生态文化旅游区。推进碧峰峡创建5A级景区。

5. 大香格里拉—环贡嘎世界高山生态和文化旅游目的地

海螺沟成功晋升国家5A级景区，下一步，将重点推进贡嘎山度假旅游区建设。加快开发燕子沟、雅加埂、贡嘎西坡、丹巴藏寨、亚拉雪山（中谷—台站沟）等系列优势旅游资源，建设以国际市场和自驾自助游为主的，满足入境游客需求的，融观光、度假、科考和文化体验为一体的国际生态和文化旅游目的地。此外，康定、甘孜机场将加密国内直飞航线和包机航线，打造直升机救援和特种旅游服务体系。

6. 大香格里拉—环亚丁世界山地旅游目的地

加快稻城亚丁创建国家级5A景区，夯实"北有九寨黄龙、南有稻城亚丁"的藏区旅游格局。以亚丁机场为中心，整合乡城、理塘、得荣的优势旅游资源，大力推进藏区特种山地旅游和藏乡田园特色A级景区建设，加快稻城亚丁（含海子山）、木里洛克九百里等创建国家生态旅游示范区。推动开放亚丁机场为国际口岸，开通东南亚、日韩和港澳台航班，提升入境旅游市场规模，推进直升机救援和特种旅游服务体系。

7. 秦巴山地度假旅游目的地

加快以秦岭南麓（广元、巴中、达州）为核心的中国南方山地滑雪休闲度假胜地建设，推出曾家山、八台山等10个南方滑雪场度假旅游区，构建春赏花、夏避暑、秋观叶、冬滑雪的四季旅游产品体系。加快巴山大峡谷、光雾山创建国家5A级景区。开发恩阳红色古镇、洋烈度假小镇等特色旅游小镇。

8. 嘉陵江流域文化体验休闲旅游目的地

加快阆中古城、昭化古城、相如故城等特色古镇，小平故里、朱德故里、嘉陵桑梓等人文田园、乡愁体验系列休闲项目建设，打造以国内旅游市场为主体的嘉陵江流域文化生态精品旅游带。

9. 攀西阳光度假旅游目的地

推进泸沽湖、螺髻山等创建国家5A级景区，完善提升邛海国家级旅游度假区。加快攀枝花建设中国阳光康养旅游城市、西昌创建全国国民旅游休闲示范城市，打造安宁河流域阳光休闲度假旅游带。

10. 川南长江流域度假旅游目的地

《规划》提出，要加快完善自贡、内江、宜宾、泸州4个中心城市的旅游集散和服务功能，提升沿江立体交通运输等旅游基础和公共服务设施，构建一体化的川南1小时旅游经济圈和川南四城旅游环线。

此外，《规划》要求加快兴文石海创建国家5A级旅游景区，蜀南竹海、黄荆老林创建国家级旅游度假区。

二、10大精品旅游线路

1. 大熊猫国际生态旅游线

整合成都大熊猫繁育研究基地、雅安碧峰峡、都江堰熊猫谷、卧龙4大人工圈养大熊猫种群基地，46个大熊猫自然保护区和岷山、邛崃山、大小相岭3大山系野生大熊猫栖息地，推出成都熊猫基地—都江堰熊猫谷—卧龙—宝兴—四姑娘山—雅安碧峰峡等全世界唯

第二章　旅游资源的成因和分类

一、具有垄断地位的"熊猫家园·乐园"主题线路产品。

加快完成汶川至四姑娘山、国道351（小金—宝兴—雅安）等公路改造和卧龙、宝兴的生态小微营地等住宿体系目的地化产品建设。

2. 九环世界遗产线

完善提升阿坝州内成都经汶川、松潘的九环西线旅游公共服务设施。

推进西1线（国道347 茂县—黑水—红原—阿坝段）、西2线（省道301 松潘—瓦切—红原段）、西3线（国道213和国道248 松潘—若尔盖—红原段）建设。

加快绵阳、广元和德阳前往九寨沟的九环东1线（彭州—绵竹—茂县）、东2线（国道347 绵阳—安县—北川—茂县段）、东3线（广元—青川—平武—川主寺—红原）、东4线（国道212 广元—文县—九寨沟段）等旅游线路的公路改造升级和公共服务设施建设。

推进跨省入川旅游线：联动甘、青推出中国大西部自驾游环线线路，加快松潘—若尔盖—郎木寺—合作—兰州、红原—阿坝—久治—西宁公路交通和旅游服务设施建设。

3. 成乐文化生态度假环线

重点提升和增强成乐、乐雅高速休息站的旅游服务功能，完善"成—乐—绵"旅游客专的开设，满足自驾自助游客需要。

构筑乐山大佛—峨眉山—瓦屋山—周公山区域"动态观光、聚合度假"旅游产品体系。

加快省道106（资阳—仁寿—眉山—丹棱—洪雅段）、省道307（乐山—夹江—洪雅—雅安段）、国道245、省道435和国道108（峨眉山—峨边—金口河—汉源—荥经—雅安段）区域旅游小环线建设。

4. 国道318/317 川藏最美景观旅游线

以建设成为川藏公路国家旅游风景道为目标，加快雅康、汶马等高速公路建设及国道318/317改造升级。

完善提升国道318/317与大九寨、稻城亚丁和海螺沟等成熟旅游目的地的交通联系，构筑国道318/317沿线200千米范围的纵1线（省道217 马尔康—小金段）、纵2线（国道248和省道217 马尔康—金川—丹巴—泸定—磨西—石棉段）、纵3线（国道227、国道350和国道248 壤塘—炉霍—道孚—八美—新都桥—九龙段）、纵4线（炉霍—色达—甘孜）、纵5线（省道456、国道317和国道227 石渠—甘孜—新龙—理塘段、纵6线（德格—白玉—巴塘）等若干旅游支线、小环线网络体系。

推进跨省入川旅游线：国道318（巴塘—芒康—左贡—林芝—拉萨段）、国道317（德格—昌都—那曲—拉萨段）公路交通和旅游服务设施建设。

5. 香格里拉文化与生态旅游线

主线为成都—雅安—康定—雅江—理塘—稻城—亚丁—木里—盐源—西昌—成都，串联国道318/317 川藏最美景观旅游线。

构成环亚丁香格里拉旅游环线和区域圈，重点完善亚丁—乡城—得荣、亚丁机场—稻城—乡城、木里—泸沽湖—盐源等旅游公路建设。

推进跨省入川旅游线：联动滇、藏推出"大香格里拉"文化生态旅游线，加快稻城亚丁—三江口—云南丽江、得荣—云南香格里拉、泸沽湖—云南丽江等公路交通和旅游服务设施建设。

6. 蜀道三国文化旅游线

加快成都、绵阳、广元沿G5京昆高速、国道108（绵阳—梓潼—翠云廊—普安—剑阁）、国道347（梓潼—阆中）等公路的三国文化遗址的挖掘和产品开发。

重点打造剑门关、唐家河、明月峡、阆中古城等三国文化体验产品，省域内形成成都—德阳—绵阳—剑门关—昭化古城—广元—苍溪—阆中—南充—遂宁—成都旅游精品环线。

推进跨省入川旅游线：广元—汉中、广元—甘肃等公路交通和旅游服务设施建设。

7. 嘉陵江山水人文旅游线

以嘉陵江为纽带，由北向南经朝天—广元—苍溪—阆中—仪陇—蓬安—南充—武胜，构建嘉陵江田园风光、古城古镇古村等为主题的旅游线。

推进跨省入川旅游线：联动成、渝推出"两江一刻"（长江上游国际黄金旅游带、嘉陵江旅游带和大足—安岳石刻）旅游线。加快广安—重庆、成都—安岳—重庆、宜宾—泸州—重庆等公路交通和旅游服务设施建设。

8. 秦巴南国冰雪旅游线

主线为成都—绵阳—平武—青川—广元—旺苍—南江—通江—万源—宣汉—达州—平昌—巴中—盐亭—中江—成都，以大巴山山地风光、革命老区红色旅游、秦巴南麓滑雪场群、古镇古村为主题，建设川东北旅游欢乐世界，成为大巴山国家风景旅游道的主要构成部分。

加快对南江—巴中、巴中—通江—万源、达州—大竹、达州—营山—南充等公路的"旅游化"升级。

推进跨省入川旅游线：南江—汉中；通江—镇巴；万源—安康；达州—开江—万州等公路交通和旅游服务设施建设。

9. 攀西阳光康养旅游线

以建设成为滇川国家旅游风景道为目标，推出成都—汉源—石棉—冕宁—西昌—德昌—米易—攀枝花阳光度假、彝族风情体验游线路产品。

沿原国道108，打造观天路景观（雅攀高速）旅游支线和特色乡村旅游小环线。

对国道108（德昌—会理段）、省道208（甘洛—越西—昭觉—金阳段）、省道307（西昌—昭觉—美姑—雷波段）、省道103（马边—美姑段）、省道212（西昌—普格—宁南段）、省道310（会理—会东—巧家段）公路和旅游设施着力提升完善。

推进跨省入川旅游线：联动云南推出大泸沽湖文化风情、攀西南方丝绸之路和彝族文化体验旅游线。加快攀枝花—丽江、攀枝花—大理等公路交通和旅游服务设施建设。

10. 长征丰碑红色旅游线

主线为皎平渡—会理—冕宁—石棉—泸定—宝兴—小金—马尔康—红原—松潘—若尔盖，重点完善沿途公路、休息站等公共服务设施，加快重点景区、景点建设。

提升改造国道350（丹巴—道孚—炉霍—甘孜段）等线路。

推进跨省入川旅游线：联动云、贵、甘、陕推动"长征遗址"申遗，推出红色长征精品旅游线；联动黔、渝推出赤水河流域白酒文化旅游线。加快松潘—陇南、若尔盖—迭部等公路交通和旅游服务设施建设。

（资料来源：四川省人民政府网，《四川省人民政府关于印发四川省"十三五"旅游业发展规划的通知》解读二，2018年8月14日）

请阅读案例并思考：

四川省旅游业"十三五"规划是如何结合各地旅游资源特色制订发展方案的？

知识归纳

旅游资源主要包括自然旅游资源和人文旅游资源两大类。自然旅游资源是自然界诸要素在长期的相互作用、相互影响下形成的。人文旅游资源是人类在长期的生产实践和社会生活中所创造的艺术成就和文化结晶，是能激发旅游者旅游动机的物质财富和精神财富的总和。

旅游资源的分类，是根据旅游资源的相似性和差异性将其进行归并或划分出具有一定从属关系的不同等级类别的旅游资源的过程。在所划分出的每一种类别中，属性上彼此有相似之处，或存在着一定差异。

旅游资源分类的目的在于通过各种分类系统的建立、补充，加深对旅游资源整体或区域旅游资源属性的认识，掌握其特点、规律，为进一步开发利用保护及科学研究服务。

旅游资源国家标准（GB/T 18972—2017）将旅游资源分为主类、亚类、基本类型3个层次，共计8主类、23亚类、110基本类型。

复习思考题

1. 什么是旅游资源的分类？有何意义？
2. 旅游资源分类的基本原则和依据有哪些？
3. 结合实际对一个你感兴趣的地区的旅游资源进行分类。

第三章　自然旅游资源（Ⅰ）

【学习目标】
1. 熟悉地质地貌资源在旅游业中的作用。
2. 掌握主要地质地貌资源及其旅游产品类型。
3. 掌握主要水体资源及其旅游产品类型。

第一节　自然旅游资源的概念

一、自然旅游资源的概念

自然旅游资源是在亿万年自然地理环境的演变之中形成的，具有旅游功能的事物和现象。

虽然在历史时期由于人类活动的影响，出现了一些人工构景物体，并带有特定时期历史文化的某些特征，但就构景的主体来看，依然具有自然景观的基本特点，所有人工构物仅起着衬托和点缀作用。就旅游建设而言，自然景观不宜有较多的加工改造，一切人工建筑都不得改变原有景观的基本属性。

二、自然旅游资源的类型

根据《旅游资源分类、调查与评价》（GB/T 18972—2017），自然旅游资源主要分为四大类，即地文景观类、水域景观类、天象与气候景观类和生物景观类。

自然旅游资源按其形态特征和成因归纳为以下几类。

（一）地质地貌旅游资源

地质地貌旅游资源包括山地景观、喀斯特景观、丹霞景观、砂岩峰林景观、风成地貌景观、火山景观、冰川景观、海岸景观等。

（二）水体景观旅游资源

水体景观旅游资源主要包括海洋、河流、湖泊、瀑布和各类泉水。

(三) 生物景观旅游资源

生物景观旅游资源主要包括森林、草原和各种野生动植物、海洋生物。

(四) 气候旅游资源

气候旅游资源主要包括避暑、避寒胜地和四季宜人的温带与副热带游览地等。

(五) 天气气象旅游资源

天气气象旅游资源主要包括极光、云海等。

第二节 地质地貌旅游资源分类及其旅游产品类型

一、地质地貌在旅游业中的作用

(一) 地质地貌是风景的骨架

杨慎《艺林伐山》："玲珑剔透，桂林之山也；巉嵯窊空，巴蜀之山也；绵延庞魄，河北之山也；俊俏巧丽，江南之山也。"地貌不仅对人类的生活产生着非常重要的影响，而且是自然风景的重要组成部分。地质地貌具有直接的造景作用；地质地貌是多数旅游资源依托的场所；地质地貌还具有间接的育景功能；地质地貌与旅游项目相互影响。总之，地质地貌是旅游活动的基础，决定着自然风景的骨架、气势和纹理。

小贴士

黄山的地质成因

黄山地质公园具有花岗岩地貌、第四纪冰川遗迹、水文地质遗迹等地文景观资源与黄山文化等人文景观资源以及丰富的动植物景观资源，构成了一座集山、水、人文、动植物为一体的大型天然博物馆。

在距今约1.4亿年前的晚侏罗纪，地下炽热岩浆沿地壳薄弱的黄山地区上侵。大约在6 500万年前后，黄山地区的岩体发生较强烈的隆升。随着地壳的间歇抬升，地下岩体及其上的盖层遭受风化、剥蚀，同时也受到来自不同方向的各种地应力的作用，在岩体中又产生出不同方向的节理。自第四纪（距今175万年）以来，间歇性上升形成了三级古剥蚀面，终于形成了今天的黄山。这些岩体在矿物组分、结晶程度、矿物颗粒大小、抗风化能力和节理的性质、疏密程度等方面存在差异，造成了宛如鬼斧天工般的黄山美景。

(二) 地质地貌是旅游活动开展的基础

地质旅游资源对人类文明的发展具有重要的审美价值和实用价值，特别是在促进旅游业的发展方面，起到了不可估量的作用。旅游的主要目的之一是丰富知识，开阔眼界，获得美的享受。中国地质地貌资源分布较广，种类多，风格各异，恰巧适应了旅游者的需求。地质地貌资源是一种不可再生的地质自然遗产，是地质旅游资源的重要组成部分，是旅游活动开展的基础。

二、主要地质地貌旅游资源及旅游产品类型

(一) 地质地貌旅游资源的分类

地质地貌旅游资源的种类多，风格各异。按其成因可将其分为两大类。

一是人文旅游地质资源，它是人类活动的产物。其中包含重要的化石产地及古人类遗址；典型矿产地及古采冶遗址；重要古代水利工程，如都江堰等；石窟、岩画，如龙门石窟等；观赏石，如雨花石等。

二是自然旅游地质资源，由自然界赋存，经过自然地质演化而来。其中包括山岳地貌旅游资源，如火山岩、花岗岩、变质岩、砂岩、丹霞地貌景观等；岩溶、洞穴旅游资源，如溶洞、峰林、峰丛等；河流、峡谷旅游资源，如水系、水域、V形谷等；湖泊旅游资源，如构造湖、堰塞湖、岩溶湖等；泉水旅游资源，如冷泉、温泉等；瀑布旅游资源，如断层瀑布、堰塞瀑布、袭夺瀑布等；海岸、海岛旅游资源，如沙质海岸、生物海岸等；冰川旅游资源，如现代冰川、古冰川遗迹等；风沙地貌、黄土地貌旅游资源，如沙漠、雅丹地貌等；重要地质剖面、构造及地质灾害遗迹，如陨石坑、地震、滑坡、泥石流等。地质地貌旅游资源分类如表3-1所示。

(二) 地质地貌类旅游产品类型

（1）地质科学普及与考察类。
（2）山水风光观赏类。
（3）增长文化历史知识类。
（4）保健疗养类。
（5）开展体育运动与探险活动类。

地质地貌旅游产品类型如表3-1所示。

表3-1 地质地貌旅游资源分类及旅游产品类型

主类	亚类	基本类型	旅游产品类型
A 地文景观	AA 自然景观综合体	AAA 山丘型景观	山水风光观赏类；增长文化历史知识类；保健疗养类；开展体育运动与探险活动类等
		AAB 台地型景观	山水风光观赏类；增长文化历史知识类；保健疗养类；开展体育运动与探险活动类等
		AAC 沟谷型景观	山水风光观赏类；增长文化历史知识类；保健疗养类；开展体育运动与探险活动类等
		AAD 滩地型景观	山水风光观赏类；增长文化历史知识类；保健疗养类；开展体育运动与探险活动类等
	AB 地质与构造形迹	ABA 断层景观	地质科学普及与考察类；增长文化历史知识类
		ABB 褶曲景观	地质科学普及与考察类；增长文化历史知识类
		ABC 地层剖面	地质科学普及与考察类；增长文化历史知识类
		ABD 生物化石点	地质科学普及与考察类；增长文化历史知识类

续表

主类	亚类	基本类型	说明
A 地文景观	AC 地表形态	ACA 台丘状地景	地质科学普及与考察类；山水风光观赏类；增长文化历史知识类
		ACB 峰柱状地景	地质科学普及与考察类；山水风光观赏类；增长文化历史知识类
		ACC 垄岗状地景	地质科学普及与考察类；山水风光观赏类；增长文化历史知识类
		ACD 沟壑与洞穴	地质科学普及与考察类；山水风光观赏类；增长文化历史知识类
		ACE 奇特与象形山石	地质科学普及与考察类；山水风光观赏类；增长文化历史知识类
		ACF 岩石圈灾变遗迹	地质科学普及与考察类；山水风光观赏类；增长文化历史知识类
	AD 自然标记与自然现象	ADA 奇异自然现象	地质科学普及与考察类；增长文化历史知识类
		ADB 自然标志地	地质科学普及与考察类；增长文化历史知识类
		ADC 垂直自然带	地质科学普及与考察类；增长文化历史知识类

第三节　水体旅游资源分类及旅游产品类型

一、水体旅游资源在旅游业中的作用

（一）水体资源是旅游资源的重要组成部分

水体美的形象、美的音色、美的色彩形成了巨大的旅游吸引力，是最宝贵的旅游资源之一。水体对其他自然旅游资源的形成有深刻影响，任何风景名胜都离不开水，有山而无水，山就没有灵气。海洋的潮涨潮落，河流的平和从容，湖泊的轻柔幽静，瀑布的奔放勇猛，泉水的秀美清丽，都具有形、色、声动态变化的多样性美感，使人心驰神往、浩气激荡，吸引着众多游客。

（二）水体资源是旅游活动开展的基础

水体可开展各种丰富多彩的旅游活动，是最富有普遍吸引力的康乐型自然旅游资源。随着人们旅游需求个性化和多样化的不断发展，旅游活动不仅仅局限于看、游、赏，旅游者越来越注重体验与参与。水体资源既可以观赏又可体验、参与，因此水体类旅游产品的开发颇具优势。水总是能给人们刺激和愉悦的感受，旅游者也总是对水给予青睐和厚爱，观水、戏水、漂流总是情趣无限，参与型旅游活动包括海水浴、温泉浴、游泳、划船、扬帆、滑冰、滑雪、潜水、冲浪、滑水、垂钓以及疗养等。

二、主要水体旅游资源及旅游产品类型

（一）水体旅游资源的分类

水具有形、影、声、色、甘、奇六个方面的美学特色，更重要的是水与山体、水与生物、水与气候、水与建筑物等，通过相互结合、交融渗透，会形成许多奇妙的、雅致的胜景。凡能吸引旅游者进行观光游览，度假健身，参与体验等活动的各种水体资源，都可视为水域类的旅游资源。

水域类资源的种类多，风格各异，按水体性质、基本形态、使用价值及潜在功能，可划分为江河、湖泊、瀑布、泉、冰川、海洋等旅游资源。

（二）水体旅游产品类型

（1）观光旅游产品。观光旅游产品指旅游者以观赏和游览水体旅游资源等为主要目的的旅游产品。

（2）度假旅游产品。度假旅游产品指旅游者以休闲活动为目的，借助水体旅游资源，通过较轻松的旅游活动方式，使身体心理愉快、精神放松的旅游产品。

（3）专项旅游产品。专项旅游产品依托水体旅游资源，开发的文化、商务、体育健身等专项旅游产品。

（4）生态旅游产品。生态旅游产品依托水体旅游资源，开发注重环境保护的旅游产品。

水体旅游资源分类及其产品类型如表3-2所示。

表3-2 水体旅游资源分类及其产品类型

主类	亚类	基本类型	旅游产品类型
B 水域景观	BA 河系	BAA 游憩河段	观光旅游产品；度假旅游产品；专项旅游产品；生态旅游产品
		BAB 瀑布	观光旅游产品；专项旅游产品
		BAC 古河道段落	观光旅游产品
	BB 湖沼	BBA 游憩湖区	观光旅游产品；度假旅游产品；专项旅游产品；生态旅游产品
		BBB 潭池	观光旅游产品；生态旅游产品
		BBC 湿地	观光旅游产品；生态旅游产品
	BC 地下水	BCA 泉	观光旅游产品；生态旅游产品
		BCB 埋藏水体	观光旅游产品
	BD 冰雪地	BDA 积雪地	观光旅游产品；度假旅游产品；生态旅游产品
		BDB 常年冰川观光地	观光旅游产品；专项旅游产品；生态旅游产品
	BE 海面	BEA 游憩海域	观光旅游产品；度假旅游产品；专项旅游产品；生态旅游产品
		BEB 涌潮与激浪现象	观光旅游产品
		BEC 小型岛礁	观光旅游产品；度假旅游产品

实例解析

兴文石海世界地质公园

一、兴文石海世界地质公园简介

世界地质公园、国家重点风景名胜区、国家AAAA级旅游区——兴文石海，位于四川省宜宾市兴文县，属四川盆南山地与云贵高原的过渡地带。公园内石灰岩广泛分布，特殊的地理位置、地质构造环境和气候环境形成了兴文式喀斯特地貌，是国内发现和研究天坑的地方，也是研究西南地区喀斯特地貌的典型地区之一。

公园内保存了距今4.9亿—2.5亿年各时代的碳酸盐地层，地层中含有极其丰富的海相古生物化石和沉积相标志。公园内各类地质遗迹丰富，自然景观多样、优美，历史文化底蕴丰厚。洞穴纵横交错，天坑星罗棋布，石林形态多姿，峡谷雄伟壮观，瀑布灵秀飘逸，湖泊碧波荡漾。

二、兴文石海"三绝"

一绝：天泉洞。

天泉洞，是兴文石海洞穴群中著名的一个溶洞，形成的地质年代距今约300万年，其空间规模和系统游览长度均居世界洞穴之首。目前已探测长度为10.5千米，上下共分4层。洞厅多呈长廊状和大厅状。现已开放的主洞长约3千米，面积8万平方米，共分7个大厅。厅千奇百怪，洞万象异姿：洞廊高大宽敞，气势恢宏；水洞流水潺潺，舟舸摇荡；洞湖碧水映天，漪纹涟涟；天泉飞流直下，银珠飞溅；栈道顺岩横挂，绝壁凌空。石花、石乳、石笋、石柱、石幔、石瀑布、石梯田等洞内沉积物种类繁多，或卷或翘、或立或吊；重镶迭嵌，千态万状；似仙阙楼台，若瑶池胜景，如海市蜃楼，使人目不暇接，疑入梦境。作为探险寻幽的一、二层洞穴，长约4.5千米，面积达6.8万平方米，洞层高差138米。洞内河道密布，曲巷深幽，磐石陡立，石花遍缀。1992年，世界地学家和探险家在一、二层洞穴探险考察的过程中，发现了绚丽的百米石膏花长廊和中国边石坝。这一发现，使天泉洞在世界洞穴中享有极高声誉，被世界地学家和探险家誉为具科考探险价值的绝佳洞穴。天泉洞自1980年开放以来，得到了海内外游客和中外学者、名人的极高赞誉。

二绝：地表石海，岩溶奇观。

地表石海东西延绵10余千米，南北约4千米。南面皑皑石峰、景象万千、山峰兀立，宛若座座城堡；东面嶙刚怪石、重叠起伏、姿态万千；眺望西北，石牙高峻、时疏时密、森然成林。"夫妻峰"一高一矮，似夫妻携手、心心相印、侃侃而谈；"七女峰"远眺七峰况秀、直插云天，行至眼前七女亭亭玉立，宛如轻舒彩袖的仙女；"白龙马"浑身乳白、马颈银鬃；"美人石"体态苗条、娴雅俊秀，极为传神；"石牙观"千姿百态、景致旖旎；"天涯望归人"似美丽的妻子深情地呼唤远方的情人；"金龟戏狗熊"大者如熊憨态可掬，小者如龟曲意挑逗。五台四谷神韵尽致，鬼斧神工，遥相应缀。石径依岩傍石，穿谷走缝，过廊绕蜿蜒其间。山脚平湖清景，苍山倒映，绿波漪漪，水雾迷蒙。山水谐保，景趣融汇，游人至此，俱与石对话，与水通心，在大自然的和谐野趣中释放自我，感悟人生真谛。

三绝：天下第一大漏斗——世界奇绝。

大漏斗长径650米，短径490米，深208米，是美国"阿里西波"规模的两倍。大漏斗气势雄伟、深盆暗底、翠竹绿树、怪石林立、坐盆观天、圆天遥遥。在兴文石海世界地质公园内，有小岩湾大漏斗、大岩湾小漏斗，是我国发现天坑和对天坑进行研究的地方。

三、僰苗文化风情

僰族是一个充满传奇色彩的民族，已消失500余年，但公园内至今仍保留着许多僰人的遗物遗迹，如僰人悬棺、僰人墓群、凌霄古城、大小寨门、石刻符号、铜鼓等等。另外，统治者为歌颂平蛮功德而刻写的碑文也仍矗立于园区内。据史料记载：天泉洞在先秦时期就曾是已神秘消亡的古僰人栖居地。明朝万历年间，历史上著名的九丝山僰、汉大战期间，这里曾作为僰人屯粮练兵的场所。清代，当地苗族人也长期在此躲避战乱和匪夷。洞内外保存完好的岩画、七星灶、滤硝池、石城堡等遗迹，神奇独特，扑朔迷离，记录着一段段僰苗历史。僰人后裔每年农历9月初9前后9天举办盛大的"僰人赛神节"活动，以祀先祖。

兴文有苗族4.5万人，占兴文县人口的11%以上，是四川苗族聚居县。园区内苗族风情浓郁，苗族服饰色泽艳丽、刺绣精美，婚丧嫁娶等民族传统习俗源远流长。载歌载舞的苗族踩山节（花山节）、篝火节，热情好客的苗族姑娘，甘甜醇美的苗家米酒，悠扬婉转的芦笙恋曲让人流连忘返。到苗寨文化中心一游，穿一回艳丽的苗家服饰，喝一次十二道拦路酒，和苗人一起配以芦笙、牛角号吹奏，一起载歌载舞，或参加丰富多彩的苗家活动，好好地体验一下苗族风情。景区苗寨文化中心每晚举办苗族风情表演篝火晚会，苗族每年民族活动有踩山节、赶苗场、芦笙会、跳花节、高桩戏。景区每年春节举办"川南苗族风情节"，三四月举行"苗族花山节"。

（资料来源：兴文石海洞乡景区介绍，四川兴文石海景区官方网站．2018年8月15日）

请阅读案例并思考：

四川兴文石海景区的旅游资源特色是什么？

知识归纳

自然旅游资源是在亿万年自然地理环境的演变之中形成的，具有旅游功能的事物和现象。自然旅游资源主要分为四大类，即地文景观类、水域景光类、天气与气候景观类和生物景观类。

地质地貌是旅游活动的基础，决定着自然风景的骨架、气势和纹理。地质地貌资源是一种不可再生的地质自然遗产，是地质旅游资源的重要组成部分，是旅游活动开展的基础。

地质地貌旅游资源的种类多，风格各异。按其成因可将其分为两大类。一是人文旅游地质资源，它是人类活动的产物。其中包含重要的化石产地及古人类遗址；典型矿产地及古采冶遗址；重要古代水利工程，如都江堰等。二是自然旅游地质资源，由自然界赋存，经过自然地质演化而来。其中包括山岳地貌旅游资源，如火山岩、花岗岩、变质岩、砂岩、丹霞地貌景观等。地质地貌类旅游产品包括：地质科学普及与考察类；山水风光观赏类；增长文化历史知识类；保健疗养类；开展体育运动与探险活动类等。

水体类资源的种类多，风格各异，按水体性质、基本形态、使用价值及潜在功能，可划分为江河、湖泊、瀑布、泉、冰川、海洋等旅游资源。水体资源可开发观光旅游产品、生态旅游产品、度假旅游产品及专项旅游产品。

复习思考题

1. 地质地貌旅游资源有哪些类型？能开发哪些类型的旅游产品？
2. 水体旅游资源有哪些类型？能开发哪些类型的旅游产品？
3. 结合自己的旅游经历，举例说明旅游资源的类型。

第四章 自然旅游资源（Ⅱ）

【学习目标】
1. 了解气候对旅游发展的影响。
2. 掌握气候、气象与天象旅游资源的主要类型。
3. 了解生物旅游资源的特点。
4. 掌握生物旅游资源的主要类型。
5. 了解世界著名的自然保护区。

第一节 天气与气候旅游资源

一、气候对旅游发展的影响

(一) 气候的地域差异形成不同的自然旅游景观

各地气候条件的差异，形成不同的自然旅游景观。中国东部季风区降水充沛，日照充足，是我国森林、湖泊、江河、大海、瀑布、沙滩等旅游资源分布地；西北非季风区降水少，为干旱、半干旱气候，主要分布着沙漠、砾石滩、寒漠、草原、咸水湖等旅游资源；江南地区降水丰富，雨季长，薄雾蒙蒙，烟云变化，植被茂盛，形成了江南山水的秀美景色。气候的地域差异也会影响各地的建筑、民族服饰等人文景观和地域文化。

(二) 影响自然景观的季节变化

由于气候的季节变化，影响到其他景观也相应地发生季节变化，使同一风景区在不同的季节呈现不同的景观。峨眉山四季特色各有不同，春季到峨眉，正是满山杜鹃花开的时节，可以看到姹紫嫣红的杜鹃花海，还可以品到口感特别清新的峨眉新茶；夏季的峨眉山仿佛硕大的天然空调，平均气温只有11.8摄氏度，中山区清凉、幽静、密树成荫，此时去峨眉山避暑、登山、戏水、论禅、品茗是最好的；秋季主要观看枫叶、峨眉山月；冬季主要体验峨眉山雪景。

(三) 影响旅游的客流空间分布

气候的季节性变化，导致旅游业出现淡季、平季和旺季更替的变化节律。春季、秋季，气候温和、宜人，是旅游的最好季节；夏季的炎热和冬季的寒冷，降低了人们外出旅游的欲望，形成旅游平季或淡季。

气候条件优越并且持续时间长的地区成为旅游热点、热线地区。夏季，我国的气温普遍较高，沿海海滨、湖滨和山区，气候相对凉爽宜人，成为旅游热点地区；冬季气候寒冷，我国低纬地区成为居住在北方的游客向往的地方，而生活在温暖地带的游人则喜爱到北方去欣赏北国风光。

二、天气与气候旅游资源的特点

（一）多变性及动态性

大气景观不是固定不变的，而是飘忽不定、变化万千的，体现了多变性及动态性的特点。这种多变性包括两类变化，一类是有规律的变化，另一类是瞬息万变。

（二）借景性和背景性

借景性是指气象景观需要借助其他景观与之相配合，才更富魅力或才能欣赏，如海上日出、佛光等。背景性是指有些景观需以气象、气候为背景，才更完美，如蒙蒙薄雾中秀美的山峰，蓝天白云下的草原等。

（三）地域性

各地的地理纬度、海陆分布、地形起伏等影响气候的因素各不相同，促使各地的气象、气候旅游资源具有鲜明的地域性特点。

三、气候旅游资源类型

（一）避暑气候

避暑气候地指气候上适宜避暑的地区。避暑胜地是指具有优良的气候条件，或近海或近湖等，能够让人遮蔽大夏天炎热的地区。在夏季，这些避暑地的日均气温较之旁边城市同期气温要低，同时保持着一定的稳定性。

（二）避寒气候

避寒气候地是指气候上适宜避寒的地区。对于我国而言，广东、广西、海南以及云南南部地区吸引了大部分避寒旅游者。海南岛地处热带北缘，属热带季风气候，素来有"天然大温室"的美称。这里长夏无冬，年平均气温22～27摄氏度，大于或等于10摄氏度的积温为8 200摄氏度，最冷的1月份温度仍达17～24摄氏度，年光照为1 750～2 650小时，光照率为50%～60%。而在长达5个月的时间里（11月到第二年3月），海口、三亚与中国最冷城市的日平均气温相差最高达40摄氏度。对冰天雪地的北方来说，鸟语花香的海南可以说是最佳避寒胜地。

（三）物候景观

生物物候学研究生物的周期活动，如开花、生殖、迁徙等与季节和气候变化的关系。长期生活于特定生境的生物经过适应过程，发育节律与自然周基本协调。因此，该生境各生物之间也相互协调。例如，初春季节，植物开始生长，继而出现花蕾；夏秋高温季节，植物开花、结实，还可能伴有昆虫传粉；秋末降温，植物落叶。

（四）极端与特殊气候

极端与特殊型气候旅游资源是人类为观赏极端气候形成的景观、开发极端气候条件下的旅游资源所形成的分类。它包括极端热区、极端寒区、极端雨区、极端旱区、极端风区、立体气候等。

冰雪在适当的地形条件的配合下，是开展冬季旅游的重要旅游资源。冰雪运动极强的参与性，使这项旅游活动越来越受到旅游者青睐。安道尔公国是世界上罕见的夏季"白色旅游"胜地，这里积雪长达8个月之久。每年夏初，喜爱滑雪运动的各国旅游者便云集于此。冰上运动的场地规模要求不像滑雪运动那样大，特别是将其引入室内后，此项运动开展的地区也就更为广泛。我国适于开展冰雪运动的旅游资源主要分布在东北和西北地区及内蒙古自治区东北部。与同纬度的欧美地区相比较，我国的此类资源还是比较丰富的。

第二节　气象与天象旅游资源

一、气象旅游资源

气象指大气圈中产生的物理现象和物理过程，其要素是气温、气压、温度、降水，以及雾、霜、云、雪、电等现象。气象旅游资源主要是指奇妙的气象景观。

（一）云、雾、雨

云、雾、雨所构成的气象奇观是温暖湿润地区或温湿季节出现的气象景观。薄云、淡雾、细雨好似奇妙的轻纱，赋予大自然一种朦胧美。透过云、雾、雨观看风景时，其中景物若隐若现，模模糊糊，虚虚实实，令人捉摸不定，于是产生飘若入仙般的虚幻、玄妙、神秘之美感，给人留下充分遐想的余地。空旷的原野、平静的水面如此，起伏错落的山区更佳。在我国各风景名胜区内，以薄云、淡雾、细雨命名的佳景颇多。如蓬莱的"漏天银雨""狮洞烟云"、峨眉山的"洪椿晓雨"、济南的"鹊华烟雨"、川东的"巴山夜雨"、广宁的"崇泉晓雾"，等等。

（二）冰、雪与雾凇

冰、雪是寒冷季节或高寒气候区才能见到的气象景观。其以纯洁的白色和借助于其他因素所构成的或是宏伟壮观或是婀娜多姿或是栩栩如生的造型，给人以磁石般的引力，化解了人们对寒冷气候的不适感觉。特别是当冰雪与绿树交相辉映时，景致更为诱人。

雾凇是雾气在低于0摄氏度的附着物上直接凝华而成的产物。白色、不透明的小冰粒集聚、包裹在附着物的外围，呈絮状。雾凇与冰雪不同，其景致的美感不表现为覆盖物的宏观造型，而是保持一切原有形态的微观造型。我国著名的雾凇景观出现在吉林市的松花江畔，"吉林树挂"每年可出现60余天，以中国四大自然奇观之一的盛名享誉海内外。根据雾凇形成的物理过程，这一奇景的观赏分三个时段，分别为：夜看雾、早看挂、近午赏落花。

（三）日出、日落与霞

日出、日落美景是晨昏时刻，太阳于地平线上升起或下沉的两个顺序截然相反的景观变化过程，虽然顺序相反，但是美妙的情景是相似的。日出、日落奇景，只有在天地交界的地平线处才能见到。因此，最佳观景点都在可以见到地平线的海滨和前无视线障碍的中低山地峰顶。庐山的汉阳峰、含鄱口，黄山的翠屏楼，泰山的日观峰，华山的东峰，衡山的祝融峰，峨眉山的金顶，九华山的天台，北戴河海滨的鹰角亭，钱塘江口的初阳台，普陀山海滨等，都是我国观日出的最佳位置。

霞是斜射的阳光被大气微粒散射后，剩余的色光映照在天空和云层上所呈现的光彩，多出现在日出、日落的时候。由于大气微粒对长波光散射的强度低，所以朝霞和晚霞多呈红、橙、黄等颜色，且云量越大，红色越浓。当朝霞和晚霞与周围其他景致交相辉映时，常构成一幅幅壮美的画卷。

（四）佛光、蜃景

佛光和蜃景均是大气中光的折射现象所构成的奇幻景观。佛光又称宝光，以峨眉"金顶佛光"最为著名。七色的光环围绕着中心人的身影，犹如传说中普贤菩萨"真相"的显露。

佛光出现的原理与雨后天空上的彩虹是一样的，都是云层将雾气水滴对阳光折射后分离的七色光反射到人眼中的景观。佛光出现的条件为天空晴朗无风，阳光、云层和人体（或物体）三者同处于倾斜45°的一条直线上，人位于云层与阳光之间。佛光出现的次数，光环美丽的程度，因雾日的多少、空气湿度的大小而不同。峨眉山之所以著名，是由于此处云雾天数最多，湿度条件最高，风速最小，因此佛光现象出现的次数最多，色彩也最鲜艳。

蜃景，即"海市蜃楼"，是大气中由于光线的折射和全反射而形成的气象奇观。在无风或微风的日子里，大气层较稳定。气温在垂直方向上的剧烈变化，使空气密度的垂直分布随之显著变化。远处的光线通过密度不同的空气层，就发生折射和全反射，即在空中或地面显现出远方景物的影像。这种现象多出现在夏季沿海或沙漠地带，在山区也时有发生。

二、天象旅游资源

（一）太空旅游资源

太空旅游原本就是一类极其特殊的产品。人类从原始时期就开始具有的对外太空的兴趣，随着现代人类科技水平的发展在不断深化。2001年，世界上开始的太空旅游，终于使得外太空与今天的生活形成了紧密的融合。太空旅游是基于人们遨游太空的理想，到太空去旅游，给人们提供一种前所未有的体验，最新奇和最为刺激的是可以观赏太空旖旎的风光，同时还可以享受失重的感觉。太空旅游项目始于2001年4月30日，第一位太空游客为美国商人丹尼斯蒂托，第二位为南非富翁马克·沙特尔沃思，第三位为美国人格雷戈里·奥尔森。专家表示，未来的太空旅游将向大众化、项目多样化、多家公司竞争、完善安全法规四大趋势发展。

（二）天文观测旅游资源

地球以外各种天体的变化对人类生活的地球环境有着直接的影响，如太阳辐射、磁暴与黑子活动、宇宙射线等。人类在5 000年以前就开始了天文观测和记录，浓厚的兴趣已使天文观测成了一种旅游资源。英国伦敦附近的格林尼治天文台是世界级的旅游名胜；我国古老的北京观象台、登封观象台和现代的南京紫金山天文台、上海佘山天文台等，同样吸引了大量的国内外天文爱好者和旅游者。

比较常见的天文观测旅游资源有日全食、日环食、月食、火星大冲以及彗星等。

(三) 陨石旅游资源

陨石被人类称为"天外来客"，是地球上唯一的外天星体样品。未烧尽的流星体降落到地面叫陨星，其中石质陨星叫陨石，铁质陨星叫陨铁。每年约有1 500颗大于100吨的流星体降落地球，但是当陨星降落到地面时，重量已经小于10千克。世界上现有数十座陨石博物馆，我国现有吉林陨石雨陈列馆和新疆陨石博物馆。吉林1号陨石重1 770吨，是世界上最大的陨石。新疆大陨铁重30吨，在世界陨铁中居第三位。

第三节 生物旅游资源

生物是自然界最具活力的组分。地球在生物出现之前是寂静的、单调的，生命的出现使地球有了生机，有了色彩。生命演化至今，丰富多彩的生物使地球生机盎然。随着人类社会的发展，生物以其特有的方式和作用影响着旅游业的发展进程。

一、生物与旅游

(一) 构景

构景指的是生物以其美化环境、装饰山水的功能而成为构成旅游景观的一大组分。失去生物，旅游景观便会因此失去魅力。有的人将植物比作大自然的毛发，"峨眉天下秀"的"秀"，指的就是在起伏流畅的山势上由茂密植被所构成的色彩葱绿、线条柔美的景观特色。"山青水秀""鸟语花香"所形容的都是由生物美化环境功能所构成的美景。人们早已认识到生物的这一特点，充分利用生物进行园林建筑、装点城市。

(二) 成景

成景指的是自然界中由动植物本身的美学价值引起人们的美感，吸引游客探索大自然的奥秘而形成的旅游景观。动植物的成景作用源于其形态和生命过程的美、奇、稀的特征。从生物的形态上看，不少植物的花色之艳，不少动物色彩艳丽、体形奇特，此为"美"；不同环境有不同的生物，致使热带动植物对于温带的人来说充满奇特之感，此为"奇"；世界上数量稀少而又极具科学考察和观赏旅游价值的生物，被视为无价之宝而备受人们喜爱，如我国的大熊猫，此为"稀"。从生物的生命过程来看，植物随季节变化形成的春季观花、秋季赏叶，动物随季节迁徙形成的蝴蝶谷、天鹅湖等，都能成景。

(三) 造景

造景指的是人们根据生物的特征，将野生生物驯化后进行空间移置，在新的空间创造出新的具有旅游价值的景观。通过人工营造环境，将各地的植物活体汇集一园形成的植物园，具有较高的科学考察、探奇、观赏、娱乐价值，如英国的皇家植物园、美国阿诺尔德树木园、加拿大蒙特利尔植物园，都是著名的旅游胜地。人类驯化并栽培和养殖的生物形成的人类赖以生存的农业生态景观，为大自然添景增色，如极有韵律的梯田成为田园旅游美景。

二、生物旅游资源的概念及特点

(一) 生物旅游资源的概念

生物旅游资源是指由动植物及其相关生存环境所构成的各种过程与现象,能满足旅游者观赏、娱乐、疗养、科考等层次的旅游需要。生物旅游资源以其复杂的形态和由其自身生命节律所表现出的变化性构成了旅游景观的实体,是自然旅游资源中最具特色的类型。

(二) 生物旅游资源的特点

生物是地球表面有生命物体的总称,按其性质可分为动物、植物和微生物。生物种类繁多,这使得自然界呈现出多姿多彩的生物景象。作为旅游资源的生物景观,主要是指由动植物及其相关生存环境所构成的各种过程与现象。

生物旅游资源的特点主要包括丰富性、特色性、季节性、再生性、脆弱性、观赏性及怡情性,如表4-1所示。

表4-1 生物旅游资源的特点

生物旅游资源的特点	具体表现
丰富性	生物旅游资源在空间分布上的广泛性和多样性
特色性	生物受地域分异规律控制而形成的不同地方有不同生物景观
季节性	生物随季节变化而发生的形态和空间位置变换而形成季节性旅游景观
再生性	由于生物的繁殖功能、可驯化功能和空间移置性,由人与自然共同创造形成的生物旅游景观
脆弱性	生物及自然生态系统在抗干扰的能力上较为脆弱
观赏性	由生物的色彩、形态、发声、习性、运动等特征引起人们美感的特性
怡情性	生物的某些特征中蕴藏着某种备受人们推崇的精神,能够启迪人的心灵,陶冶人的情操,这是生物旅游资源的文化价值所在

小贴士

梅兰竹菊的象征意义

梅兰竹菊指:梅花、兰花、竹、菊花,被人称为"花中四君子""四君子"。

梅兰竹菊的品质分别是:傲、幽、坚、淡。

对梅兰竹菊的诗一般的感受,是以深厚的民族文化精神为背景的。梅兰竹菊,占尽春夏秋冬,中国文人以其为"四君子",正表现了文人对时间秩序和生命意义的感悟。梅高洁傲岸,兰幽雅空灵,竹虚心有节,菊冷艳清贞。中国人在一花一草、一石一木中负载了自己的一片真情,从而使花木草石脱离或拓展了原有的意义,而成为人格襟抱的象征和隐喻。

大凡生命和艺术的境界,都是将有限的内在的精神品性,升华为永恒无限之美。梅兰竹菊之所以成为中国人感物喻志的象征,也是咏物诗和文人画中最常见的题材,正是根源于对这种审美人格境界的神往。

三、生物旅游资源的基本类型

生物旅游资源主要包括植物资源和动物资源。植物资源包括繁密茂盛的植被、珍贵的奇花异草和古树名木等；动物旅游资源主要包括珍稀动物，如表4-2所示。生物旅游资源具有衬托人文景观、保护生态环境、美化旅游景区、陶冶游人情操的作用，在科普考察和生态旅游方面，都有十分重要的作用。

表4-2 生物旅游资源的基本类型和代表景观

生物旅游资源的基本类型	代表景观
森林	雨林、红树林、常绿阔叶林、落叶阔叶林
草原	热带稀树草原、温带草原、高寒草甸
古树名木	银杏、金钱松、珙桐、桫椤、王莲
奇花异草	中国十大传统名花：牡丹、月季、梅花、菊花、杜鹃、兰花、山茶、荷花、桂花、君子兰
珍稀动物	大熊猫、几维鸟、白唇鹿、金丝猴、北极熊、海豚

四、著名生物旅游资源介绍

（一）亚马孙热带雨林

亚马孙热带雨林位于南美洲的亚马孙盆地。雨林横跨了8个国家，覆盖了超过550万平方千米的土地，占据了世界雨林面积的一半，森林面积的20%，是世界上最大、最丰富的热带雨林，具有相当出色的生物多样性。这里是野生动植物的繁殖地，也是许多原始部落的聚集地。巴西里约热内卢是进入亚马孙热带雨林的最佳地点。

小贴士

国际森林日

国际森林日是1971年，在欧洲农业联盟的特内里弗岛大会上，由西班牙提出倡议并得到一致通过的。同年11月，联合国粮农组织正式予以确认，以引起各国对人类的绿色保护神——森林资源的重视，通过协调人类与森林的关系，实现森林资源的可持续利用。

联合国大会于2012年12月21日在其决议中宣布每年3月21日为国际森林日，从2013年起举办纪念活动。

2009年国际森林日主题是"地球呼唤绿色，人类渴望森林"。

2010年国际森林日主题是"加强湿地保护，减缓气候变化"。

2011年国际森林日主题是"庆祝：为人类保护而持续增长的森林"。

2012年国际森林日主题是"保护地球之肺"。

2014年国际森林日主题是"让地球成为绿色家园"。

2015年国际森林日主题是"森林与气候变化"。
2016年国际森林日主题是"森林与水"。
2017年国际森林日主题是"森林与能源"。
2018年国际森林日主题是"森林与可持续城市"。
2019年国际森林日主题是"森林与教育"。

(二)呼伦贝尔大草原

呼伦贝尔大草原位于内蒙古东北部,因境内的呼伦湖和贝尔湖而得名。呼伦的蒙语大意为"水獭",贝尔的蒙语大意为"雄水獭",因为过去这两个湖里盛产水獭。这里是我国目前保存最完好的草原,水草丰美。呼伦贝尔草原是世界著名的天然牧场,总面积约10万平方千米,天然草场面积占80%,是世界著名的三大草原之一。这里地域辽阔,3 000多条纵横交错的河流,500多个星罗棋布的湖泊,一直延伸至松涛激荡的大兴安岭。它是一代天骄成吉思汗的出生地,同时也是中外闻名的旅游胜地。

(三)黄山十大名松

奇松是黄山"四绝"之首,黄山无峰不石,无石不松。七十二峰,处处都有青松点缀。黄山十大名松如下。

1. 迎客松

迎客松挺立于玉屏峰东侧,文殊洞上,破石而生,寿逾八百年,松名始见于民国《黄山指南》。树高10米左右,胸径64厘米,地径75厘米,枝下高2.5米。树干中部伸出长达7.6米的两大侧枝展向前方,恰似一位好客的主人,挥展双臂,热情欢迎海内外宾客来黄山游览。

2. 送客松

送客松在玉屏峰的道旁。此松虬干苍翠,侧伸一枝,形似作揖送客,故名"送客松"。有诗赞曰:"岩前倩影侧枝伸,青翠容颜满面春。黄海大夫真好客,天天挥手送游人。"

3. 陪客松

陪客松在玉屏峰前文殊台上,为四棵古松亭亭玉立,姿态秀丽,似长年累月陪伴游人观景,故名"陪客松"。有诗赞曰:"玉屏楼上客如梭,美主年年忙张罗。不语奇松能职守,无间风雨笑颜多。"其旁石上有"果然"二字的题刻。

4. 盼客松

从天都新道"天地一线"回首,可见盼客松。它伸展巨臂,姿态很像玉屏峰前的迎客松,似在盼望游客登临,故名"盼客松"。有诗赞曰:"古松旷劫守深山,盛世而今路始盘。盼到天明终有客,愿将青翠献人间。"

5. 望客松

望客松在玉屏峰至莲花沟的途中。松干粗矮,树皮黝黑,树冠密集而倾斜,姿态苍劲优美,因其挺立高崖,似登高眺望游客,故名"望客松"。有《相见欢·望客松》词咏之:"千年久立高岩,笑颜堆。待客情深乍见,又分开。留难住,欢声去,几时回?望眼欲穿挥泪,盼重来。"

6. 蒲团松

清康熙八年《黄山志》将蒲团松列为九大名松之五。在玉屏楼至莲花沟道中，老鹰石下。树身高3米，侧枝密集在2米高度，盘曲于四周，然后平伸，向北面倾斜，针叶簇集顶部，树冠铺展平整，状如用蒲草编成的供僧、道打坐、跪拜之用的蒲团，故名。清人丁廷健有诗咏曰："苍松三尺曲如盘，铁干横披半亩宽。疑是浮丘钱坐处，至今留得一蒲团。"诗中将蒲团松的形状与浮丘得道的传说联系在一起进行描述，使蒲团松显得更加神奇而富有魅力。

7. 探海松

在天都峰顶，经过天桥，可望见一棵古松悬在危崖上，即为探海松。它有一侧枝很长，倾伸前海，犹如苍龙探取海中之物，故名。相传，有位仙人应邀去天都赴宴，行至桥上，只见云海翻腾，浩气临空，千峰万壑，倏忽变幻。他看得如醉如痴，将赴宴忘得一干二净。另一位仙人东方朔见此光景，即拍拍他的肩膀，笑曰："老翁老翁，犹似老松，不尝他酒，独饮海风，一醉千年，其乐无穷。"那仙翁一听，觉得此话颇有道理，心想：这里比仙宫还美，何不在此一醉千年？于是摇身一变，化作一棵苍劲的松树，日夜饱饮海上的烟霞，这就是探海松。因造型奇特，故旧志将它列入黄山"十大名松"。有诗咏之："天都绝壁一松奇，古干倾斜势欲离。要与龙王争海域，侧身欲跳舞披靡。"

8. 倒挂松

倒挂松在莲花峰道中，旧志所列九大名松之八。奇松似苍虬逆悬，根茎怒生。此松已枯死。如今在去玉屏楼道中的"一线天"左侧峰壁下，也有倒挂松，其根在上，盘生于石隙中，主干倒长约1米又折向上伸出枝叶，如龙戏水，倒挂高空，形态奇特，独具一格。

9. 望泉松

望泉松在盼客松附近，生于一悬崖峭壁上。古松巨大，斜向生长，树冠伸向汤泉，似在探望汤泉之胜，故名"望泉松"。有诗咏曰："大夫峰顶望温泉，几度沧桑已变迁。万态风云遮眼过，老松相伴有青烟。"

10. 贴壁松

贴壁松在天都新道"试胆石"下。古松高大挺拔，紧贴岩壁，故名"贴壁松"。其枝干倾斜，向一侧伸展，形态奇特。有诗赞曰："贴壁而生足底坚，人间遥隔几重烟。天崩地裂身犹健，哪怕严寒酷暑煎。"

(四) 德贾动物保护区

德贾动物保护区位于喀麦隆南部高原的中心地区，面积为526 000公顷，是喀麦隆所有受保护的遗址中覆盖面积最大的一处遗址。同时，保护区在热带非洲地区占据着举足轻重的作用，是非洲最大、保存最为完好的热带雨林之一，保护区内90%的区域尚未受到人类活动干扰。德贾河几乎把保护区团团围住，构成了保护区的天然边界。保护区因物种的多样性和众多的灵长类动物而尤为著名。保护区内生存着107种哺乳动物，其中有5种濒临灭绝。

德贾动物保护区内的动物数量和种类都是非常可观的。既有大型动物，如森林大象和体形粗壮的野牛，也有类人猿的动物，如大猩猩和通体黑色的猩猩；既有如长尾猴、金丝猫、蹄兔等珍稀动物，也有保护区内所特有的鳄鱼、陆地龟、蜥蜴、变色龙、蛇以及其他两栖动物；鸟类中有犀鸟、鹦鹉、猫头鹰等品种。由于地区广阔、森林茂密、全年中雨天的日子占多数等，德贾动物保护区内究竟有多少种野生动物，每一种野生动物的数量是多少，到目前为止仍然未能调查清楚。据已经掌握的资料看，野生动物不会少于62种，其中鸟类约占21种。保护区内热带森林浓密苍郁，野生动物数量和种类都众多，德贾河在这里蜿蜒曲折流行，形成一道天然保护疆界，加之在过去相当长一段时间里，这里人烟稀少，生态环境保护完好，是人类的一处珍贵的自然遗产，1982年被联合国教科文组织列入《世界遗产名录》。如今这里已经成为喀麦隆发展旅游事业的一处旅游胜地，每年都吸引大批来自世界各地的游客。

（五）英国邱园

英国邱园位于伦敦郊区泰晤士河东岸，占地面积1 214 000平方米。自1759年起，英国皇宫在原邱宫经营的一个小规模植物园基础上，逐步将其发展成为现在世界上最有名的植物园。它经过长期引种驯化、栽培的植物现已达到5万种，收藏着600万份标本，建有四座博物馆和植物书籍极为丰富的图书馆，堪称世界第一流的植物宝库和植物研究中心。邱园宜人的美景，虽只被邱园认为是"副产品"，然而这一副产品却吸引世界各地的人前去参观旅游。

五、自然保护区

（一）建立自然保护区的意义

自然保护区保留了一定面积的各种类型的生态系统，可以为子孙后代留下天然的"本底"，是今后在利用、改造自然时应遵循的途径，为人们提供评价标准以及预计人类活动将会引起的后果。

自然保护区是研究各类生态系统自然过程的基本规律、物种的生态特性的重要基地，也是环境保护工作中观察生态系统动态平衡、取得监测基准的地方。当然，它也是教育、实验的好场所。

自然界的美景能令人心旷神怡，良好的情绪可使人精神焕发，燃起生活和创造的热情，所以自然界的美景是人类健康、灵感和创作的源泉。

自然保护区因其保护的自然性质类型很多，名称也就很多。据统计，全世界自然保护区的名称有40多种，世界性的有世界自然历史遗产、人与生物圈保护区；各国的有国家公园、自然公园、保护公园、生物保护区、森林保护区、狩猎动物保护区等。我国称自然保护区、国家森林公园等。

小贴士

"自然之友"的组织宗旨

自然之友是中国一家非营利性的民间环保组织，致力于公众参与环境保护，支持全国各地的会员和志愿者关注本地的环境挑战。

"自然之友"以推动群众性环境教育、提高全社会的环境意识、倡导绿色文明、促进中国的环保事业、争取中华民族得以全面持续发展为宗旨。

"自然之友"支持中国政府、社会组织及个人一切有利于环境保护及社会持续发展的政策、措施和活动，并愿与它（他）们合作。同时，根据条件，对与此相悖的事进行监督、批评、揭露和吁请有关方面予以制止。

"自然之友"开展环境保护方面的国际（地区间）民间合作，根据条件，参与全球性环境保护活动。

"自然之友"根据条件支持和组织会员开展环境科学和环境理论研究、收集环境信息，以为其环保活动提供依据，并提高团体自身水平；通过各种方式，开展会员间的联谊和交流。

（二）世界著名的自然保护区

1. 别洛韦日自然保护区

别洛韦日自然保护区是世界上最古老的自然保护区之一。这片位于波罗的海和黑海的分水岭的广袤的森林由常青树和阔叶林组成，是一些珍奇动物的家园，拥有狼、猞猁、水獭等珍贵种群以及300多再度被引进这个公园的欧洲野牛。人类对其所做的努力使别洛韦日自然保护区成为研究生物发展史的奇迹，吸引了大批的考古学家前来考察。林区内有典型的、种类繁多的东、西欧动植物群，分布有珍稀的欧洲野牛，曾是波兰和俄国君主的狩猎地。保护区拥有54种哺乳动物和200种鸟类。森林中有700多种维管束植物，23种阔叶和针叶树。园中的古树最高树龄达800多年，其中一株古老的檞树"雅基隆"，曾记录着1409年波兰国王弗拉斯拉夫·雅基隆率兵与条顿骑士团交战，以打猎充饥的史迹。1978—1979年，联合国把别洛韦日自然保护区列为第一批世界自然遗产之一。

2. 沃特顿—冰川国际和平公园

沃特顿—冰川国际和平公园位于加拿大西南部艾伯塔省与美国西部蒙大拿州交界处。沃特顿国家公园在加拿大境内，冰川国家公园在美国境内。这两座公园在地理上浑然一体，只不过被国界线隔开了。

沃特顿—冰川国际和平公园地处落基山脉的最窄处，横跨美、加边境，为证明自然资源是没有国界的信条，两国这一地区没有划定边界线。这两个国家公园的自然生态环境值得周密保护，这里有高山与深谷，林带与草原，注入三大洋的深冰山槽状河流湖泊。沃特顿国家公园面积526平方千米，冰川国家公园面积4 051平方千米，刘易斯山脉穿越其中，包括很多典型的冰川湖，高山风景绮丽，动植物资源丰富。公园内的山峰多在3 048米以上，包括近50处冰川、许多湖泊和溪流。动植物种多种多样，自然繁殖了很多大的哺乳动物和食肉动物，如狼、熊和狮子。沃特顿国家公园是美国本土50个州内唯一的狼、熊和狮子能自然繁衍之处。公园里动物众多，有大角的山羊和秃鹫，已被划为生物保护区，并被列入世界遗产名录。

3. 宁巴山自然保护区

宁巴山位于几内亚、利比亚和科特迪瓦的边境，高高耸立在一片草原之上，草原高山的脚下覆盖着浓密的森林。这一地区拥有特别丰富的动植物，还有一些当地特有的动物，如胎生蟾蜍和以石头当工具的黑猩猩。特别值得一提的是一种属蟾蜍家族的无尾蛙，还有一种只在山顶有限的地方可以找到的小蟾蜍，其独特之处是繁衍后代完全是胎生，无须经过蝌蚪阶段。

宁巴山自然保护区占地总面积为588平方千米，其中核心地区占88平方千米，缓冲地带占142平方千米，过渡带为357平方千米。该保护区海拔高度在海平面以上450～1 752米之间，主要的生态系统类型为热带湿润森林生态系统型，动植物的生活环境主要是海拔较高的草地、被蕨类植物覆盖着的峡谷、热带稀树大草原、长廊林、中等海拔的较干型森林以及干燥型森林。宁巴山的地貌也很新奇，含铁丰富的石英岩受某种影响而隆起，形成铁质堆积物，进而又受到不同程度的侵蚀形成坚硬的板块，向人们展示了宁巴山独具特色的地质历史。

4. 伊瓜苏国家公园

伊瓜苏国家公园处于玄武岩地带，跨越阿根廷和巴西国界，高80米，长度上延伸至2 700米的世界上最壮观的瀑布之一的伊瓜苏瀑布就位于这个地区的中心。瀑布产生的云雾滋润着植物的生长。许多小瀑布成片排开，层叠而下，激起巨大的水花。周围生长着200多种维管植物的亚热带雨林，许多稀有和濒危动植物物种在公园中得到保护，这里是南美洲有代表性的野生动物貘、大水獭、食蚁动物、吼猴、虎猫、美洲虎和大鳄鱼的快乐家园。

5. 卧龙自然保护区

卧龙自然保护区是国家级第三大自然保护区，位于四川省汶川县，是四川省面积最大、自然条件最复杂、珍稀动植物最多的自然保护区。保护区横跨卧龙、耿达两乡，东西长52千米，南北宽62千米，总面积约70万公顷，主要保护西南高山林区自然生态系统及大熊猫、小熊猫等珍稀动物。

6. 亚丁自然保护区

亚丁自然保护区位于四川省甘孜藏族自治州稻城县南部，以其独特的原始生态环境和雄、奇、秀、美的高品位自然风光而闻名中外。地处著名的青藏高原东部横断断山脉中段，在东部的小贡嘎山上，三座雪山直冲云天。北峰仙乃日，海拔6 032米；南峰央迈勇和东峰夏郎多吉，海拔同为5 958米。三座雪山呈品字形，巍然耸立，遥相对峙，俊秀雄奇，撼魂荡魄。2001年6月，经国务院批准，亚丁成为国家级自然保护区。2003年7月10日，联合国教科文组织人与生物圈执行局在巴黎召开的会议上，把亚丁列入联合国人与生物圈计划之中，亚丁正式加入世界人与生物圈保护区网络。

7. 武夷山自然保护区

武夷山自然保护区以山貌雄伟和生物多样性而闻名于世，地跨福建省武夷山、建阳、光泽三市（县），总面积为56 527.4公顷，主峰黄岗山位于江西省铅山县境内，最高峰海拔2 157.8米，为大陆东南第一峰，是整个华东六省一市地区的最高山峰。武夷山是世界文化与自然遗产双重遗产地，根据区内资源的特征，将全区划分为西部生物多样性、中部九曲溪生态、东部自然与文化景观以及城村闽越王城遗址4个保护区，以保护亚热带森林生态系统及珍稀动植物为主。

8. 神农架自然保护区

神农架自然保护区位于湖北省西部神农架林区，主要保护对象为北亚热带山地森林生态系统及特有、珍稀物种，如珙桐、金丝猴等。2016年7月17日，第40届联合国教科文组织世界遗产委员会把中国湖北神农架列入《世界遗产名录》。

9. 南麂列岛国家级自然保护区

南麂列岛国家级自然保护区位于浙江温州市平阳县东南海域，区域总面积201.06平方千米，陆域面积11.3平方千米，由52个岛屿组成。保护区建于1990年9月30日，是国务院正式批准建立的五个海洋自然保护区之一。1998年12月，经联合国教科文组织批准，南麂列岛加入联合国人与生物圈保护区网络。南麂列岛因其丰富的贝藻类资源而被称作"贝藻王国"，生活在潮间带中的贝类，是保护区的主要保护对象。

10. 五大连池自然保护区

五大连池国家级自然保护区位于黑龙江省北部，黑河市南部，小兴安岭与松嫩平原的过渡地带。东邻逊克县，西与克山县、讷河市相连，面积10.08万公顷，主要保护对象为火山遗迹。

保护区的主体——五大连池火山是著名的年轻火山群之一，距今仅有200年历史。区内分布有14座因火山喷发而形成的火山锥体和800多平方千米的熔岩台地和5个串珠状火山堰塞湖。五大连池保护区火山资源丰富、完整、集中、典型，火山地质现象齐全，地质景观多样，地貌类型奇特，是一座天然的火山博物馆，具有极高的科研价值和保护意义。

此外，保护区内蕴藏有丰富的矿泉水，类型多，成分复杂，可与国外一些名牌矿泉水相媲美，并对许多疾病有医疗作用。同时，保护区内景观奇特，风景优美，因而也是旅游和疗养的胜地。

（三）自然保护区的旅游开发

世界自然保护区的旅游开发，各国情况有所不同。在保护区的功能认识方面，有的国家的自然保护区的早期功能仅是保护和科研，随着认识的深入，建立了集保护、科研、教学、旅游、生产为一体的综合自然保护区，其中旅游的发展势头较旺。有些国家的自然保护区一建立就是集保护与旅游为一体的，旅游是其主要功能之一，这从世界上繁多的自然保护区名称上可以看出，如"国家公园""保护公园""自然公园""省立公园"等均有旅游含义的"公园"二字。

自然保护区旅游开发最为成功的首数美国黄石国家公园。黄石公园一直都以保护自然风光著称于世，自建公园以来，各种旅游资源都受到了法律的保护。公园内的服务设施与自然景色协调，每个景点附近都设有宿营地，每当夜幕低垂时，人们搭起款式多样的帐篷，点燃篝火，在大自然的怀抱里度过宁静清幽的良宵。

★ 实例解析

植物王国——贡嘎山

四川贡嘎山国家级自然保护区，位于中国四川省甘孜藏族自治州境内。1997年，经国务院批准建立国家级自然保护区，以保护高山生物多样性及多元生态系统为主，主要保护对象为大雪山系贡嘎山为主的山地生态系统、各类珍稀野生动植物资源、海螺沟低海拔现代冰川为主的各种自然景观资源。

贡嘎山地区作为全球25个生物多样性热点地区之一的横断山地区的典型代表和长江上游的重要生态屏障，生态地位极其重要。复杂多样的自然地理条件，孕育了丰富多彩的动植物物种，素有"动植物宝库"之称。

贡嘎山植物区系在整体上具有温带性质，但在干旱河谷地带，热带和温带区系成分的比例相当。热带成分的构成和分布反映古热带和古地中海区系的残遗性影响；东亚（含亚型）和东亚-北美成分对贡嘎山中部森林植物区系的影响最大，这些成分以温带古老性质为主；北温带成分是贡嘎山植物区系的主体之一，对青藏高原隆升以来贡嘎山植物区系进化类群和特有成分的发展有主要贡献，代表区系的年轻组分；中国特有种类型多样，占不同垂直植被带物种数量的40%~65%，其比例随海拔上升而增大。各类型比例的垂直变化突出反映了贡嘎山及横断山脉中海拔地段的植物区系与华中地区的联系，以及高海拔地段与青藏高原及东喜马拉雅的区系之间的联系。

特定的地理环境和特殊的气候条件，形成了多层次的立体植物带和特有的自然景观。

海拔5 000米以上的山峰，终年积雪；低海拔、无人烟的坡麓地带森林密布，郁郁葱葱，生态环境原始，森林受人类活动的影响小，植被完整，几乎拥有从亚热带到高山寒带能生存的所有植物物种，珍稀植物种类繁多，拥有植物4 880余种，属国家保护的珍稀物种达400余种，东部河谷地区还遗留了不少被称为"活化石"的古老的植物。贡嘎山的海螺沟1 900~3 600米的原始森林区，其中1 900~2 200米是阔叶林带，2 200~2 800米为针阔混交林带，2 800~3 600米为针叶林带，3 600米以上为暗针叶林与高山灌丛分布区。3 000米的林地主要有云杉、冷杉、杜鹃、桦树等等。海螺沟内分布有2 500余种植物，包括康定木兰、红豆杉、麦吊杉、大叶柳、桃儿七、水青树等珍稀树种。

（资料来源：四川贡嘎山国家级自然保护区管理局，2018年10月，作者改编）

请阅读案例并思考：

1. 贡嘎山国家级自然保护区主要保护对象是什么？
2. 贡嘎山随着海拔的变化植被有何不同？

知识归纳

气候对旅游发展有很大影响：气候的地域差异形成不同的自然旅游景观；影响自然景观的季节变化；影响旅游的客流空间分布。气候旅游资源有多变性及动态性、借景性和背景性以及地域性的特点。气候旅游资源包括避暑气候旅游资源、避寒气候旅游资源、物候旅游资源和极端与特殊气候旅游资源。

气象旅游资源主要是指奇妙的气象景观，包括云、雾、雨、雪、日出、日落、佛光、蜃景等。

生物旅游资源是指由动植物及其相关生存环境所构成的各种过程与现象，能满足旅游者观赏、娱乐、疗养、科考等层次的旅游需要。生物旅游资源以其复杂的形态和由其自身生命节律所表现出的变化性构成了旅游景观的实体，是自然旅游资源中最具特色的类型。生物旅游资源包括森林、草原、古树名木、奇花异草、珍稀动物等。

自然保护区保留了一定面积的各种类型的生态系统，可以为子孙后代留下天然的"本底",是今后在利用、改造自然时应遵循的途径,为人们提供评价标准以及预计人类活动将会引起的后果。自然保护区是研究各类生态系统自然过程的基本规律、物种的生态特性的重要基地,也是重要的旅游资源。

复习思考题

1. 气候旅游资源有什么特点?
2. 气候对旅游有何影响?
3. 简述峨眉佛光的形成条件。
4. 什么是生物旅游资源?生物旅游资源有什么特点?
5. 列举我国传统十大名花。
6. 世界著名的自然保护区有哪些?

第五章 人文旅游资源（Ⅰ）

【学习目标】
1. 掌握历史古迹旅游资源的分类及其代表景观。
2. 了解宗教建筑旅游资源的类型。
3. 了解宗教艺术旅游资源的类型。
4. 了解世界园林发展史。
5. 理解中西方园林艺术的差异。

第一节 历史古迹旅游资源

一、历史古迹的旅游价值

历史古迹，是指先民在历史、文化、建筑、艺术上的具体遗产或遗址。历史古迹包含古建筑物、传统聚落、古市街、考古遗址及其他历史文化遗迹，涵盖政治、防御、宗教、祭祀、居住、生活、娱乐、劳动、社会、经济、教育等多方面，弥补了文字、历史等记录之不足。历史古迹是历史和文化的载体，是反映古代科学技术的镜子，是耐人寻味的景观。寻求历史文化遗存是当前旅游的一种风尚。

二、古人类遗址

古人类遗址是一种重要的文化载体。古人类遗址旅游资源是指古代人类遗留下来，具有丰富的地上和地下文化遗产的活动场所。我国的古人类文化遗址主要分为旧石器时代文化遗址和新石器时代文化遗址，其特点各有不同，如表5-1所示。旧石器时代，是以使用打制石器为标志的人类物质文化发展阶段。地质时代属于上新世晚期更新世，从距今约300万年前开始，延续到距今1万年左右止。新石器时代在考古学上是石器时代的最后一个阶段，是以使用磨制石器为标志的人类物质文化发展阶段。旧石器时代和新石器时代遗存的著名遗址具有丰富的历史文化价值，是重要的旅游资源。

表 5-1 古人类遗址分类及特点

古人类遗址分类	年代	特点	著名遗址
旧石器时代	距今 300 万年至距今 1 万年之间	以打制石器为主要生产工具，过着原始的采集与狩猎的生活，生产技术条件极端落后，缺乏修建居住场所的能力，主要是洞穴群居，能用火	云南元谋猿人遗址；陕西蓝田猿人遗址；北京周口店猿人遗址；北京山顶洞人遗址等
新石器时代	距今 1 万年至距今 4 000 多年之间	广泛使用磨制石器，能制造陶器和纺织；从事畜牧业和农业，有一定的生产技术条件；能建造简单的房屋，人们开始定居生活	西安半坡遗址；河南仰韶文化遗址；浙江河姆渡遗址等

三、古文化遗址

古文化遗址泛指社会有文字记载以来形成的历史遗迹。古文化遗址旅游资源，指对旅游者有吸引力，并有较高旅游价值的文化遗存，主要包括古城遗址、古道路遗址、古战场遗址、古代伟大工程等，如表 5-2 所示。

表 5-2 古文化遗址的旅游价值及代表景观

古文化遗址分类	旅游价值	代表景观
古城遗址	选择历史地位高、保存好、区位条件优越的古城和古都遗址进行旅游开发，具有较高的旅游价值	殷墟、丰镐遗址、咸阳遗址、长安遗址、楼兰遗址
古道路遗址	古道路沿途形成了众多的城镇、关隘和风景名胜等，吸引着旅游者沿古道探古寻幽览胜	丝绸之路、茶马古道
古战场遗址	吸引旅游者探古寻幽	钓鱼城遗址、赤壁之战遗址
古代伟大工程	观赏价值和科研与历史研究价值	京杭大运河、长城、赵州桥

四、古建筑

（一）古建筑的旅游价值

古建筑不仅反映了中华民族悠久的历史、灿烂的文化和发达的科学技术与建筑技术，而且为今天的新建筑和新艺术的创造提供了重要的借鉴作用，具有很高的科学价值和游览观赏价值。

（二）中国古建筑的结构

1. 建筑基座

建筑基座，亦称基座，系高出地面的建筑物底座，用以承托建筑物，并使其防潮、防腐，同时可弥补中国古建筑中单体建筑不甚高大雄伟的欠缺。它可分为普通基座、较高级基座、更高级基座、最高级基座，如故宫三大殿和山东曲阜孔庙大成殿即耸立在最高级台基上。

2. 开间

四根木头圆柱围成的空间称为间。建筑的迎面间数称为开间；纵深间数称进深。中国古代以奇数为吉祥数字，所以平面组合中绝大多数的开间为单数；而且开间越多，等级越高。北京故宫太和殿、北京太庙大殿开间为十一间。

3. 屋顶和屋檐

中国古代建筑的屋顶被称为中国建筑之冠冕，最显著的特征是屋顶流畅的曲线和飞檐，最初的功能是为了快速排泄屋顶的积水，后来逐步发展成等级的象征。

屋顶的形式可分为庑殿顶、歇山顶、悬山式、硬山式、攒尖顶、卷棚顶等，如图5-1所示。

屋檐根据檐数可分为单檐、双重檐、三重檐。

屋顶以庑殿顶级别最高，最后依次为歇山顶、悬山式、硬山式。檐以重数越多级别越高。两者结合，形成重檐庑殿顶、重檐歇山顶、单檐庑殿顶、单檐歇山顶的排序。

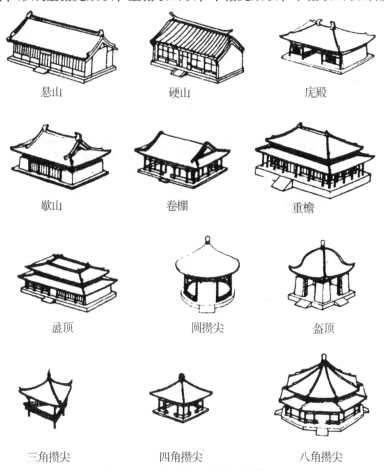

图5-1 中国古代建筑的屋顶样式

4. 斗拱

斗拱是中国古代建筑独特的构件。方形木块叫斗，弓形短木叫拱，斜置长木叫昂，总称斗拱。斗拱一般置于柱头和额访（又称阑头，俗称看访，位于两檐柱之间，用于承托斗拱）、屋面之间，用来支撑荷载梁架、挑出屋檐，兼具装饰作用。由方形木块、弓形短木、斜置长木组成，纵横交错、层叠，逐层向外挑出，形成上大下小的托座。

5. 山墙

山墙即房子两侧上部形成的山尖形的墙面。常见的山墙有风火山墙，其特点是两侧山墙高出屋面，随屋顶的斜坡面而呈阶梯形。

6. 彩画装饰

彩画装饰始于殷周，秦汉发展，唐宋形成使用制度，明清更加程式化为建筑等的标志。现在最能代表汉族古建筑的彩画工艺水平的当数北京故宫了。

彩画装饰按等级高低可分为和玺彩画、旋子彩画、苏式彩画。

小贴士

和玺彩画

和玺彩画是清代官式建筑主要的彩画类型，仅用于皇家宫殿、坛庙的主殿及堂、门等重要建筑上，是彩画中等级最高的形式。和玺彩画根据建筑的规模、等级与使用功能的需要，分为金龙和玺、金凤和玺、龙凤和玺、龙草和玺和苏画和玺五种。它们根据所绘制的彩画内容而定名。全画龙图案的为金龙和玺彩画，如图5-2所示，一般应用在宫殿中轴的主要建筑之上，如故宫三大殿，以表示"真龙天子"至高无上的意思。画金凤凰图案的为金凤和玺彩画，一般多用在与皇家有关的如地坛、月坛等建筑上。龙凤图案相间的为龙凤和玺彩画。

图 5-2　故宫金龙和玺彩画

7. 藻井

藻井为中国传统建筑中天花板上的一种装饰，含有五行以水克火、预防火灾之意，一般都在寺庙佛座上或宫殿的宝座上方。藻井是平顶的凹进部分，有方格形、六角形、八角形或圆形，上有雕刻或彩绘，常见的有"双龙戏珠"。

8. 屋脊装饰

古代建筑多在屋脊上饰以动物雕塑，以增加威严和神秘感。

（三）中国古建筑的主要类型及代表作

中国古建筑，是指在历史上有一定的纪念意义、今天有一定观赏价值的建筑物。这些建筑物，有的在当时主要服务于人的精神生活，是人们某种思想、意志、信仰的体现；有的是为人类居住服务的。同时，我国古代的建筑艺术也是美术鉴赏的重要对象。

中国古建筑的种类繁多，形式也极为多样，主要包括古城建筑、宫殿建筑、寺庙建筑、园林建筑、民居建筑等，如表 5-3 所示。中国古建筑是我国丰富旅游资源之一。中国古建筑以绚丽多彩的风姿、独特的民族风格，屹立于世界建筑艺术之林。它具有很高的科研价值、历史价值、审美观赏价值和旅游价值。

表 5-3　中国古建筑的主要类型及代表作

建筑形式	建筑特点	代表建筑
古城	有城墙、城门楼、护城河，有的城内还有皇城、宫城、内城，有的还有外城	西安城墙、南京城与北京城
宫殿建筑	硕大的斗拱、金黄色的琉璃瓦铺顶、绚丽的彩画、高大的盘龙金柱、雕镂细腻的天花藻井、汉白玉台基、栏板、梁柱以及周围的建筑小品，以显示宫殿的豪华富贵	北京故宫
寺庙建筑	建在寺院的南北中心线上的是寺院的主体建筑，具有明显的三部结构，是典型的木构架结构	少林寺
园林建筑	建筑与环境的结合要因地制宜，建筑体量是宁小勿大，在平面布局与空间处理上都力求活泼、富于变化	颐和园、拙政园
民居建筑	中国民居结合自然、气候，因地制宜，因地区的自然环境和人文情况不同，各地民居建筑也显现出多样化的面貌	北京四合院、客家土楼

（四）西方古代建筑主要建筑形式及代表作

西方建筑就是西方国家的人们用泥土、砖、瓦、石材、木材等建筑材料按照西方人的构成理念建筑成的一种供西方人居住和使用的空间，如住宅、桥梁、体育馆、教堂、寺庙、宫殿等。西方古代建筑形式主要包括古希腊式、罗马式、哥特式、文艺复兴式等，具有重要的美学价值、科研价值及旅游价值，如表 5-4 所示。

表 5-4　西方古代建筑主要建筑形式及代表作

建筑形式	建筑特点	代表建筑
古希腊式	和谐、完美、崇高，最典型、最辉煌的柱式主要有陶立克、爱奥尼克和科林斯柱式	雅典卫城的帕特农神庙、胜利女神神庙和伊瑞克提翁神庙
罗马式	线条简单、浑圆、明确，造型厚重、敦实、稳重	古罗马斗兽场、古罗马万神庙
拜占庭式	穹隆屋顶、中心突出、穹顶支承在独立方柱上的结构及与之相应的集中式建筑形制、色彩灿烂夺目	圣索菲亚大教堂
哥特式	以动势取胜，直刺苍穹的垂直线条，锋利的尖顶	法国的巴黎圣母院、意大利的米兰大教堂、德国的科隆大教堂

续表

建筑形式	建筑特点	代表建筑
文艺复兴式	对称、和谐，显示出庄重、华贵、典雅的审美趣味	美第奇府邸
巴洛克式	炫耀财富、不囿于结构逻辑、充满欢乐气氛、标新立异	圣彼得大教堂、意大利罗马的特列维喷泉
洛可可式	一种室内装饰风格，一切围绕柔媚顺和来构图，特别喜爱使用曲线和圆形	柏林夏洛登堡的金廊和波茨坦新宫的阿波罗大厅

（五）著名古建筑介绍

1. 英国巨石阵

一些巍峨的巨石呈环形屹立在绿色的旷野间，这就是英伦三岛最著名、最神秘的史前遗迹——巨石阵。在英国伦敦西南100多千米的巨石阵又称索尔兹伯里石环、环状列石、太阳神庙、史前石桌等，是欧洲著名的史前时代文化神庙遗址，位于英格兰威尔特郡索尔兹伯里平原，建于公元前4000—2000年。

2. 雅典帕特农神庙

帕特农神庙是古希腊雅典娜女神的神庙，兴建于公元前5世纪的雅典卫城。它是现存至今最重要的古希腊时代建筑物，长约69.49米，宽约30.78米，耸立于3层台阶上，玉阶巨柱，画栋镂檐，遍饰浮雕，蔚为壮观。整个庙宇由凿有凹槽的46根大理石柱环绕如图5-3所示，一般被认为是多立克柱式发展的顶端；雕像装饰是古希腊艺术的顶点。帕特农神庙还被尊为古希腊与雅典民主制度的象征，是举世闻名的文化遗产之一。

图5-3 雅典帕特农神庙

3. 古罗马斗兽场

意大利古罗马竞技场罗马斗兽场是古罗马帝国专供奴隶主、贵族和自由民观看斗兽或奴隶角斗的地方。

罗马斗兽场，建于公元72—82年间，是古罗马文明的象征。遗址位于意大利首都罗马市中心，在威尼斯广场的南面，古罗马市场附近。

从外观上看，它呈正圆形；俯瞰时，它是椭圆形。它的占地面积约2万平方米，长轴长约188米，短轴长约156米，圆周长约527米，围墙高约57米。这座庞大的建筑可以容纳近九万人数的观众，如图5-4所示。

图5-4　古罗马斗兽场

4．杰内古城

被世人美誉为"尼日尔河谷的宝石"的杰内古城，位于马里中部尼日尔河内三角洲最南端，以独特的撒哈拉—苏丹建筑风格著称于世，如图5-5所示。杰内古城建立于公元800年，毗邻撒哈拉和多雨的苏丹地区，位于游牧地区和固定居住区的切换点上。它建造在尼日尔河流域一个防御性的小岛上，从河边到有贸易往来的游牧人城镇廷巴克图只有500千米。1988年，联合国教科文组织将杰内古城作为世界文化遗产，列入《世界遗产名录》。

图5-5　杰内古城

5. 北京故宫

北京故宫为"外朝内廷""五门三朝""三宫"的形制和严格对称的院落式布局，规模宏大，建筑辉煌，陈设豪华，体现出皇权至高无上的意识形态。

主要建筑摆在中轴线上，分外朝、内廷两大部分。前部分为外朝，是皇帝举行重大典礼和发布命令的地方，主要建筑有"五门三朝"：大清门（现已改造成天安门广场、人民大会堂）、天安门、端门、午门、太和门、太和殿、中和殿、保和殿，三大殿两侧是文化殿和武英殿。外朝后面部分是内廷，主要建筑有乾清宫、交泰殿、坤宁宫和御花园，是皇帝处理政务和后妃们居住的地方。

五、皇帝陵墓

（一）旅游价值

中国皇帝陵墓依照风水理论，精心选址，将数量众多的建筑物巧妙地安置于地下。它是人类改变自然的产物，体现了传统的建筑和装饰思想，阐释了中国持续千年的世界观与权力观。建筑结构上的独具匠心，使不同时期的帝陵结构外观都不一样，深度跨度、形制、空间划分也不一样。皇帝陵墓多坐落在优越秀美的自然环境中，如武则天和唐高宗的乾陵，山势兀起，巍峨耸立，登高远望，关中平原景色尽收眼底。陪葬品即明器，比如镇墓兽、金缕玉衣、青铜器、瓷器、书法作品、书籍，可以提供更多的史料，再现当时的人文风俗，为旅游者了解当时的人文文化提供最真实的依据。

（二）封土形式

1. 方上式

覆斗形为坟，陵墓呈方形。战国时，陵墓封土以方形为贵、为上，一直至秦汉时，帝王陵墓封土多采用方上形，即帝陵封土位于地宫之上，用黄土层夯筑到一定高度，顶端成正方形或长方形的平顶，称为"方上"。整个坟丘像被截去顶部的方锥体，犹如倒置的斗，所以又称"覆斗形"。

2. 因山为陵式

因山为陵式是利用山峰作为陵墓的坟头。汉文帝霸陵是历史上第一座因山为陵的帝王陵墓，但形成定制始于唐代。利用山的峰峦作为帝王陵墓的坟头，与方上封土陵丘相比，更加高大壮观，更加坚固持久，从而更充分地体现了皇权的至高无上和威严尊贵。自唐太宗李世民以九峻山为陵建造昭陵开始，因山为陵便成为唐代帝陵的既定制度，也是我国重要的帝陵形制。

3. 宝城宝顶式

由宝城、宝顶和方城明楼构成的坟头，在结构上较以前复杂得多，艺术性也加强了，更增添了庄严肃穆的气氛。五代开始，南方的一些偏远小国统治者的陵墓封土为圆丘形，如前蜀王建的永陵。这主要是因为南方潮湿多雨，方上形较难保持封土原形，为防止坟丘被雨水冲蚀，人们便修建圆丘状坟并以石块围护。明代开国皇帝朱元璋在修建孝陵时，正式采用这一模式，陵墓封土演变为宝城宝顶形。在地宫上修筑圆形砖城，称为宝城；砖城内填土,形成高出城墙的圆顶,称为宝顶。

(三) 陵园建筑

陵园建筑主要包括祭祀建筑区,主要有祭殿,两旁有配殿;神道,又称"御路",是通向祭殿、方城的宽广笔直的大道,两侧有石坊、门、石像、华表等;护陵监,是专门保护和管理陵园的机构,是为帝王守护陵墓的官吏值守和居住的地方。

(四) 现存重要皇帝陵墓旅游资源

1. 秦始皇陵

秦始皇陵是中国历史上第一位皇帝嬴政(前259—前210年)的陵寝,是第一批全国重点文物保护单位,位于陕西省西安市临潼区城东5千米处的骊山北麓。

秦始皇陵建于秦王政元年(前247年),于秦二世二年(前208年)建成,历时39年,是中国历史上第一座规模庞大、设计完善的帝王陵寝。皇陵有内外两重夯土城垣,象征着帝都咸阳的皇城和宫城。陵冢位于内城南部,呈覆斗形,现高51米,底边周长1 700余米。据史料记载,秦陵中还建有各式宫殿,陈列着许多奇异珍宝。秦陵四周分布着大量形制不同、内涵各异的陪葬坑和墓葬,现已探明的有400多个,其中包括举世闻名的"世界第八大奇迹"兵马俑坑,如图5-6所示。秦始皇陵有许多珍贵文物出土,其中首推兵马俑坑。兵马俑坑位于秦陵东侧,主向朝东,是秦军阵势的真实再现。

图5-6 秦始皇陵兵马俑坑

2. 埃及金字塔

埃及金字塔是古埃及法老(即国王)和王后的陵墓。埃及金字塔成为古埃及文明最具有影响力和持久力的象征。

埃及金字塔始建于公元前2600年以前,目前有96座,大部分位于开罗西南部的吉萨高原的沙漠中,塔内有甬道、石阶、墓室、木乃伊(也就是法老的尸体)等。

最大、最有名的是祖孙三代金字塔——胡夫金字塔、哈夫拉金字塔和孟卡拉金字塔,其中以胡夫金字塔最为出名。

胡夫金字塔就是古埃及的法老胡夫为自己建立的金字塔，距今已经 4 500 多年了。胡夫金字塔建成时高达 146.59 米，历经几千年的风吹雨打，如今也有 138 米，相当于一座摩天大楼。胡夫金字塔整体用 230 万块磨光的石灰岩砌成，每块岩石重达 2.5 吨，石块严密得连最薄的刀片都插不进去，很难想象当时的劳动人民是怎样把那么重的石块运到这里并且砌成金字塔的，而且还那么严密。胡夫金字塔总共有三处墓室，胡夫真正葬在第三处墓室。

哈夫拉金字塔的主人哈夫拉是胡夫的儿子，距今也有 4 500 年左右的历史了。哈夫拉金字塔最出名的地方在于金字塔前面的狮身人面像。狮身人面像的面部是参照哈夫拉雕刻的，身子是狮子造型。整座雕像高达 22 米，在巨大的金字塔前面却显得那么渺小，如同一个武士在护卫着法老的灵魂，如图 5-7 所示。

图 5-7　哈夫拉金字塔

第三座金字塔是胡夫的孙子孟卡拉的金字塔。孟卡拉所处的年代正好是第四王朝衰败的时期，所以孟考拉金字塔只有 66 米高，相对于前两个金字塔来说，显得渺小多了，里面的内部构造也没有那么有序，显得很混乱。

3. 印度泰姬陵

泰姬陵被印度诗翁泰戈尔形容为"永恒面颊上的一滴眼泪"。泰姬陵是一座为爱而生的建筑，它是全部用白色大理石建成的宫殿式陵园，在一天里不同的时间和不同的自然光线中显现出不同的特色，其和谐对称、花园和水中倒影的融合创造了令无数参观者惊叹不已的奇迹，如图 5-8 所示。没有陵寝的冷寂，反而寓意了爱情的新生。

图5-8　印度泰姬陵

第二节　宗教文化旅游资源

一、宗教在旅游中的作用

宗教建筑是旅游者乐于欣赏的一种人文旅游景观。宗教活动以直观、动态的形式展示宗教礼仪习俗，对旅游者具有强烈的吸引力。宗教活动所营造的独特的神秘氛围，也是旅游者在其他地方所无法感受到的。宗教活动往往通过为游客提供参与的机会，来满足游客宗教式的情感需求，这是宗教活动的深层次的吸引因素。此外，宗教艺术对旅游者也有巨大的吸引力。

二、宗教建筑旅游资源

（一）基督教宗教建筑

教堂是基督教宗教建筑的主体，是基督教教徒举行宗教活动的场所。教堂建筑风格经历了罗马式、哥特式、文艺复兴式、巴洛克式和洛可可式等几个阶段，其中以哥特式统治时间最长。

现将世界著名的教堂介绍如下。

1. 德国科隆大教堂

1996年，世界遗产委员会将科隆大教堂列入《世界遗产目录》。它是欧洲北部最大的教堂，集宏伟与细腻于一身，被誉为哥特式教堂建筑中最完美的典范，始建于1248年，经过632年，到1880年才建成。科隆大教堂是欧洲基督教权威的象征，它为罕见的五进建筑，内部空间挑高加宽，高塔直向苍穹，象征人与上帝沟通的渴望。除两座高塔外，外部还有多座小尖塔烘托。教堂四壁装有描绘圣经人物的彩色玻璃，钟楼上装有5座响钟，最重的达24吨，响钟齐鸣，声音洪亮悦耳。

2. 伦敦威斯敏斯特教堂

威斯敏斯特教堂坐落在英国伦敦泰晤士河北岸，是世界上最大的哥特式建筑，始建于公元960年，1045年扩建，1065年建成，1547年成为英国议会所在地。教堂平面呈拉丁十字形，全长156米，宽22米，大穹隆顶高31米，钟楼高68.5米。整座建筑既金碧辉煌，又静谧肃穆，被认为是英国哥特式建筑的杰作。威斯敏斯特大教堂既是英国国教礼拜堂，又是历代国王举行加冕典礼、王室成员举行婚礼的礼堂。

3. 梵蒂冈圣彼得教堂

圣彼得教堂是罗马基督教的中心教堂、欧洲天主教徒的朝圣地，以耶稣十二门徒圣彼得名字命名，位于梵蒂冈，是全世界第一大圆顶教堂。教堂呈十字架形，长212米，宽137米，高46米，平面面积1942平方米，占地面积1.51万平方米，能容纳5万人。现教堂于1615年竣工，取代公元325年由罗马皇帝君士坦丁修建的老教堂。教堂有一个巨大的圆顶，登上圆穹顶部可眺望罗马全城，在圆穹内的环形平台，可俯视教堂内部，欣赏大型镶嵌画。圣彼得教堂不仅是一座富丽堂皇的建筑圣殿，同时还拥有众多艺术瑰宝，如米开朗琪罗《哀悼基督》的雕像，拉斐尔的《雅典学院》油画等。

4. 土耳其伊斯坦布尔圣索菲亚大教堂

圣索菲亚大教堂是拜占庭式建筑代表作，建于东罗马皇帝查士丁尼统治时期（公元532—537年）。教堂中央穹顶直径33米，是世界上罕见的大穹顶，60米约20层楼高的拱顶竟没有任何支柱支撑。站在巨大的穹顶下，抬头仰望，好似茫茫苍穹笼罩人间，不禁感到自身的渺小。公元537年12月26日，查士丁尼大帝和大主教率领一支庄严的队伍举行了落成典礼。

（二）伊斯兰宗教建筑

清真寺是伊斯兰教的代表建筑。清真寺的建筑特点是结构严整、质朴，较常见的建筑形式是圆形拱顶的正殿和尖塔式的宣礼楼。清真寺中没有任何神像，只在清真寺建筑细部上加强装饰性。

（三）佛教宗教建筑

佛教建筑主要有寺院、石窟、石塔、经幢。

1. 寺院建筑的主要格局

建在寺院的南北中心线上的是寺院的主体建筑，具有明显三部结构，是典型的木构架结构，是具有轴心的建筑组群。

2. 寺院的主要殿堂和神像

自南而北依次是山门殿（其左右为钟鼓楼）、天王殿、大雄宝殿、法堂、藏经楼。建在正殿前后与两侧的是配殿、配屋。寺院中常见的佛像包括释迦牟尼和谐佛、菩萨、罗汉和四大天王。

3. 塔

中国塔一般由地宫、塔基、塔身和塔刹组成。地宫内安放舍利；塔的下层是基座；塔身是塔的主体；塔级多为奇数，多为七级；塔顶上为塔刹。

4. 经幢

经幢是指立于寺院大殿前的庭院内，刻有经文的石柱。

（四）道教宗教建筑

1. 宫观的建筑格局

仿照宫廷布局，在南北中轴线上摆放主要建筑，在东西两侧安置附属设施，形成前、中、后一进一进依次伸展，每一进整体配合又相对独立。高脊飞檐，正大侧小，红楼绿瓦，绕以松柏。

2. 宫观的主要殿堂和神像

宫观的主要殿堂为三清殿，内供三神像：居中者为元始天尊，手持拂尘；其右为灵宝天尊，手持浑圆球；其左为道德天尊（亦称太上老君），手持太极图。

三、宗教艺术旅游资源

宗教艺术旅游资源主要包括雕塑、石刻、壁画、楹联、书画、碑碣，以及宗教音乐、宗教舞蹈等。

（一）宗教雕塑艺术

我国佛教雕塑佛像始于 2 世纪中叶以后，晋代有较大的发展。根据所用材料的不同，将塑像分为石像、木像、玉雕像、铜像、铁像、陶瓷像、泥塑像、金碟像、夹贮像等类型。佛教塑像名目繁多，分别有四大天王、弥勒菩萨、韦驮菩萨、普贤菩萨（如图 5-9 所示）、释迦牟尼佛、三身佛、三世佛、观音菩萨、罗汉等塑像。

图 5-9　峨眉山金顶十方普贤像

道教宫观中的塑像也很多，诸如玉皇大帝、王母娘娘、道教三尊、三官、老子李耳、八仙、四大神将、张道陵、王重阳、丘处机等。

(二) 宗教壁画艺术

基督教壁画中，圣经故事和与基督教相关的内容是壁画的唯一题材。《最后的晚餐》是达·芬奇为米兰圣玛丽亚修道院食堂作的壁画，取材于《圣经》中耶稣被他的门徒犹大出卖的故事。在这幅作品中，达·芬奇精彩地刻画了当耶稣在晚餐上说出"你们中间有一个人出卖了我"这句话后，他的12个门徒瞬间的表情。透过每个人不同的神态表情，可以洞察到他们每人的性格和复杂心态。画面布局突出耶稣，门徒左右呼应。坐在中央的耶稣庄严肃穆，背景借明亮的窗户衬托出他的光明磊落。叛徒犹大处于画面最阴暗处，神色惊慌，喻示他心地龌龊丑恶，与耶稣形成鲜明对照。

佛教壁画按其内容大概可分为六类：一是尊像画，包括菩萨、罗汉、护法部众等；二是佛教史迹画；三是佛教故事画，多是宣传释迦牟尼的故事；四是经变画，即将佛教经文图像化；五是反映传统故事的画；六是其他内容的画，包括供养人像、礼佛图、天官使乐图、建筑图案、装饰图案等。

道教宫观中也盛行壁画，用来装饰殿堂，除了八仙故事等人物图案外，一般还有八卦太极、四灵、暗八仙，以及动物中的鹤、鹿、龟及植物中的灵芝、仙草等图案。

(三) 佛教石窟艺术

中国佛教石窟大约始于公元3世纪，公元5世纪至公元8世纪是中国石窟发展最鼎盛期。根据中国石窟发展史上出现的明显差异，将全国石窟分为新疆地区、中原北方地区和南方地区这三个大的自然区。

中国佛教四大石窟：敦煌莫高窟，位于甘肃，俗称"千佛洞"；云冈石窟，位于山西大同；龙门石窟，位于河南洛阳市南13千米的伊河两岸；麦积山石窟，位于甘肃天水市东南约30千米的麦积山中。

(四) 宗教摩崖造像艺术

所谓摩崖造像，是指利用崖面的自然走向而布局规划开凿成像。佛教摩崖造像有四川乐山大佛、大足石刻，浙江飞来峰造像和栖霞千佛岩等。道教摩崖造像著名的有鹤鸣山道教摩崖造像、西山观道教摩崖造像、老君岩等。

第三节 园林旅游资源

一、园林发展史

世界上的园林，可分为两大系统：一是西方园林，以18世纪以前的欧洲园林为代表；二是东方园林，以中国古典园林为代表。

(一) 西方园林发展史

世界上最早的园林可以追溯到公元前16世纪的埃及，从古代墓画中可以看到祭司大臣的宅园采取方直的规划、规则的水槽和整齐的栽植。古希腊通过波斯学到西亚的造园艺术，发展成为住宅内布局规则方整的柱廊园。古罗马继承希腊庭园艺术和亚述林园的布局特点,发展成为山庄园林。

欧洲中世纪时期,封建领主的城堡和教会的修道院中建有庭园。修道院中的园地同建筑功能相结合,如在教士住宅的柱廊环绕的方庭中种植花卉,在医院前辟设药圃等。

在文艺复兴时期,意大利建造了许多别墅园林。以别墅为主体,利用意大利的丘陵地形,开辟成整齐的台地,逐层配置灌木,并把它修剪成图案形的植坛,顺山势运用各种水法,如流泉、瀑布、喷泉等,外围是树木茂密的林园。这种园林通称为意大利台地园。台地园在地形整理、植物修剪艺术和水法技术方面都有很高成就。法国继承和发展了意大利的造园艺术。17世纪下半叶,法国造园家勒诺特尔提出要"强迫自然接受匀称的法则"。他主持设计凡尔赛宫苑,根据法国这一地区地势平坦的特点,开辟大片草坪、花坛、河渠,创造了宏伟华丽的园林风格,被称为勒诺特尔风格,各国竞相仿效。

18世纪,欧洲文学艺术领域中兴起浪漫主义运动。在这种思潮影响下,英国开始欣赏纯自然之美,重新恢复传统的草地、树丛,于是产生了自然风景园。从17世纪开始,英国把贵族的私园开放为公园。18世纪以后,欧洲其他国家也纷纷仿效。自此,西方园林学开始了对公园的研究,如表5-5所示。

表5-5 西方园林发展史

时代	年代	代表类别	特征	型式	别名	园林和建筑的关系
古代	约公元前1400年至公元400年	埃及 希腊 罗马	庭院式（中庭式）	规则式	人工式 对称式 整形式	园林在空间上受建筑的支配,外景全部隔断
中世纪	公元400年至1400年	意大利 法国 英国				园林在构思上受建筑的支配,空间是开放的,二者处于相对独立的地位
文艺复兴时代	公元1400年至1600年	意大利文艺复兴式 法国勒诺特尔式	几何式	立体台地式、平面图案式		
近代	公元1700年至1800年	英国	风景式	不规则式		园林在构思上支配建筑,建筑成为园林的附加景物

(资料来源:韩杰. 现代世界旅游地理 [M]. 青岛:青岛出版社,2002.)

(二) 中国园林发展史

中国的园林被誉为"世界园林之母",是中国灿烂文化的重要组成部分,有着三千年的历史,是中国古代哲学思想、宗教信仰、审美情趣等的综合反映。中国源远流长的文化,让中国的园林建筑别具一格,充满诗情画意。中国园林经历了萌芽期、发展转折期、全盛期、成熟期、新兴期五个历史阶段,每个阶段形成了不同的特色,如表5-6所示。

表 5-6 中国古典园林发展史

阶段	代表	朝代	特征
萌芽期（殷周秦汉）	文献记载的最早贵族园林是殷纣王"沙丘苑台"	殷	台、囿、园圃的出现，四岳在周已确立，自然崇拜，山水审美的萌芽，美善合一、君子比德及神仙思想的萌芽
	周文王"灵台、灵沼、灵囿"	周	
	阿房宫、上林苑	秦	
	上林苑、甘泉宫、未央宫、建章宫	汉	
	私家园林兴起		
发展转折期（魏晋南北朝）	皇家园林：北方邺城、南方建康 北魏洛阳：中轴线规划体系，奠定皇都格局模式 私家园林：文惠太子"玄圃"，出现了塔 庄园、别墅：石崇金谷园，《山居赋》谢灵运庄园 寺观园林：佛教盛行 公共园林：兰亭	魏晋南北朝	从神仙转入世俗，山水、植物、建筑综合而成景观。私家园林发展并影响皇家园林，写意手法出现，"园"这个称呼大量使用。寺观园林开始出现
全盛期（隋唐）	皇家园林： 大内御苑：大明宫、兴庆宫、洛阳宫 行宫御苑：西苑（洛阳隋炀帝），标志全盛期到来 离宫御苑：华清宫、九成宫、翠微宫 私家园林：城市私园、山池院、山亭院 郊野别墅园：洛阳李德裕平泉庄、成都杜甫浣花溪草堂：白居易庐山草堂、王维陕西蓝田辋川别业 风景名胜区：长安曲江池（第一个）	隋唐	唐代皇家园林大致形成大内御苑、行宫御苑、离宫御苑的类别，宅园被称山池院，郊野的称别墅园，白居易是历史上第一个文人造园家
成熟期（宋、元、明、清初）	皇家园林： 大内御苑：后苑、延福宫、艮岳 行宫御苑：景华苑、东京四苑	宋	艮岳万岁山模拟杭州凤凰山，西北引水仿曲江，建造艮岳的主旨是追求意境，典型山水成了主题。艮岳是历史上规模最大、结构最巧妙、以石为主的假山所组成的皇家园林
	私家园林： 中原：洛阳、东京 江南：临安、吴兴、平江		
	明代皇家的重点在大内御苑西苑（三海）、御花园（后苑）、东苑、万岁山（景山）、慈宁宫花园	元明清	园林著作：明代计成《园冶》、清代李渔《一家言》、清代文震亨《长物志》
	清初皇家园林的重点在离宫御苑 畅春园：明清以来首次引进江南造园艺术 避暑山庄：开创了园林化的风景名胜区 圆明园：原是雍正的赐园		
	私家园林，扬州八大名园：王洗马园、卞园、员园、贺园、冶春园、南园、郑御史园、筱园 无锡寄畅园：江南唯一保存完好的明末清初文人园林 清初著名文人园林：纪晓岚的阅微草堂，李渔的芥子园		

续表

阶段	代表	朝代	特征
新兴期（清中叶、清末）	皇家园林： 大内御苑：西苑 行宫御苑：静宜园、静明园 离宫御苑：圆明园（由长春园、绮春园、圆明园组成）、颐和园（原名清漪园）、避暑山庄	清	三山五园：万寿山、香山、玉泉山，静宜园、静明园、清漪园、圆明园、畅春园

二、中西方园林艺术的差异

中西方园林由于历史背景和文化传统的不同而风格迥异，如表5-7所示。中国园林有北方皇家园林和江南私家园林之分，而西方园林则因历史发展不同阶段而有古代、中世纪、文艺复兴等不同风格。中西方园林在不同的哲学、美学思想支配下，风格差别十分鲜明。

表5-7 中西方园林艺术的差异

差异	中国园林	西方园林
历史起源	人们对灵台和灵池的崇拜以及后来各朝帝王的封禅活动均体现出古人对山岳和水的崇拜与敬畏。秦始皇统一中国后在首都创建的寺庙园林以及五岳和文人骚客游历而促成的风景名胜都沿袭传统，以体现天人关系为主，形成了中国园林宛若天开的特点	西方园林的起源可上溯到古埃及和古希腊，古埃及人把几何的概念应用于园林设计，因此出现了世界上最早的规整式园林。古希腊园林大体分为三种：第一种是公共活动游览的园林；第二种是城市的宅院四周以廊柱围绕成庭院，庭院中散置水池和花木；第三种是寺庙园林，即以神庙为主体的园林风景区。罗马继承古希腊的传统而着重发展了别墅园和宅院
哲学基础	大都认为中国的自然式花园最早可溯源至老庄哲学。在那个年代里，大夫阶层一意在心中求得平衡，逃避现实，远离社会，追求一种文人所特有的恬静淡雅、朴质无华的情趣，寄情于山水，甚至藏身于山林，在大自然中寻求共鸣。这种崇尚自然的社会风尚推动了山水诗画的兴起，促进了我国山水园林的诞生	笛卡儿认为应当制定一些牢靠的、系统的、能够严格地确定的艺术规则和标准，这些规则和标准是理性的，完全不依赖于经验、感觉、习惯和口味。他认为艺术中最重要的是结构要像数学一样清晰、明确、合乎逻辑，反对艺术创作中的想象力，不承认自然是艺术创作的对象和源泉。这些哲学和美学观点在法国古典主义园林中打上了鲜明的时代印记——对称规整的几何形状、宏伟壮观的画面气势
美学思想	中国园林属于山水风景式园林范畴，是以非规则式园林为基本特征，园林建筑与山水环境有机融合，蕴涵诗情画意的写意山水园林	西方园林所体现的是人工美，布局多采用规则形式，以恢宏的气势，开阔的视线，严谨均衡的构图，丰富的花坛、雕像、喷泉等装饰，体现一种庄重典雅、雍容华贵的气势，并呈现出一种几何图案美

续表

差异	中国园林	西方园林
宗教因素	在中国，佛教对园林的影响最大，特别是通过文学、音乐、绘画、建筑等广泛渗入到园林的各个方面，从而出现了大量的寺庙园林	中世纪的欧洲由于教会和僧侣掌握着经济命脉和知识宝库，孕育着文化，因而寺院十分发达，园林便在寺院里得到发展，形成了总体布置好似一个规整小城镇的寺院式园林。另外，伊斯兰教对园林也有明显的影响，例如波斯庭园把平面布置成方形的"田"字，用纵横轴线分为四区，十字林荫路交叉处设中心水池，以象征天堂
亭廊	亭和廊都是中国园林建筑艺术中有独特风格和气韵的小品，对庭院空间的格局、体量的美化起重要作用，并能造成庄重、活泼、开敞、深沉、闭塞、连通等不同效果	西方的廊则更注重于比例尺寸、数理关系等
植物配置	中国园林意在"写意"，往往"师法自然"，但都经过艺术的加工与升华，将自然艺术的手法加以再现与组合，最终达到"意在自然，高于自然"的境界。而且中国园林植物配植具有时间感	西方的园林规模很大，他们欣赏逼真地模仿再现自然，甚至设计得像真正的乡野一样，这使得经过设计的园林景观与一般自然界的真实景观没有差异
理水艺术	中国园林的水景是"山得水而活，水得山而媚"	西方园林中每处庭园都有水法的充分表现。平静的水池，外形轮廓规则，设计者十分注意水池与周围环境的关系，使之有好的比例和适当尺度，他们也很重视喷泉与背景在色彩、明暗关系方面的对比，在平坦的地面上或沿着等高线则可做成水渠、小运河，在三特庄园和埃斯特庄园都有这种类型的水景
艺术风格	中国园林有生境、画境、意境三种艺术境界。造园艺术，"师法自然"、分隔空间，融于自然、园林建筑，顺应自然、树木花卉，表现自然	西方园林主从分明，重点突出，各部分关系明确、肯定，边界和空间范围一目了然，空间序列段落分明，给人以秩序井然和清晰明确的印象

（资料来源：程志美. 浅析中西方园林艺术的差异 [J]. 安徽农学报 2009, 15 (23)：92-93. 作者改编）

三、中国著名园林介绍

（一）颐和园

颐和园占地面积达 293 公顷，主要由万寿山和昆明湖两部分组成。各种形式的宫殿园林建筑 3 000 余间，大致可分为行政、生活、游览三个部分。

以仁寿殿为中心的行政区,是当年慈禧太后和光绪皇帝坐朝听政、会见外宾的地方。仁寿殿后是三座大型四合院:乐寿堂、玉澜堂和宜芸馆,分别为慈禧、光绪和后妃们居住的地方。宜芸馆东侧的德和园大戏楼是清代三大戏楼之一。

颐和园自万寿山顶的智慧海向下,由佛香阁、德辉殿、排云殿、排云门、云辉玉宇坊构成了一条层次分明的中轴线。山下是一条长700多米的"长廊",长廊枋梁上有彩画8 000多幅,号称"世界第一廊"。长廊之前是昆明湖,昆明湖的西堤是仿照西湖的苏堤建造的。

万寿山后山、后湖古木成林,有藏式寺庙、苏州河古买卖街。后湖东端有仿无锡寄畅园而建的谐趣园,小巧玲珑,被称为"园中之园"。

颐和园整个园林构思巧妙,在中外园林艺术史上地位显著,是举世罕见的园林艺术杰作。1961年3月4日,颐和园被公布为第一批全国重点文物保护单位,与同时公布的承德避暑山庄、拙政园、留园并称为中国四大名园,1998年11月被列入《世界遗产名录》。2007年5月8日,颐和园经国家旅游局正式批准为国家5A级旅游景区。2009年,颐和园入选中国世界纪录协会中国现存最大的皇家园林。

(二)个园

个园是全国重点文物保护单位。清嘉庆年间,两淮盐总黄至筠于明代寿芝园旧址重建。园主"性爱竹",清代袁枚有"月映竹成千个字"之句,故名。个园以竹、石为主体,以分峰用石为特色。其最负盛名者乃四季假山:春山笋石参差,修篁弄影;夏山中空外奇,泠潭清冽;秋山黄石丹枫,峻峭依云;冬山宣石似积雪未消,如图5-10所示。南墙设风洞,有朔风之声,而西墙漏窗却又远远招来春色。

图5-10 扬州个园

四、外国著名园林介绍

(一)法国凡尔赛宫及其园林

作为世界著名文化保护遗产之一的凡尔赛景区,有着雄伟、壮观的凡尔赛宫和环抱在其周围美不胜收的园林风景，以其迷人的风采向人们展现着法国 17 世纪最完美最卓越的艺术成果。

凡尔赛宫至今已有 300 多年历史。全宫占地 111 万平方米，建筑面积 11 公顷，以东西为轴，南北对称，包括正宫和两侧的南宫和北宫，内部 500 多个大小厅室无不金碧辉煌，大理石镶砌，玉阶巨柱，以雕刻、挂毯和巨幅油画装饰，陈设稀世珍宝。100 公顷的园林也别具一格，花草排成大幅图案，树木修剪成几何形，众多的喷水池、喷泉和雕像点缀其间。凡尔赛宫及其园林堪称法国古建筑的杰出代表，1980 年被列为世界文化和自然双重遗产，如图 5-11 所示。

图 5-11 法国凡尔赛宫

凡尔赛宫宫殿为古典主义风格建筑，立面为标准的古典主义三段式处理，即将立面划分为纵、横三段，建筑左右对称，造型轮廓整齐、庄重雄伟，被称为理性美的代表。其内部装潢则以巴洛克风格为主，少数厅堂为洛可可风格。正宫前面是一座风格独特的"法兰西式"大花园，园内树木花草别具匠心，使人看后顿觉美不胜收。凡尔赛宫与中国皇家园林有着截然不同的风格，它完全是人工雕琢的，极其讲究对称和几何图形化。

如果凡尔赛宫的外观给人以宏伟壮观的感觉，那么它的内部陈设及装潢就更富于艺术魅力，室内装饰极其豪华富丽是凡尔赛宫的一大特色。500 余间大殿小厅处处金碧辉煌，豪华非凡：内壁装饰以雕刻、巨幅油画及挂毯为主，配有 17、18 世纪造型超绝、工艺精湛的家具，大理石院和镜厅是其中最为突出的两处。除了上面讲到的室内装饰外，太阳也是常用的题目，有时候还和兵器、盔甲一起出现在墙面上，因为太阳是路易十四的象征。天花板除了像镜厅那样的半圆拱外，还有平的，也有半球形穹顶，顶上除了绘画，也有浮雕。宫内随处陈放着来自世界各地的珍贵艺术品，其中有中国古代的精品瓷器。但是，凡尔赛宫过分追求宏大奢华，居住却极不方便。宫中没有一处厕所或盥洗设备，连王太子都不得不在卧室的壁炉内便溺；路易十五亦极端厌恶寝宫，认为它虽然宽敞豪华，却不保暖。

凡尔赛宫是法国封建统治历史时期的一座华丽的纪念碑。凡尔赛宫的成功,有力地证明了当时法国经济和技术的进步和劳动人民惊人的智慧。

(二) 莫斯科的克里姆林宫和红场

于14世纪至17世纪修建的克里姆林宫,作为沙皇的住宅和宗教中心,与13世纪以来俄罗斯所有重要的历史事件和政治事件密不可分。在红场防御城墙的脚下坐落的圣瓦西里教堂是俄罗斯传统艺术杰出的代表作之一。

克里姆林宫位于莫斯科市中心,占地28公顷,西墙根下是占地7公顷的红场。莫斯科河沿着克里姆林宫南墙根和红场南部穿城而过。克里姆林宫是建于公元11—17世纪的宏伟建筑群,曾是历代沙皇的皇宫,是沙皇俄国和世俗权力的象征。克里姆林宫(防御城墙)在历史上起着防御功能,也是宗教和政治活动中心。

克里姆林宫主要建于1475年,这座金色圆顶、雉堞朱墙的俄国沙皇城堡在莫斯科河畔巍然矗立。15世纪末,克里姆林宫基本成型,并保存至今。意大利和俄罗斯的建筑师们在建筑主体和教堂广场的修建上共同努力,使意大利文艺复兴时期的建筑风格和俄罗斯传统的建筑风格完美地结合在一起。一些大型建筑在18—19世纪期间修建补充入克里姆林宫建筑群内。红场对面著名的瓦西里·布拉仁教堂就是采用东正教艺术的大型建筑之一。

★ 实例解析

世界文化遗产:青城山与都江堰

一、世界遗产委员会评价

青城山是中国道教的发源地之一,属于道教名山。建福宫,始建于唐代,规模颇大。天然图画坊,是清光绪年间建造的一座阁。天师洞,洞中有"天师"张道陵及其三十代孙"虚靖天师"像。现存殿宇建于清末,规模宏伟,雕刻精细,并有不少珍贵文物和古树。

建于公元前3世纪,位于四川成都平原西部的岷江上的都江堰,是中国战国时期秦国蜀郡太守李冰及其子率众修建的一座大型水利工程,是全世界至今为止,年代最久、唯一留存、以无坝引水为特征的宏大水利工程。经历了2 200多年,至今仍发挥着巨大效益。李冰治水,功在当代,利在千秋,不愧为文明世界的伟大杰作,造福人民的伟大水利工程。

2000年11月,青城山与都江堰根据文化遗产遴选标准C(Ⅱ)(Ⅳ)(Ⅵ)被列入《世界遗产名录》。

二、都江堰旅游资源

(一) 举世无双的水利工程

都江堰水利工程充分利用当地西北高、东南低的地理条件,根据江河出山口处特殊的地形、水脉、水势,乘势利导,无坝引水,自流灌溉,使堤防、分水、泄洪、排沙、控流相互依存,共为体系,保证了防洪、灌溉、水运和社会用水综合效益的充分发挥。它最伟大之处是建堰2 250多年来经久不衰,而且发挥着愈来愈大的效益。都江堰建成后,成都平原沃野千里,"水旱从人,不知饥馑,时无荒年,谓之天府"。

都江堰主要由鱼嘴、飞沙堰、宝瓶口三大主体工程构成。三者有机配合,相互制约,协调运行,引水灌田,分洪减灾,具有"分四六,平潦旱"的功效。

(二) 水文化

由都江堰产生的具有浓郁地域色彩的都江堰水文化包括水文学、水文物、水神学等,诸如二王庙、伏龙观、观景台等处的人文景观;改建鱼嘴挖掘出土的东汉李冰石像和"饮水思源"石刻;歌颂李冰父子降龙治水的民间传说和具有一定宗教神学色彩的祭祀活动;以及由此而产生的祭水、祭神、祭人的诗、词、书画的水文学等,形成了独具特色的都江堰水文化。都江堰有块石碑,上面刻着"深淘滩,低作堰"字样。

(三) 都江堰放水节

李冰主持创建都江堰,使长期苦于水旱灾害的川西平原一下子成为富庶的、世人瞩目的"天府之国",人民对他的感戴之情是没齿难忘的。两千多年来,李冰父子凿离堆,开堰建渠,为天府之国带来的福泽一直为世人所崇敬、感激。二王庙从古至今不但香火鼎盛,而且在历史上一直既有官方主持的祭奠活动,也有老百姓的民间祭祀活动,官方的祭祀活动更为隆重。据史料记载,官方的祭祀活动正式颁定是在宋开宝七年(929年),初定为每年祭祀一次,后改为每年各春秋祭祀一次。早期的祭祀十分隆重,现代代之以"清明放水节"庆典活动,已成为都江堰特有的风俗。

(四) 二王庙庙会

相传农历六月二十四是二郎神生日,两日后为李冰生日。正值鸟语花香之时,受到都江堰恩泽的人们纷纷走出家门,来到二王庙焚香祭祀,怀念都江堰的缔造人李冰父子,由道庙主持举行盛大的"川主清源妙道真君"祭典大会,摆设道场三天。今二王庙庙会不仅增添了歌舞表演、川剧表演等内容,还有川剧变脸等绝活展示;每逢庙会,二王庙内烟霞蒸腾,万人朝拜,空前盛况,不减当年。

三、青城山旅游资源

(一) 自然旅游资源

青城山主要植被类型有亚热带常绿阔叶林、常绿落叶阔叶混交林和暖性针叶林。根据青城山样地调查资料、野外路线踏勘记录的植物种类及《中国都江堰市植物名录》中的记载,初步估计植物346种,其中蕨类植物51种,隶属于26属16科,种子植物295种,隶属于192属90科;双子叶植物252种169属77科,单子叶植物36种22属8科。植物区系有明显从亚热带向温带过渡的现象。

(二) 文化旅游资源

青城山是中国著名的道教名山,中国道教的发源地之一,自东汉以来已历经二千多年。东汉顺帝汉安二年(公元143年),道教创始人张道陵来到青城山,选中青城山的深幽涵碧,结茅传道,青城山遂成为道教的发祥地,被道教列为"第五洞天"。全山的道教宫观以天师洞为核心,包括建福宫、上清宫、祖师殿、圆明宫、老君阁、玉清宫、朝阳洞等,至今完好地保存有数十座道教宫观。

(资料来源:世界文化遗产——青城山与都江堰,人民网. 2004年5月26日)

请阅读案例并思考:

1. 都江堰景区有哪些旅游资源?其特色是什么?
2. 青城山的文化旅游资源有何特色?

知识归纳

历史古迹,是指先民在历史、文化、建筑、艺术上的具体遗产或遗址。历史古迹包含古建筑物、传统聚落、古市街、考古遗址及其他历史文化遗迹,涵盖政治、防御、宗教、祭祀、居住、生活、娱乐、劳动、社会、经济、教育等多方面,弥补了文字、历史等记录之不足,是重要的旅游资源。

历史古迹旅游资源包括古人类文化遗址、古文化遗址、古建筑、皇帝陵墓等。

宗教旅游资源有极大的价值。宗教建筑是旅游者乐于欣赏的一种人文旅游景观。宗教活动以直观、动态的形式展示宗教礼仪习俗,对旅游者具有强烈的吸引力。宗教活动所营造的独特的神秘氛围,也是旅游者在其他地方所无法感受到的。宗教活动往往通过为游客提供参与的机会,来满足游客宗教式的情感需求,这是宗教活动的深层次的吸引因素。此外,宗教艺术对旅游者也有巨大的吸引力。

世界上的园林,可分为两大系统:一是西方园林,以18世纪以前的欧洲园林为代表;二是东方园林,以中国古典园林为代表。

中西方园林由于历史背景和文化传统的不同而风格迥异、各具特色。中国园林有北方皇家园林和江南私家园林之分,而西方园林则因历史发展不同阶段而有古代、中世纪、文艺复兴等不同风格。中、西方园林在不同的哲学、美学思想支配下,不管是形式还是风格的差别都十分明显。

复习思考题

1. 试述历史古迹旅游资源的类型及代表景观。
2. 宗教旅游资源的价值是什么?
3. 宗教旅游资源包括哪些内容?
4. 简述中西方园林发展史。
5. 试述中西方园林艺术的差异。

第六章 人文旅游资源（Ⅱ）

【学习目标】

1. 了解城市旅游和城市旅游资源的概念。
2. 掌握历史文化古城的分类及其代表城市。
3. 了解特色小城镇的分类。
4. 掌握乡村旅游资源的分类。
5. 了解主要民俗风情旅游资源。
6. 了解主要的文学艺术旅游资源。

第一节　城市与乡村旅游资源

一、城市旅游资源

（一）城市旅游及城市旅游资源

城市旅游是指以现代化的城市设施为依托，以该城市丰富的自然和人文景观以及周到的服务为吸引要素而发展起来的一种独特的旅游方式。

城市旅游资源是指城市中对旅游者有吸引力的自然和人文景观。

小 贴 士

著名旅游城市宣传口号

曼谷：天使之城！

香港：动感之都！亚洲国际都会！

成都市：成功之都，多彩之都，美食之都

桂林市：桂林山水甲天下

大连市：浪漫之都，中国大连

厦门市：海上花园，温馨厦门

深圳市：深圳——每天带给你新的希望

上海市：上海，精彩每一天

重庆市：行千里，致广大

福州市：福山福水福州游

昆明市：昆明天天是春天

（二）历史文化名城

1. 历史文化名城的概念

1982年2月，为了保护那些曾经是古代政治、经济、文化中心或近代革命运动和重大历史事件发生地的重要城市及其文物古迹免受破坏，"历史文化名城"的概念被正式提出。根据《中华人民共和国文物保护法》，历史文化名城是指保存文物特别丰富，具有重大历史文化价值和革命意义的城市。

截至2016年11月23日，国务院已将130座城市列为国家历史文化名城，并对这些城市的文化遗迹进行了重点保护。

小贴士

申报国家级历史文化名城的条件

根据国务院2008年4月公布的《历史文化名城名镇名村保护条例》，申报国家历史文化名城的五项条件如下。

第一、保存文物特别丰富；

第二、历史建筑集中成片；

第三、保留着传统格局和历史风貌；

第四、历史上曾经作为政治、经济、文化、交通中心或军事要地，或发生过重要历史事件，或其传统产业、历史上建设的重大工程对本地区的发展产生过重要影响，或能够集中反映本地区建筑的文化特色、民族特色；

第五、在所申报的历史文化名城保护范围内还应当有2个以上的历史文化街区。

---

2. 历史文化名城的分类

（1）古都类历史文化名城。古都类历史文化名城是指以都城时代的历史遗存物、古都的风貌为特点的城市。

代表城市：河南开封市。

开封是世界上唯一一座城市中轴线从未变动的都城，城摞城遗址在世界考古史和都城史上少有。开封亦是清明上河图的原创地，有"东京梦华"之美誉。开封历史悠久，早在北宋时期这里就是全国的政治、经济、文化中心，也是当时世界上最繁华的都市之一，素有"国际都会"之称。各个朝代的更迭交替给开封留下了众多的文物古迹：仿古建筑群风格鲜明多样，宋、元、明、清、民初各个时期特色齐备，除原有的龙亭、铁塔、相国寺等古迹外，新建的宋都御街古朴典雅，再现了北宋京城的风貌。

开封是有名的书画之乡、戏曲之乡，历史上曾产生过苏、黄、米、蔡四大书法派系，又是豫剧祥符调和河南坠子的发源地。

（2）传统风貌类历史文化名城。传统风貌类历史文化名城是指保留了一个或几个历史时期积淀的完整建筑群的城市。

代表城市：山西祁县。

祁县位于山西省中部，太岳山北麓，太原盆地南部，汾河东岸。山川秀丽，景色万千。祁县民居建筑，集实用、艺术于一体，实现了二者和谐的统一，具有鲜明的地方特色，被中央电视台列入《中国民居精华》系列片，已介绍到国外。民居代表作有乔家大院和渠家大院。祁县古城明风清韵，古色古香。全城共有古院落1 000多所，明清建筑风格的房屋2万多间。

祁县祁太秧歌、戴氏心意拳被列为国家级非物质文化遗产。

小贴士

乔家大院

著名的建筑专家郑孝燮说过："北京有故宫、西安有兵马俑、祁县有民宅千处。"祁县的民居集宋、元、明、清之法式，汇江南河北之大成，其中最为出名的就是乔家大院。

乔家大院是清代赫赫有名的商业金融资本家乔致庸的宅院，原名"在中堂"，始建于1756年。整个院落呈双"喜"字形，分为6个大院，内套20个小院，313间房屋；三面临街，四周是高达10余米的全封闭青砖墙；正门为城门式洞式（详见图6-1），是一座具有北方汉族传统民居建筑风格的古宅。外视威严高大，宛如城堡；内视则富丽堂皇，既有跌宕起伏的层次，又有变化意境的统一规范，结构考究，选材精良。院内斗拱飞檐、石刻砖雕、牙版楼、彩绘金装随处可见，工艺精湛，各具特色，显示了我国劳动人民高超的建

图6-1 乔家大院正门

筑工艺，具有很高的建筑美学和居住民俗研究价值，被许多专家学者誉为"清代北方民居建筑的一颗明珠"，故有"皇家有故宫，民宅看乔家"之说。1985年在此筹建民俗博物

馆，1986年11月1日正式对外开放。第一院和第二院为乔家历史和乔家珍品两个专题陈列，后四院主要陈展民间工艺、衣食住行、岁时节日、婚丧嫁娶、农商习俗等九大部分。祁县民俗博物馆是一所以清末民初汉族生活习俗为主要内容的大型博物馆，开馆十多年来，先后接待游客600万余人次，其中不乏国家政要和著名学者。曾有三十多个影视剧组先后在馆拍摄过，如《大红灯笼高高挂》《昌晋源票号》等。

(3) 地域特色类历史文化名城。地域特色类历史文化名城是指由地域特色或独自的个性特征、民族风情、地方文化构成城市风貌主体的城市。

代表城市：山东曲阜市。

曲阜，古为鲁国国都，被誉为"东方圣城""东方耶路撒冷"。曲阜是中国古代伟大的思想家、教育家、儒家学派创始人孔子的故乡，坐落着世界儒学研究与交流中心——孔子研究院。1982年，曲阜被评为中国首批历史文化名城。

曲阜位于山东省西南部，北负泰岱，南引凫峄，东连沂蒙群山，西俯平野千畴，泗水北枕，沂河南带，土地肥沃，物产丰富。作为大汶口文化、龙山文化主要地区和儒学的发源地，曲阜有重点文物保护单位112处，其中国家重点文物保护单位4处，省级重点文化保护单位12处，孔庙、孔府及孔林被列入世界历史文化遗产。

(4) 特殊职能类历史文化名城。特殊职能类历史文化名城是指某种职能在历史上占有极突出的地位的城市。

代表城市：福建泉州市。

地下看西安，地上看泉州。泉州素有"福建文化半壁江山"之称。泉州位于厦门东北方向，与台湾隔海相望，是国务院首批公布的历史文化名城，曾是中国古代最有名的对外通商口岸，海上丝绸之路的起点，被马可·波罗誉为"光明之城"，与100多个国家和地区通商。同时，世界各大宗教也随着经济和文化的交流而传入泉州，使它成为一座具有世界性宗教文化特征的城市，联合国教科文组织将全球第一个"世界多元文化展示中心"定址泉州。这座古城有着丰厚的文化积淀，保存了中华民族许多优良传统。同时，泉州又是著名的侨乡，每年回乡寻根谒祖的华侨络绎不绝。

泉州境内有包括中国闽台缘博物馆、泉州博物馆、泉州海外交通史博物馆、泉州华侨历史博物馆、泉州伊斯兰教博物馆、泉州市南建筑博物馆在内的多家博物馆。

此外，泉州境内有全国重点文物保护单位共31处，包括清净寺、开元寺、郑成功墓、崇武城墙、洛阳桥、泉州天后宫、清源山石造像、九日山摩崖石刻、屈斗宫德化窑遗址、伊斯兰教圣墓、草庵石刻、蔡氏古民居建筑群、泉州府文庙、磁灶窑址、德济门遗址、泉州港古建筑、陈埭丁氏宗祠、安溪文庙等。

(5) 近代史迹类历史文化名城。近代史迹类历史文化名城是指以反映历史上某一事件或某个阶段的建筑物或建筑群为显著特色的城市。

代表城市：陕西延安市。

延安东临黄河，与山西相邻，西面与甘肃接壤，是国务院首批公布的24个历史文化名城之一，以"三黄一圣（黄帝陵庙、黄河壶口瀑布、黄土风情文化、革命圣地）"享誉中外。延安是中国革命圣地,老一辈革命家在这里生活战斗了十三个春秋,培育了光照千秋的延安精神,是全国爱国主义、革命传统和延安精神三大教育基地,有着"中国革命博物馆城"的美誉。延安在自然景观方面有黄河壶口瀑布、全国最大的野生牡丹群和花木兰故里万花山等。

(6)风景名胜类历史文化名城。风景名胜类历史文化名城是指因建筑与山水环境叠加而显示出鲜明个性特征的城市。

代表城市:河北承德市。

承德是首批国家历史文化名城,历史悠久。避暑山庄是我国最大的皇家园林,古朴典雅,布局严谨,庄内水木清华,风光旖旎,众多建筑风格各异,却又和谐统一;避暑山庄外围的外八庙融汉、蒙、藏、维多民族的风格于一体。避暑山庄及其周围寺庙也是国家首批世界文化遗产。

承德市郊有魁星楼、双塔山、野风寨等新兴旅游区,磬锤峰、朝阳洞、天桥山等景致点缀四周,构成"热河十大自然山景"。承德还是中国普通话标准音采集地,中国摄影之乡、剪纸之乡。2016年11月,承德市被国家旅游局评为第二批国家全域旅游示范区。

3. 历史文化名城的旅游开发

历史文化名城记载着城市的发展信息,蕴涵着深厚的历史文化,是我国古代城市规划建设的典范,也是全人类的宝贵财富。越来越多的历史文化名城成为闻名遐迩的旅游热点城市,但在旅游开发过程中也出现了一些不恰当的建设行为,导致历史文化遗产遭到破坏。因此,必须在有效保护历史文化名城这一珍贵资源的前提下充分发挥其城市的旅游功能。

在历史文化名城保护与旅游发展方面,部分学者从规划、行政和组织三个角度探索了保护和旅游开发协同发展的方法,或提出从法制保障、监控系统和行政干预三方面来协调保护与开发,或认为实施保护是旅游发展的创新理念基础,或指出解决文物保护与旅游发展问题的根本在于增强全民的文物保护意识,以法律形式明确政府和全民的责任。

(三)中国特色小城镇

1. 特色小城镇概述

小城镇不仅有城市的特质,更有乡村的烙印。特色小城镇关键在于有特色,有特色才对游客有吸引力,才能被开发利用,才能实现经济效益和社会效益,从而成为真正的旅游资源。特色是生命,是小城镇建设的灵魂,是可持续发展的基础。

2. 特色小城镇分类

(1)北方小城镇。中国北方黄河中上游地区特色小城镇较多,在陕西、甘肃、河南、山西等黄土地区结合当地自然环境,小城镇建设形成了自己独特的风格。

代表小城镇:山西郭峪村。

郭峪村位于阳城县东21千米处。明清两代,该村文风鼎盛,人才辈出,一共走出了18位举人和15位进士;加之商贸发达,民居修建成一时之盛,现仍有保存完好的明代民居40院、1 100余间。院落门楼多呈高挑牌式式,斗拱层叠,样式华丽,等级很高。民居多为四合院,为北方典型的"四大八小"格式。郭峪古城是太行山麓一座唐初建置的城堡。城堡依山傍水，城墙雄伟壮观，城头雉堞林立，城内豫楼高耸，古庙森严，官宅豪华，民居典雅，是中国乡村独具特色的古代建筑群。

（2）独特建筑类。建筑是构成城镇物质环境的载体，是由不同体量材质、色彩组成的功能实体。建筑大师吴良镛指出："特色是生活的反映，特色有地域的分野，特色是历史的构成，特色是文化的积淀，特色是民族的凝结，特色是一定时间地点条件下典型事物的最集中最典型的表现，因为它能引起人们不同的感受，心灵上的共鸣，感情上的陶醉。"城镇建筑特色主要是由群体形象聚合而成的整体环境，而不是单一建筑的自我表现。

代表小城镇：四川罗城古镇。

罗城古镇被誉为"中国的诺亚方舟"，位于犍为县东北部，距乐山市60千米，距犍为县城25千米，居住着汉、回、彝、满、藏、黎、苗7个民族。古镇主街凉厅街俗称"船形街"，始建于明代崇祯元年（1628年）。时至今日，这条幸存下来的老街仍保留着部分明清时代老四川文化的人文风貌。

罗城古镇坐落在一个椭圆形的山丘顶上，主街为船形结构，东西长，南北短，从高处俯视，像是一只搁置在山顶上的大船，街面是船底，两边的房屋建筑是船舷，中部的戏楼是船舱，东端的灵官庙好似大船的尾篷，西端的天灯石柱恰似大船的篙竿，灵官庙右侧长22米的过街楼（现存）犹如船舵（见图6-2）。船形街的左侧倚傍着的是高巍巍、莽苍苍的铁山。

图6-2 罗城船型街

1982年，澳大利亚人受其奇特造型的影响，依样在墨尔本建造了一座"中国城"，罗城古镇从此名扬海外。

（3）民族小城镇。中国是一个统一的多民族国家，西南、西北和东北是少数民族的聚居区，民族种类多，民俗风情独特，拥有众多具有少数民族风情的特色小镇。

代表小城镇：新疆图瓦村。

图瓦村位于新疆布尔津县喀纳斯河谷地带，周围山清水秀，环境优美，是从布尔津县前往喀纳斯湖的必经之路。阿尔泰山深处的喀纳斯湖区，夹在两山之间，由于山不高，山谷便显得开阔，村庄因而也显得安详。村庄的背后是山坡，山坡的顶端是雪峰。图瓦村与喀纳斯湖相互辉映，融为一体，构成喀纳斯旅游区独具魅力的人文、民族风情。在图瓦村的背后，就是中俄边境上的友谊峰，西伯利亚的风从友谊峰吹过来，随着地势降低，骤然变暖，便孕育出了这片浓密的山林。

（4）江南水乡小镇。江南水乡古镇是江南地区汉族水乡风貌最具代表性特征的地区，以其深邃的历史文化底蕴、清丽婉约的水乡古镇风貌、古朴的吴侬软语民俗风情，驰名中外，是长三角经济社会发展的文化资源、品牌优势，也是促进长三角区域可持续发展的重要源泉。"小桥、流水、人家"的规划格局和建筑艺术在世界上独树一帜，形成了人与自然和谐的居住环境。江南的众多古镇中，西塘、周庄、南浔、甪直、同里、乌镇被誉为"江南六大古镇"，是江南水乡古镇的代表。

代表小城镇：江苏甪直。

据《甫里志》载：甪直原名为甫里，因镇西有"甫里塘"而得名。后因镇东有直港，通向六处，水流形有酷如"甪"字，故改名为"甪直"。又传古代独角神兽"甪端"巡察神州大地路经甪直，见这里是一块风水宝地，因此就长期住在这里。

甪直历来有"五湖之厅""六泽之冲"之称。"五湖之厅"是指它南临澄湖、万千湖，西靠独野湖、金鸡湖，北望阳澄湖。"六泽之冲"是说它有吴淞江、清小港、界浦、张陵港、东塘和大直港六条流道。甪直境内水流纵横，桥梁密布，贴水成街，人家枕河而眠，镇貌古朴，风情幽逸。

甪直镇不但水秀美，甪直镇的桥更美，历来有"桥梁之乡"的美称。1平方千米的古镇、5.6千米的河道上最多时有宋、元、明、清时代的石拱桥72座半，现存41座，造型各异，有人称甪直为"桥梁博物馆"。其中建于宋代的桥1座，建于明代的桥12座，建于清代的桥19座。

（5）文化与工艺小城镇。中国许多城镇以其特有的文化特色或者是工艺品制作而闻名海外，比如风筝之都潍坊、瓷都景德镇、陶都宜兴、杂技之乡吴桥等。

代表小城镇：江西景德镇。

景德镇市，别名"瓷都"，为江西省地级行政区（市）。景德镇陶瓷享誉全世界，历史上是官窑之地，民国时期曾与广东佛山、湖北汉口、河南朱仙并称全国四大名镇。

景德镇市旅游资源丰富，包括陶瓷文化、人文景观、生态环境等，尤以陶瓷文化独具优势。全市现已发现30多处陶瓷历史遗址，如古代著名的瓷原料产地及世界通称制瓷原料高岭土命名地高岭、湖田古窑遗址、明清御窑厂遗址等，具有世界性的影响力和吸引力。景德镇市的风景名胜和景观众多，有保留完好的明清古建筑村、徽派建筑群、古戏台，有号称中国第二、江南第一的浮梁古县衙，有以三闾大夫屈原命名的古建筑三闾庙。景德镇也是具有光荣革命传统的地区，著名的新四军瑶里改编就在浮梁县瑶里镇。

（四）现代大都市

新兴城市，持续不断地进行着一个又一个让人惊叹不已的城市景观营造。它们的自然环境也大都令人艳羡，共同造就了极具魅力的旅游目的地。世界有很多著名大都市，包括纽约、巴黎、上海和香港等。

1. 美国纽约

纽约有"世界之都"之称，不仅是因为它是联合国总部所在地，更因其在全球经济、金融、政治、传媒、娱乐与时尚界的地位。史诗般的曼哈顿天际线展现了现代都市的极致繁华与壮观；自由女神像、中央公园、华尔街、百老汇和时代广场等是全世界游客的必到之处。纽约还拥有许多充满世界级艺术和历史展品的博物馆，如大都会博物馆和纽约现代艺术博物馆为最。

2. 法国巴黎

巴黎是法国的首都和最大的城市，欧洲第二大城市，法国的政治、经济、文化、商业中心。巴黎位于法国北部巴黎盆地的中央，横跨塞纳河两岸。巴黎从最早的河心岛，到被塞纳河划分为左岸、右岸，在经历数次扩张后，如今的巴黎已有小巴黎及大巴黎之分。小巴黎指的是划为20个区的巴黎市区，法国人口中的Paris以及地址里显示的"Paris"一般只是指巴黎市区，绝大部分景点，比如埃菲尔铁塔、卢浮宫、巴黎圣母院等位于小巴黎，相对集中。大巴黎则是小巴黎加上周边的7个省份组成的Île-de-France（法兰西岛大区），这里有凡尔赛宫、枫丹白露、迪士尼乐园等。

3. 英国伦敦

英国首都伦敦，位于英格兰东南部的平原上，拥有2 000年的悠久历史，是历代王朝建都的地方。这里有众多名胜古迹和现代化建筑，旅游资源十分丰富。泰晤士河是伦敦的生命线，绵延300多千米，两岸风景秀丽，28座建筑风格不同的桥梁把泰晤士河两岸连成一片。伦敦其他著名的旅游点还有伦敦动物园、皇家植物园、特拉法尔加广场、牛津街、摄政街、蜡像博物馆等。

4. 日本东京

东京是现代国际化大都市和世界著名旅游城市之一，拥有丰富的旅游资源，著名的观光景点有东京铁塔、皇居、东京国会议事堂、浅草寺、浜离宫、上野公园与动物园、葛西临海公园、台场与彩虹大桥、东京迪士尼乐园、代代木公园、日比谷公园等。

5. 阿联酋迪拜

近年来，迪拜总是给全世界带来惊叹，如世界第一高楼迪拜塔、世界上首家七星级酒店帆船酒店、世界上最大的购物中心、世界上最大的人工岛棕榈岛、世界最大的室内滑雪场，等等。沙漠与海洋的交汇也是迪拜旅游的特有元素，去黄金沙漠冲沙，在惊险刺激之余可体验阿拉伯风情。

6. 中国上海

上海是一座新兴的旅游城市，有深厚的文化底蕴和众多历史古迹。上海主要的旅游景点包括上海迪士尼乐园、外滩、田子坊、南京路步行街、东方明珠、上海野生动物园、上海海洋水族馆、陆家嘴等。

二、乡村旅游资源

（一）乡村旅游资源概念

乡村旅游资源是指能吸引旅游者前来进行旅游活动，为旅游业所利用，并能产生经济、社会、生态等综合效益的乡村景观客体。它是以自然环境为基础、人文因素为主导的人类文化与自然环境紧密结合的文化景观,是由自然环境、物质和非物质要素共同组成的和谐的乡村地域复合体。

(二)乡村旅游资源的分类

就旅游而言,乡村是个小天地大世界,旅游资源极为复杂。可从成因、属性、特征、开发利用等不同的层面,对乡村旅游资源进行划分。

1. 乡村田园景观旅游资源

自然田园风光是乡村旅游资源中最主要的构成部分,包括大规模连片的农田带、多种类型的经济果林与蔬菜园区,一定面积的天然或人工水面等。

小贴士

世界文化遗产——红河哈尼梯田文化景观

红河哈尼梯田文化景观,是以当地哈尼族为主的各族人民利用"一山分四季,十里不同天""山有多高,水有多高"的特殊地理气候开垦共创的梯田农耕文明奇观。哈尼梯田呈现森林—村寨—梯田—水系"四素同构"的农业生态系统,农耕生产技术和传统文化活动均围绕梯田展开。

红河哈尼梯田也被当代人誉为"伟大的大地雕刻",因天气和水中植物不同更是会呈现出不同的色彩:晴天时梯田呈蓝色,阴天时呈灰色,早晚呈金黄色;因植物不同会分别呈绿色、红色、黄色等。哈尼梯田是多彩的大地艺术,而实现了这一人类创造力、耐受力、意志力和人与自然和谐理念的哈尼族人,则被誉为"大地雕刻师"。

2013年,红河哈尼梯田入选世界文化遗产。世界遗产委员会在对红河哈尼梯田文化景观的评语中写道,红河哈尼梯田文化景观所体现的森林、水系、梯田和村寨"四素同构"系统符合世界遗产标准,其完美反映的精密复杂的农业、林业和水分配系统,通过长期以来形成的独特社会经济宗教体系得以加强,彰显了人与环境互动的一种重要模式。

2. 乡村聚落景观旅游资源

聚落是人类活动的中心,它既是人们居住、生活、休息和进行社会活动的场所,也是人们进行生产劳动的场所。我国乡村聚落分为集聚型,即团状、带状和环状村落;散漫型,即点状村落;特殊型,表现为帐篷、水村、土楼和窑洞。乡村聚落的形态、分布特点及建筑布局构成了乡村聚落景观旅游资源丰富的内涵。这些旅游资源具有整体性、独特性和传统性等特点,反映了村民们的居住方式,往往成为区别于其他乡村的显著标志。

小贴士

美丽乡村——婺源

江西婺源地处赣东北,与皖南、浙西毗邻,已被国内外誉为"中国最美丽的农村"。它的美,除了山川之迷人——峰峦、幽谷、溪涧、林木、奇峰、异石、古树、驿道、亭台、廊桥、溶洞和鸟类奇多之外,就是古村落古民居建筑堪称九州大地之一绝。

婺源古村落的建筑,是当今中国古建筑保存最多、最完好的地方之一。全县至今仍完好地保存着明清时代的古祠堂113座、古府第28栋、古民宅36幢和古桥187座。

村庄一般都选择在前有流水、后靠青山的地方。村前的小河、水口山、水口林和村后的后龙山上的林木，历来得到村民悉心的保护，谁要是砍了山上的一竹一木，就要受到公众的谴责和乡规民约的处罚。自1992年建立自然保护区后，河流、林木、古民宅、古树、古桥、古祠堂、古府第、古楼台、古碑和珍禽飞鸟保护得更好了，成了全国"生态文化旅游示范县"。

婺源明清时代的徽式建筑几乎遍布全县各乡村。走进古村落，可以看到爬满青藤的粉墙，长着青苔的黛瓦，飞檐斗角的精巧雕刻，剥落的雕梁画栋和门楣。古村落的民居建筑群，依山而建，面河而立，户连户，屋连屋，鳞次栉比，灰瓦叠叠，白墙片片，黑白相间，布局紧凑而典雅。门前听水响，窗外闻鸟啼。许多古村落被影视导演看中，成了影视剧中的镜头。

婺源民居中的"三雕"（石雕、木雕、砖雕）是中国古建筑中的典范，不仅用材考究，做工精美，而且风格独特，造型典雅，有着深厚的文化底蕴。

号称"江南第一祠"的汪口喻氏宗祠，占地665平方米，其梁、柱、窗上的浅雕、深雕、浮雕、透雕、圆雕形成的各种图案达100多组，刀功细腻，工艺精湛，被我国古建筑学家誉为"艺术殿堂"。值得一提的是，婺源县城内今天人们建造的公寓、酒楼和民舍，也按县政府要求，均为清一色的明清式建筑，与古代的建筑相辉映。

3. 乡村建筑景观旅游资源

乡村建筑包括乡村民居、乡村宗祠建筑以及其他建筑形式。不同地域的乡村民居均代表一定的地方特色，风格迥异，给游客以不同的感受。如青藏高原的碉房，内蒙古草原的毡包，喀什乡村的"阿以旺"，苗乡的寨子，黄土高原的窑洞，东北林区的板屋，客家的五凤楼、围垄及土楼等，千姿百态，具有浓郁的乡土风情。乡村宗祠建筑，如气派恢宏的祠堂，高大挺拔的文笔塔，装饰华美的寺庙等，是乡村发展的历史见证，反映出乡村居民生活的某一侧面。

4. 乡村农耕文化景观旅游资源

我国农业生产源远流长，乡村劳作形式种类繁多，有刀耕火种、水车灌溉、围湖造田、鱼鹰捕鱼、采药摘茶等，充满了浓郁的乡土文化气息，体现出不同的农耕文化，对于城市居民、外国游客极具吸引力。

5. 乡村民俗文化景观旅游资源

乡风民俗反映出特定地域乡村居民的生活习惯、风土人情，是乡村民俗文化长期积淀的结果。乡村传统节日五彩纷呈，汉族有元宵节、清明节、端午节、中秋节等，藏族有雪顿节等，彝族有火把节等，傣族有泼水节等。

第二节　民俗风情旅游资源

一、民俗风情与旅游

由于各民族生活的地理环境存在差异，他们的风俗习惯、居住环境、衣着服饰、饮食习惯、节日、礼仪等都存在着差异。正是这种差异性，吸引着人们去观光、体验那些不同的生活方式，满足好奇的心理。民俗风情的形成是在特定的自然背景和历史背景下形成的，是自然与社会、历史、文化、生活结合的产物。民俗风情旅游是指人们离开惯常居住地，到异地去体验当地民俗的文化旅游行程。

民俗风情旅游的内容主要包括饮食风俗、民居建筑、民族服饰、口头传承文化、民间歌舞、节日活动等。

二、主要民俗风情旅游资源介绍

（一）饮食风俗

饮食风俗是指人类维持基本的生活必需和日常生活的行为方式。通俗地讲，它有饮和食两大部分，而食又可分为饭食和菜肴。饮食风俗从整体上可归纳为三大饮食风俗：日常生活的饮食惯制、节日饮食习俗和信仰上的饮食习俗。

日常生活饮食习俗包括饮食的次数、饮食时间的规定及日常菜肴。我国秦汉以前基本是一日早晚两餐制，汉朝开始才普遍实行一日三餐制。日常饮食中，南北菜肴风味就表现出了差异。到唐宋时，南食、北食各自形成体系。发展到清代初期时，川菜、鲁菜、粤菜、苏菜，成为当时最有影响的地方菜，被称作"四大菜系"。到清末时，浙菜、闽菜、湘菜、徽菜四大新地方菜系分化形成，共同构成汉族饮食的"八大菜系"。在节日饮食习俗方面，有五月端阳吃粽子和喝雄黄酒，八月中秋食月饼和饮黄酒，腊八食腊八粥，大年三十吃饺子等。

小贴士

中国饮茶习俗的发展历程

我国是茶树的原产地，种茶、制茶、饮茶都起源于我国。《神农本草经》记载，大约4 000年前，古人已开始把茶叶当作药用，叫"荼"。据古文献，最早记录茶的大都是四川人。资中人王褒的《僮约》有"武阳买茶"的句子，四川可能是茶流行最早的地区。《三国志》载，东吴时期已有不少人采茶煮为"茗粥"。南北朝时，随着民族融合，饮茶习惯由南向北延伸。唐代张籍《寄友人》诗："忆在江南日，同游三月时。采茶寻远涧，斗鸭向春池。"饮茶之风普及是在唐代，与佛教的兴盛有关。唐人封演在《封氏闻见录》中说："开元中，泰山灵岩寺有降魔师大兴禅教。学禅务于不寐，又不夕食，皆许其饮茶。人自怀挟，到处煮饮。从此转相仿效，遂成风俗。"饮茶风俗的大大推广，促进了我国第一部研究茶的专著《茶经》出现。《茶经》作者为唐中期陆羽，他被尊为茶神。

经过数千年的发展，我国已形成了六大茶系：绿茶、红茶、乌龙茶、白茶、黄茶和黑茶。其中绿茶生产历史最久，产量最高，种植面积及影响最大。全国各地饮食结构不同，饮茶方式和所需茶类也不同。江浙地区多饮绿茶，其中，龙井、瓜片最受青睐；京、津、东北流行饮用花茶；闽粤一带视乌龙茶为珍品；福建、潮汕地区泡茶艺术甚为讲究，潮州的工夫茶名副其实，极费工夫，连水沸的程度也有"蟹眼""鱼目"之分，倒茶的方式也不同。

（二）传统民居

民居是指除宫殿、官署和寺观以外的居住建筑。中国历史悠久，疆域辽阔，自然环境多种多样，社会经济环境不尽相同。在漫长的历史发展过程中，受气候、地形、土质、民族文化和生产力水平等诸多因素的影响，我国民居逐步形成了各地不同的建筑形式。因此，民居可从一个侧面反映人们的生活方式、生产方式、家庭关系以及人们的审美情趣。中国的民居种类较多，主要包括北京的四合院，蒙古族的蒙古包，陕西、河南的窑洞，福建的土楼等。

（三）节庆活动

各种节日庆典活动是民族特征的综合反映，从服饰穿戴到人际交流、生产、生活都表现于此，是民俗风情旅游资源的重要组成部分。节庆主要包括：宗教信仰类节日、农事节庆、人生历程节日和礼俗、时序节日。

小贴士

二十四节气成功申报世界级非物质文化遗产代表

2016年11月30日，联合国教科文组织保护非物质文化遗产政府间委员会经过评审，正式通过决议，将中国申报的"二十四节气——中国人通过观察太阳周年运动而形成的时间知识体系及其实践"列入联合国教科文组织《人类非物质文化遗产代表作名录》。

二十四节气是中国人通过观察太阳周年运动，认知一年中时令、气候、物候等方面变化规律所形成的知识体系和社会实践。中国古人将太阳周年运动轨迹划分为24等份，每一等份为一个"节气"，统称二十四节气。具体包括：立春、雨水、惊蛰、春分、清明、谷雨、立夏、小满、芒种、夏至、小暑、大暑、立秋、处暑、白露、秋分、寒露、霜降、立冬、小雪、大雪、冬至、小寒、大寒。二十四节气指导着传统农业生产和日常生活，是中国传统历法体系及其相关实践活动的重要组成部分。在国际气象界，这一时间认知体系被誉为"中国的第五大发明"。

二十四节气对于农事的指导功能逐渐减弱，但在当代中国人的生活中依然具有多方面的文化意义和社会功能，鲜明地体现了中国人尊重自然、顺应自然规律和适应可持续发展的理念，与自然和谐相处的智慧和创造力，也是人类文化多样性的生动见证。

（四）民族服饰

从字面上来说，服饰主要包含了两个方面的内容，一方面是"服"，指人身上穿着的衣物，包括衣、帽、裤、裙、鞋等；另一方面指对人体自身的装饰及各种装饰品，包括文身、漆齿、耳环、项链、手镯等。服饰的发展与人类社会的发展是紧密联系在一起的，各个地区独具特色的服饰又证明了与生态环境发展的关系。民族服饰是民族文化的重要组成部分，而少数民族服饰更是绚丽多彩，是研究服饰文化必不可少的内容之一，也是重要的旅游资源。例如苗、瑶、畲三族，都源于三苗族群。由于盘瓠、凤凰信仰的需要，传统服饰都保留了"好五色"的传统。他们的头帕、衣领、衣袖、襟边、胸襟、腰带、围裙、裤子、挂带等衣饰上，大都有用彩色丝线绣上的富于民族特色的花纹图案。

（五）民间舞蹈

民间舞蹈起源于人类劳动生活，它是由人民群众自创自演，表现一个民族或地区的文化传统、生活习俗及人们精神风貌的群众性舞蹈活动。中国民间舞蹈最属突出的特征，就是它的民俗性。从舞蹈功能的角度，将各民族的民间舞蹈分为五大类，即：节令习俗舞蹈；生活习俗舞蹈，如自娱自乐、社交择偶、健身竞技；礼仪习俗舞蹈，如在生育礼、成人礼、婚礼、寿礼、丧礼、祭礼、兵礼等礼仪活动中进行的舞蹈；信仰习俗舞蹈，如在道教、佛教、伊斯兰教、民间俗信活动中跳的舞蹈；劳动习俗舞蹈。

小贴士

中国朝鲜族农乐舞

农乐舞俗称"农乐"，流传于吉林、黑龙江、辽宁等朝鲜族聚居区，其历史可追溯到古朝鲜时代春播秋收时祭天仪式中的"踩地神"。农乐舞是一种融音乐、舞蹈、演唱为一体的综合性的民族民间艺术，分为十二部分。朝鲜族农乐（象帽舞、乞粒舞）是第一批国家级非物质文化遗产，2009年9月30日，列入《人类非物质文化遗产代表作名录》。

象帽舞作为一种传统的娱乐形式，历史悠久。相传它是由古代朝鲜族人民在耕作时，将大象毛绑在帽尖上左右摇摆从而驱赶野兽的侵扰演变而来。无论怎样，象帽舞已发展成为一种综合性的民间艺术，把音乐、舞蹈、演唱融为一体，具有相当的技巧和丰富的内涵。

第三节 文学艺术旅游资源

一、文学艺术在旅游中的作用

文学艺术具有重要的宣传作用，书法、碑刻、舞蹈、雕塑、戏曲等传统艺术风格独特、意蕴深远，本身就是极具魅力的旅游资源，吸引旅游者前往。苏州阊门西封江的封桥和苏州西南的寒山寺在唐代以前并不为人关注，但自张继《枫桥夜泊》一诗后，这里的景观身价倍增、名扬天下。山水文物、风俗民情、奇闻轶事借助于文学艺术，其美学内涵、历史价值才广为人知。名胜与名文结合，交相辉映，是旅游资源和旅游项目形成的重要动力。

旅游的过程也是审美的过程。在实际的旅游观赏过程中，人们在观赏眼前景物的同时，潜心品味相关的诗词歌赋等，不仅能够助兴或提高"游兴"，而且能够丰富景观的审美价值，有益于引导旅游者深化其审美体验，提高观赏者的审美理解水平。

二、文学艺术旅游资源的分类

（一）旅游文学艺术

1. 旅游诗歌

旅游诗歌在我国旅游文学中是产生较早、作品最为丰富的一个品种，是诗人在欣赏了大好河山后,有感而发,抒发的内心感受。

> **小贴士**
>
> ### 旅游名诗欣赏
>
> 赏析:1. 苏轼《饮湖上初晴后雨》
>
> 水光潋滟晴方好,山色空蒙雨亦奇。欲把西湖比西子,浓妆淡抹总相宜。
>
> 苏轼(1037—1101年),北宋文学家。这是一首赞美西湖美景的名诗,描写西湖刚晴又雨时富于魅力的美景。这首诗的流传,使西湖的景色增添了光彩,"西子湖"就成了西湖的别称。
>
> 2. 谢灵运《登池上楼》
>
> 潜虬媚幽姿,飞鸿响远音。薄霄愧云浮,栖川怍渊沉。
> 进德智所拙,退耕力不任。徇禄反穷海,卧疴对空林。
> 衾枕昧节候,褰开暂窥临。倾耳聆波澜,举目眺岖嵚。
> 初景革绪风,新阳改故阴。池塘生春草,园柳变鸣禽。
> 祁祁伤豳歌,萋萋感楚吟。索居易永久,离群难处心。
> 持操岂独古,无闷徵在今。
>
> 赏析:谢灵运(385—433年)这首诗的视角和景观在不断地变换,对山水景物的声、光、色都有生动描绘,画面斑斓,写出了景物的韵味,情景交融,给人以美的享受。

2. 旅游散文

旅游散文是指旅游文学中除诗、词、曲以外的写景并在写景基础上抒情、言志的文学作品。旅游散文是旅游文学的一个大类,在旅游文学中占有越来越重要的位置。

从古至今的游记作品,如同一幅幅生动的画卷,形象地描绘了祖国的秀丽河山,给人以美的感受。

> **小贴士**
>
> ### 旅游散文欣赏
> #### 秦观《龙井题名记》
>
> 元丰二年中秋后一日,余自吴兴道杭,东还会稽。龙井有辨才大师,以事邀余入山。比出郭,日已夕,航湖至普宁,遇道人参寥,问龙井所遣篮舆,则曰:"以不时至,去矣。"
>
> 是夕,天宇开霁,林间月明,可数毫发。遂弃舟,从参寥策杖并湖而行。出雷峰,度南屏,濯足于惠因涧,入灵石坞,得支径上风篁岭,憩于龙井亭,酌泉据石而饮之。
>
> 自普宁凡经佛寺十五,皆寂不闻人声。道旁庐舍,灯火隐显,草木深郁,流水激激悲鸣,殆非人间之境。行二鼓,始至圣寿院,谒辨才于潮音堂,明日乃还。
>
> 赏析:秦观(1049—1100年),北宋文学家。龙井在今浙江杭州市西风篁岭上。本文犹如一幅月夜郊游图,以入山访友为线索,具体记述了出郭、渡湖、穿林、登山的行踪,以清新简洁的笔墨,细致描绘了西湖山林的景物。

3. 匾额、楹联

匾额和楹联是古建筑景观中重要的构景要素，起着画龙点睛的作用，也是书法艺术的最佳展示。楹指堂屋前部的柱子，楹联就是指挂在或贴在柱子上的对联，泛指对联。在我国各个旅游胜地，几乎随处可见悬挂或雕刻在山石上的楹联，不仅对环境起烘托和渲染作用，而且其本身就是一道难得的风景线。

小贴士

旅游胜地楹联欣赏

1. 昆明大观楼

五百里滇池，奔来眼底。披襟岸帻，喜茫茫空阔无边！看东骧神骏，西翥灵仪，北走蜿蜒，南翔缟素。高人韵士，何妨选胜登临。趁蟹屿螺州，梳裹就风鬟雾鬓；更苹天苇地，点缀些翠羽丹霞。莫辜负四周香稻，万顷晴沙，九夏芙蓉，三春杨柳；

数千年往事，注到心头。把酒凌虚，叹滚滚英雄谁在？想汉习楼船，唐标铁柱，宋挥玉斧，元跨革囊。伟烈丰功，费尽移山心力。尽珠帘画栋，卷不及暮雨朝云；便断碣残碑，都付与苍烟落照。只赢得几杵疏钟，半江渔火，两行秋雁，一枕清霜。

赏析：大观楼在云南昆明市小西门外滇池畔。此联是清朝乾隆年间昆明名士孙髯翁登大观楼有感而作，共180字。此联描写景物，陈述史实，反复低回，一唱三叹，情景交融，浑然一体。上联写"喜"，尽情享受眼前美景；下联"叹"，依次陈说历史沿革。

2. 拙政园

拙补心勤，问当年学士联吟，月下花前，留得几人诗酒；

政余多暇，看此日名公雅集，辽东冀北，蔚成一代文章。

赏析：拙政园为苏州四大古典名园之一。此为嵌字联，联首点出园名。

3. 泰山南天门

门辟九霄，仰步三天胜迹；

阶崇万级，俯临千嶂奇观。

赏析：泰山山峰突兀，雄伟壮丽，南天门在泰山盘道近处。此联写出南天门在俯仰之间的泰山雄伟景观。

---

4. 石刻

石刻，是造型艺术中的一个重要门类，在中国有着悠久的历史。石刻属于雕塑艺术，是运用雕刻的技法在石质材料上创造出具有实在体积的各类艺术品。泰山石刻涵括了整个中国的书法史，展示了中国书法艺术形变神异、一脉相承的发展脉络。书法艺术在泰山主要以石刻形式保存下来，其中大部为自然石刻，少量为碑碣。泰山石刻源远流长，分布广泛，数量众多，现存碑刻500余座、摩崖题刻800余处。泰山碑刻题名之多，冠中国名山之首，成为一处天然的书法展览，具有很高的艺术和史料价值。

5. 地理名著

北魏郦道元在历年实地勘察的基础上，广泛收集各种资料，撰写出《水经注》，书中有大量山河景色的描写，具有非常高的地理文献和旅游文献价值及文学艺术价值。《徐霞客游记》是一部以日记体为主的地理著作，明末地理学家徐霞客经过 34 年旅行，写有天台山、雁荡山、黄山、庐山等名山游记 17 篇和《浙游日记》《江右游日记》《楚游日记》《粤西游日记》《黔游日记》《滇游日记》等著作，后由他人整理成《徐霞客游记》。他对喀斯特地区的类型分布和各地区间的差异，尤其是喀斯特洞穴的特征、类型及成因，进行了详细的考察和科学的记述，是中国和世界广泛考察喀斯特地貌的卓越先驱。

> **小贴士**
>
> ### 中国旅游日
>
> 中国旅游日起源于 2001 年浙江宁海人麻绍勤以宁海徐霞客旅游俱乐部的名义，向社会发出设立"中国旅游日"的倡议，建议将《徐霞客游记》首篇《游天台山日记》开篇之日（5 月 19 日）定为中国旅游日。2011 年，每年 5 月 19 日，即《徐霞客游记》开篇日，被确定为"中国旅游日"，为非法定节假日。

（二）著名文化艺术家故居

杜甫草堂、三苏祠、鲁迅故居和郭沫若故居等，都是著名的旅游资源。

（三）文学名著主题旅游资源

模拟《红楼梦》意境建造的大观园、无锡三国城、中华水浒城、聊斋大观园等，都是著名的旅游景点。

第四节　其他旅游资源

一、工业旅游资源

工业旅游在欧美等发达国家早已盛行，在我国出现则是近十几年的事情。伴随着工业化进程的加快，工业旅游发展的前景非常广阔。对工业旅游资源的分类研究中，佟春光将工业企业的旅游资源划分为：①生产场景，包括具有一定先进水平的生产线和生产劳动场面、典型的生产工艺及加工状态、某个产品的加工和制造过程；②科研与产品，包括企业产品的研发条件和研发成果；③历史与文物，包括企业的发展历史、不同时期对国家的贡献、具有历史社会意义的老厂房和老建筑、职工社区、对外交往及合作、著名人物等。应月芳按照开展工业旅游的企业类型，将工业旅游分为采掘业旅游、重工业旅游、高科技旅游、手工业旅游、轻工业旅游、建筑业旅游等；根据工业旅游的内容，将工业旅游资源分为工业生产经营场所、工业生产过程、工业生产成果、管理经验。

> **小贴士**
>
> ### 宜宾五粮液酒史博物馆
>
> 五粮液十里酒城，是万里长江第一城宜宾的一颗明珠。她以精美而独特的设计，形成了众多的环境建筑艺术景区，成为四川的一大人文旅游胜景，并在国际建筑师协会第二十

届大会上了以独家企业的身份荣获当代中国建筑艺术展创作成就奖。全国规模最大的酒文化博览馆也设立于此。五粮液酒文化博览馆景区由金杯林、书法长廊、博览馆展厅等景点组成,其中展厅共有五个(东大门有两个),具阔廊、雅轩、小桥、喷泉。馆内四合院式的走道两旁,挂有近百幅古今中外文人骚客的书法吊屏,主要有屈原、曹孟德、杜甫、苏东坡、李白、辛弃疾、陆游、黄庭坚、聂夷中、杜牧、李清照等的诗词佳句和当代著名的作家、诗人和各界名人的书画作品等。

二、国外特色旅游资源

1. 泰国的军事旅游资源

随着军事基地开放作观光之用,泰国军队期望每年从旅游中获得5 000万美元收益。目前,军事旅游的客人可以尝试打靶、行军、骑自行车、越过障碍等项目,学习并掌握野外生存能力,还能参观有历史意义的军事遗址及博物馆等。

2. 德国的医疗旅游资源

医疗旅游已经成为柏林各大医院的新型经营模式。柏林维万特斯医院拥有世界一流的体检及微创手术系统,医疗费用远低于英美等国,院方欢迎亚太地区患者前来就医,愿在签证申请、翻译服务等方面提供便利。

3. 美国的模拟地震旅游资源

模拟地震是美国推出的新项目。游人下榻的寓所与众不同,是由极轻的材料建成,并配有制造地震效果的特殊设备。只要控制台下电钮,顷刻间"房屋震颤""梁柱断裂""墙壁倒塌""床铺倾覆",并伴有地震蓝光,颇富刺激性。

★实例解析

北京乡村旅游资源与乡村旅游业

一、北京乡村旅游资源

北京市的乡村旅游资源大致分为八种类型:国际风情型、创意产业型、品牌餐饮型、新村建设型、景区依托型、生态示范型、古村聚落型和民族文化型。民俗旅游村主要分布在北京西北部和西南部远郊区县,以怀柔、延庆、房山、昌平为主。

国际风情型民俗旅游村是指具有浓郁的异域乡村风情的民俗旅游村。典型代表有怀柔区慕田峪村、海淀区管家岭村等。国际风情型民俗旅游村以国外特有的民俗风情等为核心吸引物,突出对异域氛围的营造,带给游客异域风情的真实体验,能满足大多数游客求新、求异的心理,并易形成与其他乡村旅游地错位竞争的发展格局,是对乡村旅游产品的重要创新与补充。

创意产业型民俗旅游村是指依托乡村地区良好的生态环境和发展创意产业所形成的氛围,开发艺术家社区等具有鲜明创意产业特色旅游产品的一类民俗旅游村,典型代表有通州区宋庄镇、昌平区下苑画家村等。创意产业型民俗旅游村把创意产业与乡村旅游业有效结合起来,丰富了乡村旅游产品的内容,提高了乡村旅游地的吸引力。

品牌餐饮型民俗旅游村是指以品牌化的特色餐饮作为吸引游客的主要手段，从而推动乡村旅游发展的民俗旅游村，典型代表有延庆区柳沟村、怀柔区杨树下村等。游客对旅游地的深层体验，从美食开始。特色餐饮，是乡村基于饮食传统文化，投入最少，最易于经营的旅游服务。

新农村建设型民俗旅游村是指在旅游资源丰富的村镇，把村镇建设与旅游开发有机地结合起来，把国家和地方对于农业产业化、扶贫开发、环境保护、城镇建设等促进社会主义新农村建设的政策运用于支持乡村旅游的发展、解决乡村旅游基础设施薄弱和从业人员素质较低等问题，消除乡村旅游发展中的制约因素，从而带动乡村旅游发展的民俗旅游村。新农村建设型民俗旅游村的典型代表有昌平区郑各庄村、平谷区玻璃台、将军关、挂甲峪和南宅等。

景区依托型民俗旅游村是指依托旅游景区（点）开展乡村旅游，把附近旅游景区（点）的部分服务功能分离出来，吸引周边农民参与旅游接待和服务，并融入一些乡情活动，从而促进农民增收致富和乡村旅游发展的民俗旅游村，典型代表有海淀区车耳营村、房山区十渡镇、房山区中英水村等。景区依托型民俗旅游村以乡村旅游地周边景区的客源为主要客源，并依托这些景区发展旅游服务业，在完善景区服务功能的基础上，实现乡村旅游接待户自身的致富，从而达到景区发展与自身发展双赢的结果。

生态示范型民俗旅游村是指以生态环境作为旅游吸引物，开发观光、休闲、度假旅游产品，促进乡村旅游发展的民俗旅游村，典型代表有密云区石塘路村、昌平区郑各庄村、昌平区香堂村、昌平区羊台子村、延庆区秀水湾村等。生态示范民俗旅游村以生态环境为核心吸引物，发展乡村旅游业，满足游客对良好生态环境的需求，能够在乡村旅游发展的同时改善生态环境。

古村聚落型民俗旅游村是指以浓厚的古村聚落文化和特色古村聚落建筑为核心吸引物，以保护为主，因势利导开发旅游，促进乡村发展的民俗旅游村，典型代表有门头沟区爨底下村、门头沟灵水村、门头沟琉璃渠村等。古村聚落型民俗旅游村以古村落的特色建筑与文化为核心吸引物，满足游客对古村历史与文化体验的需求，能够在实现乡村旅游发展的同时，达到古村落建筑与文化保护的目的。

民族文化型民俗旅游村是指以独特的少数民族风情为基础，大力改善基础设施和旅游接待设施，引导少数民族农民参与旅游开发，促进乡村旅游发展的民俗旅游村，典型代表有怀柔区七道梁正白旗村、怀柔区项栅子正蓝旗村、怀柔区老西沟镶红旗村、大兴区巴园子村、昌平区西贯市村、密云区古北口河西村等。民族风情型民俗旅游村以乡村旅游地特有的民族风情为核心吸引物，突出对民族特色的挖掘和展现，将民族文化与旅游有效地结合起来，满足游客体验民族文化的需求，能达到民族文化传承与保护、农民增收致富、乡村旅游业发展等多重目标。

二、北京乡村旅游业发展概况

北京市乡村旅游兴起于20世纪90年代后期，历经自发发展、数量扩张、规范发展和品质提升四个阶段。目前，北京市乡村旅游呈现快速发展与品质提升并进的局面，形成了由乡村景区、民俗旅游村、休闲度假村、观光农业示范园以及乡村节事构成的乡村旅游产品体系。目前，北京市乡村旅游产品仍以初级观光产品为主，高级休闲旅游产品比重较小，这点在乡村景区和观光农业园两类产品中表现最为明显。从乡村景区来看，北京乡村景区呈现冷热不均的发展特点，大多数冷点景区的旅游活动形式仍留在浅层面的走马观花，未深入挖掘该景区所属地区的"地格"，缺乏参与性、休闲性、体验性强的旅游产品；从观光农业园来看，数量众多的观光农业园大都侧重观光产品的开发，而对游客迫切需求的教育、休闲、体验等旅游产品重视不够。

（资料来源：北京乡村旅游发展调研报告（R），北京农家院网．2014年12月28日）

请阅读案例并思考：

北京乡村旅游资源主要包括哪些类型？

知识归纳

城市旅游资源是指城市中对旅游者有吸引力的自然和人文景观，主要包括历史文化名城、特色小城镇和现代大都市。历史文化名城是指保存文物特别丰富，具有重大历史文化价值和革命意义的城市。历史文化名城主要分为古都类、传统风貌类、地域特色类、特殊职能类、近代史迹类和风景名胜类。中国特色小镇主要包括北方小城镇、独特建筑类、民族小城镇、文化与工艺小城镇和江南水乡小镇。

乡村旅游资源是指能吸引旅游者前来进行旅游活动，为旅游业所利用，并能产生经济、社会、生态等综合效益的乡村景观客体，主要包括乡村田园景观资源、乡村聚落景观资源、乡村建筑景观资源、乡村农耕文化景观资源、乡村民俗文化景观资源。

民俗风情旅游是指人们离开惯常居住地，到异地去体验当地民俗的文化旅游行程。民俗风情旅游资源主要包括饮食风俗、民居建筑、民族服饰、口头传承文化、民间歌舞、节日活动等。

复习思考题

1. 城镇旅游资源的概念是什么？有哪些分类？每个分类的代表资源有哪些？
2. 简述民俗风情旅游资源的定义及分类。
3. 简述旅游文学艺术旅游资源的主要分类及其代表资源。
4. 实训：以小组为单位，对学校所在地的乡村旅游资源进行实地调查，并撰写调研报告。

第七章　旅游资源分区

【学习目标】
1. 掌握旅游资源分区的依据。
2. 掌握中国旅游资源各分区的主要旅游资源概况。
3. 了解世界旅游分区包含的国家。
4. 了解世界主要旅游分区主要国家的旅游资源概况。

第一节　旅游资源分区的依据

旅游资源分区实际上是在具体、深入地分析各种旅游资源区域差异产生的原因与过程的基础上，系统和全面地划分各旅游资源区，并论述其总体特点和开发利用方向与途径，应该考虑以下因素进行分区。

一、以地理区划为依据

（一）地域性原则

广大的旅游地理环境和多种多样的旅游资源，受自然地理分异规律和人文历史发展规律的制约，表现出鲜明的区域特色，如北国风光、林海雪原、大漠飞沙、锦绣江南、南国丽容、青藏奇观、名山峡谷、草原风情、风土人情、历史遗址等，差异显著，各具特色，因地而异。

（二）发生学原则

任何一种旅游资源都会有自己的形成原因和条件，同时也有其自身产生、发展和消亡的演化过程。把旅游资源在成因和演化过程上的相对一致性，作为旅游资源分区的主要依据，这就是分区的发生学原则。这样有助于揭示区内旅游资源实体间的内在联系和规律，有利于分析区内旅游资源发展趋势和开发利用方向。

（三）层级性原则

旅游资源的相似性和差异性具有相对性。一般而言，区划单位的等级由高到低，相似性逐渐增大，差异性逐渐减小。因此，只有按照一定的层次等级划分旅游资源区，才能真实地反映出不同等级层次旅游资源区的区内相似性和区际差异性，以及区际的客观从属关系。

（四）区域完整性原则

旅游资源分区在地域上应该是连续和完整的，也就是各分区在空间或地图上都应是连成一片的，即区域完整性原则。因此，在具体划分旅游资源区时，除应考虑在分区内部旅游资源总体特征和成因上的相对一致性和在区外彼此之间的分异程度之外，还必须考虑旅游资源的空间分布规律和相互之间的邻近关系。

二、以旅游资源特色为依据

旅游资源是旅游活动最基本的因子。没有景观的地域分异，旅游资源就不可能吸引需求不同的旅游者。我国历史悠久，幅员辽阔，民族众多。各民族地理位置、自然环境、历史背景、经济状况不同，所以他们的生活方式、服饰装束、风土人情、住宅建筑、风味小吃等也不同，因而形成了不同的人文旅游资源。旅游资源区域分异受自然地理和人类社会活动规律所控制，而前者的控制表现更为直接和明显，如由气候差异造成的纬度地带性分布特性；受气候干湿程度影响的经度地带性分布特性；由于气温和热量随高度变化而造成的垂直地带性分布特性；由内外因子综合作用而形成的集中性分布特性，这种集中包括大小范围的集中、团块状集中、条带状集中等。

三、以旅游资源相似性为依据

我国幅员广大，地理环境复杂多样，旅游资源极其丰富，反映在地域上，呈现出千差万别的状况。然而它们在空间分布上存在着一定的规律性，在某一范围内总能找到若干相似程度较大而差异程度较小的区域，并合并成一个旅游资源区，以示同其他区域之区别。相似性原则包括旅游资源成因的共同性、特征的类似性、功能的通用性、形态的共通性和发展方向的一致性等多重含义。在旅游资源分区时，在划分的区域范围内部，旅游资源相似性最大而差异性最小；而将旅游资源进行区间比较时，则差异性最大而相似性最小。

四、以旅游资源开发和保护为依据

（一）突出主导因素

旅游资源实质上是许多能吸引人们开展旅游活动的、内容复杂的、形式多样的空间过程和实体的集合。在综合分析的基础上，有效地描述一个分区的全面情况，进一步探讨制约旅游资源形成，影响旅游资源特征、功能、属性和利用方式的主导因素，以便发挥旅游资源的综合作用。同时，综合分析旅游资源各要素在空间组合上的相互关系和结构形式，依据社会和自然条件，进行多层次的深度开发，才能突出地显示该分区旅游资源的特色，抓住重点。

（二）与行政区划、交通状况相协调

旅游资源分区的最终目的是要更好地为我国旅游资源的合理开发利用服务，使我国旅游业的持续发展建立在一个坚实的基础之上，对旅游资源区域进行有效的管理。在我国现行行政区划及体制下，真正按旅游资源分区进行开发利用和管理的还不多，大部分是按行政区划进行的。因此，在旅游资源分区时，在不破坏分区的科学性和完整性的前提下作适当的调整，与现有的各级行政区划尽可能统一起来，有利于旅游资源的开发管理和保护。同时，进行旅游资源分区时，也要注意交通的便捷性，适当照顾旅游资源区内交通路线的完整性，因为它是旅游资源开发的基础。

第二节　中国旅游资源分区

一、中国旅游资源分区概述

一些学者为了教学，或从科研的角度，依不同的目的，提出了一些不同的区划方案。阎守邕等（1989）将中国旅游资源区域特征和旅游环境区域差异性进行定性和定量分析，将中国划分为 8 个一级旅游资源区和 41 个二级旅游资源区。陈传康（1991）考虑文化的传统与现代结合，将观光游览与科学文化导游相结合，将中国划分为 7 个一级旅游文化区。陈传康的中国旅游文化区方案指出了 7 个旅游文化区的范围、传统文化资源、现代文化资源、自然风光、开发重点和客源市场。

根据中国旅游地理区划的目的、意义、基本原则，综合中国传统的地域方位，结合中国文化的地域性特点和景观的差异性，取多种经典方案之长，按区域命名简明扼要的要求，采用区位、文化背景、旅游景观三因子相结合的综合命名法，将中国分为 10 个一级旅游区，由于各旅游区的旅游地和旅游景点极多，仅对一级旅游区进行简单描述。

二、京鲁重地、山海胜地——京华旅游区

本区位处华北平原北部，东临渤海，西依太行山地，南接中原，北连内蒙古高原，并逐渐向西部、北部高原过渡。这里是我国古文化的发祥地，以北京等古都为代表，是我国人文旅游资源种类最多、数量最丰富、分布最集中、质量最高的旅游区。历史文化遗迹与名山海景浑然一体，也是我国以人文景观为主并具备多种旅游资源的旅游大区，现代交通四通八达，是我国旅游业发展的核心区域，是全国最具实力的旅游区。

京华旅游区地貌类型比较全，主要由华北平原、冀北山地、山东半岛组成。华北大多地处中纬度欧亚大陆东岸，具有典型的暖温带大陆性季风气候特征。春旱多风，夏热多雨，秋高气爽，冬寒少雪。春秋短而冬夏长，冬冷夏热，对比悬殊，具有明显的旅游淡旺季。

北京是全国政治、经济、科学、文化和国际交往的中心，中国七大古都之一，国家级历史文化名城，著名的国际旅游城市。另外，北京还因京味胡同、四合院、民间艺术及美味佳肴等而独具魅力。

天津地处华北平原东北部，渤海湾的西部顶端，海河五大支流汇合处，自古就有"地当九河要津，路通七省舟车——当河海之要冲，为畿辅之门户"的说法。现为直辖市之一，国家级历史文化名城。

河北省简称冀，因古时大部分地区属冀州管辖，因而得名。河北省历史悠久，主要景点有承德避暑山庄、山海关、秦皇岛与北戴河等。

山东省拥有 3 000 多千米的黄金海岸，占全国海岸线的 1/6；近海海域 17 万多平方千米，其中散布着 299 个岛屿，具有开展海滨、海岛旅游的优越自然条件；目前已形成了以青岛、胶东半岛、日照为中心的三大海滨旅游区。

三、黄河文明、华夏寻根——中原旅游区

黄河是我国的母亲河，她孕育了中华民族几千年的文明史，也使得处于黄河之滨的华

北地区成为我国华夏文化的发祥地。这里文物古迹荟萃,历史文物古迹繁多,文化艺术特色鲜明,民风民俗古朴淳厚;经济基础好,交通方便。

本区地貌形态复杂,名胜景点众多,属于大陆性季风气候,旅游淡旺季分明。

河南省具有丰富的人文旅游资源,包括上古文化遗址、太昊陵、东周王陵、北宋皇陵,还有苏秦故里、玄奘故里、杜甫故里、白马寺、少林寺、相国寺、龙门石窟、洛阳太学、嵩阳书院、应天府书院等。河南洛阳是一座历史悠久的文化名城,从夏朝以来,有13个王朝在此建都。洛阳因文人云集而得名"诗都",又因牡丹花香气四溢而被命名为"花都"。中岳嵩山、滔滔黄河、清凉世界鸡公山、奇特的岩溶洞穴等,是河南省主要的自然旅游资源。

陕西是中国文物特大省,文物景点众多,收藏各种文物200万件以上。陕西古遗址、古建筑、古陵墓、碑碣石刻及国家级文物数量之多,居全国之首。其自然景观也极为丰富,有秦岭以北的黄土高原以及渭河谷地,险峻的华山,秀丽幽静的终南山,富有浪漫色彩的骊山。

山西省位于华北平原以西,黄土高原的东部,简称晋。云冈石窟在我国三大石窟中以造像气魄雄伟、内容丰富多彩著称,最小的佛像2厘米,最大的高17米,多为神态各异的宗教人物形象。五台山是四大佛教名山之一,位于山西省五台县东北部,为文殊菩萨道场。黄河壶口瀑布以排山倒海的壮观气势著称于世。滔滔黄河到此被两岸苍山挟持,束缚在狭窄的石谷,300余米宽的洪流骤然收束为50余米。平遥县有平遥古城、双林寺、镇国寺等全国重点文物保护单位3个。目前,这个县城的城墙、街道、民居、店铺等建筑,基本上保持着原有的古城格局。

四、关东文化、林海雪原、火山景观——东北旅游区

东北区位于我国东北部,是我国纬度最高的旅游区,范围包括辽宁、吉林和黑龙江三省,地处山海关以东地区故称"关东"。冰雪天地,广阔的森林与众多野生动物,火山活动遗迹与温泉构成了以北国风光为特色的自然旅游资源;以清代前期满族文化遗存为代表的历史文物及以满族、朝鲜族、鄂伦春族、赫哲族等为代表的少数民族风情,则构成了本区别具风采的人文旅游资源。

本区是东亚夏季季风影响的北部边缘地带,温带季风大陆性气候特征十分明显。冬季漫长严寒,北部冬季长达7~8个月,南部长达5~6个月,大地封冻,积雪不化,呈现一派北国风光。东北平原位于大、小兴安岭和长白山地之间,南北长1 000多千米,东西宽约400千米,面积达35万平方千米,是中国最大的平原。

辽宁省是中国文物大省之一,人文历史、自然景观资源都很丰富。这里有距今近30万年的营口金牛山遗址,有与北京故宫齐名的沈阳故宫,还有以雄奇险峻和战略位置重要而闻名遐迩的九门口长城。名山、秀水、奇石、异洞遍布辽东半岛和辽西走廊;千山、医巫闾山、凤凰山、冰峪沟、鸭绿江、金石滩和亚洲最大的本溪地下水洞等风光久负盛名;大连、丹东的近代战争遗址和西部的秦、汉、魏、晋、辽、明、清史迹驰名中外。

吉林省简称"吉",地处中国东北地区中部,古为肃慎地,清置吉林省,以境内吉林城而得名。吉林省有汉、朝鲜、满、回、蒙、锡伯等民族,有优越的生态环境。从东到西自然形成东部长白山地原始森林、东中部低山丘陵次生植被、中部松辽平原、西部草原湿地4个生态区。生态环境呈多样性、系统性和可恢复性特点,且保护较好。

黑龙江属温带、寒带之间的大陆性季风气候，旅游资源特色鲜明，冰雪资源堪称全国之最；森林资源丰富，绝大多数为天然林，是开展森林旅游的好地方。全省江河纵横，水资源居北方各省之首，有黑龙江、松花江、乌苏里江、嫩江和绥芬河五大水系，还有镜泊湖、五大连池等湖泊。

五、荆楚文化、湖山峡谷——华中旅游区

华中区位于我国中部的长江中下游地区，包括湖北、湖南、安徽、江西四省，是全国唯一既不靠海又无陆地国界线的旅游区。区内河湖胜景众多，名山峡谷特色鲜明，文化古迹丰富多彩，自然保护区原始独特，大型水利工程举世闻名，是我国旅游资源开发的主要地区，旅游业发展潜力巨大。

本区内山地分布较广，多为区内河流的分水岭，形成较多的大型河谷盆地；主要地貌单元有鄂西山地、两湖平原、鄂北山地等。本区地处中国中南部，属于亚热带湿润季风气候，四季分明且各季气候特征明显。冬季较温暖且少雨，夏季全区炎热而降水集中，春季温暖且气候多变，秋季天高气爽。

湖北省山水名胜与文物古迹兼备。长江三峡驰名世界；七十二峰朝大顶；二十四涧水长流；人誉"第一山"的道教名山武当山为道教圣地；号称"华中屋脊"和"绿色宝库"的神农架是重要的自然保护区，不仅珍稀动物种多，"野人之谜"更令人关注。湖北人文旅游景观具有时代跨度大、历史价值高的特点，这里既有古人类长阳人遗址、屈家岭文化遗址，又有众多的古三国胜迹和楚都遗址"纪南城"；既有辛亥革命遗址起义门、阅马场，又有农民运动讲习所旧址及"八七会议"会址。

湖南山川秀丽，古迹众多，旅游资源丰富。全省有旅游景点100多处，省级以上重点保护文物180多处。历史文化名城长沙及其马王堆汉墓出土文物、岳阳洞庭湖和岳阳楼、南岳衡山、常德桃花源、株洲的炎帝陵、宁远的九嶷山和舜帝陵、石门的夹山寺和闯王陵、郴州的苏仙岭、娄底的湄江等都久负盛名。新开发的张家界市武陵源风景名胜区，堪称世界天然大奇观，融峰林独特的造型美和大自然的原始野趣于一体，尽显奇、险、幽、秀、野之特色，已被列入《世界遗产名录》。生活在湘西的土家族、苗族、侗族、瑶族、白族等少数民族，能歌善舞，保留了许多独特的传统风俗，这里的民族风情旅游资源有着巨大的开发潜力。

安徽大地锦绣多姿，文化古迹甚多，是中国旅游资源最丰富的省份之一。黄山为安徽山水典范，区内奇松、怪石、云海、温泉堪称"四绝"，1990年被联合国教科文组织正式列为《世界遗产名录》，令世人瞩目；九华山是中国四大佛教名山之一，景色清幽，香火鼎盛，因佛教殿堂与皖南民居相结合而独树一帜；巢湖为中国五大淡水湖之一，江、湖、山、泉并存，以水见长，湖光、温泉、山色是"巢湖风景三绝"；著名的道教圣地齐云山（四大道教名山之一），摩崖石刻、道教遗存和别具一格的丹霞地貌令人瞩目；琅琊山因宋代欧阳修的《醉翁亭记》而名扬天下，以茂林、幽洞、碧湖、流泉为特色。安徽文化遗存丰富，亳州、寿县、安庆、绩溪、歙县为国家级历史文化名城。其中，歙县是历史上的徽州府所在地，新安画派、新安医学、歙派篆刻、徽派版画、徽派园林建筑、徽菜和徽剧的发祥地就在于此。集中在歙县、黟县境内的明清民居、祠堂和石舫，历经沧桑而古貌犹存，数量众多，构思奇巧，石、木、砖雕精美，是民间建筑的杰作，成为安徽民俗旅游的必游之地。

江西山青水碧，景色诱人，名胜古迹遍布全省。主要旅游景区有庐山、井冈山、龙虎山、三清山、鄱阳湖、南昌市和景德镇市。其中，庐山已被联合国作为"世界文化景观"列入《世界遗产名录》。

六、山水园林——华东旅游区

华东旅游区包括浙、苏、沪。全区除浙东南属钱塘江流域外，其余绝大部分地区均属长江流域，因此又被称为长江下游旅游区。自然条件优越，人口众多，开发历史悠久，历史上是我国重要的农耕区。全区旅游资源丰富，既有山水之美，又有园林之古典，再辅以众多的文物古迹和深厚的文化底蕴，基础条件优越，组合优势显著，在全国占有重要地位。

华东地区地处我国三大阶梯的最低一级，因此平均海拔较低。全区以平原为主，兼有低山丘陵，由南至北分布着三种地表形态。河网稠密，湖泊较多，有著名的长江三角洲平原。本区属于亚热带湿润性季风气候，冬温夏热，降水丰沛均匀。冬夏季风明显交替，四季分明。四季风景皆可欣赏，以春秋两季为旅游旺季。温暖湿润的气候培育了繁盛的植物，形成了山清水秀的明媚风光。丰沛的降水及平原广布的地貌，使本区河湖密布，水体景观极其丰富，且十分秀丽。

浙江是中国著名的旅游胜地，省会杭州是中国七大古都之一，也是中国著名的旅游城市，以秀丽迷人的西湖自然风光闻名于世。浙江省旅游景点众多，类型丰富，有地文景观800余处，水域景观200余处，生物景观100余处，人文景观100余处。全省现有西湖、两江一湖（富春江、新安江、千岛湖）、雁荡山、楠溪江、普陀山、嵊泗列岛、天台山、莫干山、雪窦山等国家级风景名胜区。从杭州向西而行，沿钱塘江、富春江、新安江至千岛湖，是中国著名的黄金旅游线之一。

江苏历史悠久，人文荟萃，山水秀美，风光旖旎，自然景观与人文景观相映成趣，名胜古迹遍布全省各地。江苏海岸线954千米，长江横穿东西425千米，京杭大运河纵贯南北718千米。古都名城和不同历史时期、不同风格的名胜古迹众多且集中，加上特别的江南风姿，使江苏成为全国重点旅游省之一。南京、苏州、扬州、镇江、徐州、淮安、常熟被确定为国家历史文化名城。本区具有营造园林的优越条件，如地表水丰富，盛产花岗岩及石英岩等，加上历史原因，使得本区园林不仅数量众多，而且特色明显，在我国乃至世界园林中独树一帜，如苏州园林就被纳入世界文化遗产行列

上海是我国也是世界著名的大都市之一，有着极富魅力的都市风光。外滩是上海的风景线，也是全世界少有的都市景点。好些一流的建筑师曾在这里大显身手，留下了20余幢不同时期、不同国家、不同风格的建筑，使外滩有"外国建筑博览"之称。

七、岭南文化，亚热带、热带景观——华南旅游区

华南旅游区位于中国东南部，包括广东省、福建省和海南省。本区面临东海、南海，海岸线曲折漫长。方便的海上交通为发展外向经济提供了良好的条件，所以本区成为我国经济率先崛起的地方。

本区地貌主要包括右江谷地、西江谷地、珠江三角洲、粤东沿海、闽南沿海及其附近的岛屿。区内地表侵蚀切割强烈，丘陵广布。在长期高温多雨的气候条件下，丘陵台地上发育有深厚的红色风化壳。另外，丹霞地貌主要分布在广东北部和福建武夷山地区。华南

地处中国东南沿海，以亚热带、热带气候为主，多海岸海岛，四季温暖。

广东南临南海，海岸线总长3 368千米，岛屿众多；地势北高南低，山地、平原、丘陵交错；河流大多自北向南流，主要有珠江、韩江、鉴江等，最长的珠江由西江、北江、东江汇流而成，长2 122千米，是中国第三大河流。广东作为中国文化的交融点，对各种文化兼容并蓄，博采众长，独具多元文化的特色。了解岭南人的生活风情，是许多来粤旅游者的目的。广东省聚集最多奇特景观的地区在粤北，包括韶关和清远，山地的自然景观非常美丽，有以丹霞山和金鸡岭为代表的丹霞地貌，有喀斯特地貌的连南县、阳山县、英德市；粤西则有着漫长而曲折的海岸线，拥有众多的优质海滩；粤东的梅州、河源、潮汕和惠州地区一向以其独特的客家文化而自成体系，民风古雅，古文化遗存丰富，近年来也成为旅游热点。

福建在历史上是"海上丝绸之路""郑和下西洋"等重要文化发源地和商贸集散地，福州、厦门曾被辟为全国五口通商口岸之一。全省人文荟萃，拥有十分丰富的旅游资源，包括山与水完美结合、人与自然和谐统一的武夷山；世界文化与自然遗产，素有"海上花园""音乐岛"美誉的鼓浪屿；情系海峡西岸、凝聚世界华人的妈祖朝圣文化；多元文化相互融合、民俗风情独具特色的泉州海上丝绸之路；世界独一无二的山村民居建筑福建土楼；著名的革命圣地上杭古田会址等。

海南岛地处热带，属季风气候区域。海南岛有长达1 580多千米的海岸线，其中沙岸占50%~60%，沙滩宽数百米至上千米不等。海南的旅游行程基本分为三条线，一条是东海岸的海滨旅游风景线，一条是中线的黎族、苗族少数民族风景线，另一条是西海岸的原始丛林风景线。海南有黎族、苗族、壮族、回族等36个少数民族，各少数民族至今保留着许多质朴敦厚的习俗和生活习惯，使海南岛的社会风貌显得多姿多彩。

小贴士

世界自然遗产——中国丹霞

中国丹霞是一个世界自然遗产"系列提名"，提名地由湖南崀山、广东丹霞山、福建泰宁、江西龙虎山、贵州赤水、浙江江郎山等6个著名的丹霞地貌景区组成，于2010年8月1日在巴西利亚举行的第34届世界遗产大会上，经联合国教科文组织世界遗产委员会批准，被正式列入《世界遗产名录》。

丹霞，指的是一种有着特殊地貌特征以及与众不同的红颜色的地貌景观（即丹霞地貌），像"玫瑰色的云彩"或者"深红色的霞光"。在地质和地貌学层面上，丹霞可以定义如下：丹霞是一种形成于西太平洋活性大陆边缘断陷盆地极厚沉积物上的地貌景观。它主要由红色砂岩和砾岩组成，反映了干热气候条件下的氧化陆相湖盆沉积环境。

中国丹霞是中国境内由陆相红色砂砾岩在内生力量（包括隆起）和外来力量（包括风化和侵蚀）共同作用下形成的各种地貌景观的总称。这一遗产包括中国西南部亚热带地区的6处景观，它们的共同特点是壮观的红色悬崖以及一系列侵蚀地貌，包括雄伟的天然岩柱、岩塔、沟壑、峡谷和瀑布等。这里跌宕起伏的地貌，对保护包括约400种稀有或受威胁物种在内的动植物物种起到了重要作用。

八、民族风情、奇山秀水——西南旅游区

西南区位于我国西南部、青藏高原的东侧,包括重庆、四川、云南、贵州和广西壮族自治区。区内岩溶景观分布广泛;热带、亚热带高山高原及峡谷风光独特;动植物资源极为丰富;少数民族众多,民族风情浓郁。旅游资源丰富多彩,特色突出,是我国旅游业发展较重要的一个区域。随着交通条件的进一步改善,该区凭借区位优势和独特的旅游资源优势,旅游业进一步发展。

本区包括广西盆地、贵州高原、云南高原、横断山脉大部等,其中贵州高原大部、云南东部在地质史上都是海洋环境,碳酸盐类沉积发育,石灰岩分布广泛,地表结构复杂,岩溶地貌奇观荟萃。本区大部分位于亚热带,为亚热带季风气候。云贵高原上气候温暖湿润,四季宜人。

重庆古称"巴",是巴渝文化的发源地,至今已有3 000年历史。在这座名城里,大足宝顶山石刻群是我国晚期石窟艺术的瑰宝;可游览南温泉、北温泉和避暑胜地缙云山、南山等地;远郊有江津四面山原始森林、渝南万盛石林、南川金佛山森林公园等。

四川西部是川西高原,东部是川东盆地。全省高原占地2/3,面积约为36万平方千米,盆地仅占20多万平方千米。独特的地理环境造就了四川得天独厚的旅游资源。全省拥有众多高品味的自然景观和文化景观,其中包括3处世界自然遗产("童话世界"九寨沟、"人间瑶池"黄龙、四川大熊猫栖息地);1处世界文化和自然双重遗产("佛教圣地"峨眉山—乐山大佛);1处世界文化遗产(青城山—都江堰)。青城山—都江堰、峨眉山、九寨沟、黄龙、乐山大佛、北川旅游区、阆中古城、汶川旅游区、剑门蜀道剑门关景区等成为国家5A级旅游景区。

云南拥有独特而丰富的旅游资源,自然风光绚丽多姿,民族风情古朴浓郁,对国内外旅客具有强烈的吸引力。雄奇险峻的高山峡谷、深邃神秘的喀斯特地貌、壮丽奇特的江河奇景、风韵秀美的高原湖泊、气势磅礴的雪山冰川和气象万千的四季美景组成了一幅幅多彩的画卷。云南民族众多,风情各异。各民族不同的社会结构、独特的风俗习惯、多彩的文化艺术、迥异的语言文字,为云南增添了不少令人神往的色彩。雄险奇秀的自然风光和多姿多彩的民族风情文化相结合,如苍山洱海与白族、泸沽湖与摩梭人、热带风光与傣族、石林与撒尼人等,更为云南旅游业发展奠定了良好的基础。

贵州地处高原山区,群山蜿蜒起伏,峰峦错落叠嶂,是典型的喀斯特岩溶地貌。石灰石溶积岩是贵州省地貌的主要特点,喀斯特溶洞遍布全省,可谓"无山不洞,无洞不奇"。贵州是多民族聚居的省份,除汉族外,还居住着48个民族,各民族历史悠久,形成了自己独特的民族文化,每年五彩缤纷的民族节日达1 000多个。

广西壮族自治区奇特的喀斯特地貌、灿烂的文物古迹、浓郁的民族风情,使广西的旅游资源独具魅力。广西的峰林是发育完美的热带岩溶地貌的典型代表。它们平地拔起,气势超群,造型奇特。形态最典型、风景最秀美的是桂林、阳朔一带的石灰岩峰林,曾被明代旅行家徐霞客誉为"碧莲玉笋世界"。

九、丝路文化、塞外风光——西北旅游区

西北区位于我国西北部,包括新疆维吾尔自治区、宁夏回族自治区、甘肃省、内蒙古

自治区。该区位于欧亚大陆中部，深居内陆，距海遥远，面积广大，资源丰富，属内陆型旅游区，是我国与中亚等国进行经济、文化交流的重要枢纽。

本区地貌的特点是：高山夹大型盆地，盆地内戈壁流沙千里。如阿尔泰山与天山之间夹准噶尔盆地，天山与昆仑山、阿尔金山环抱着塔里木盆地。本区主要为荒漠环境，沙漠和戈壁分布面积甚广，特殊的环境造就了别具一格的自然景观。本区属于温带大陆性气候，气温年差较大，日差较大尤为显著，所以荒漠内部的夏季有"早着棉、午穿纱，怀抱火炉吃西瓜"一说。区内的吐鲁番盆地因地理环境特殊，气候炎热异常，素有"火洲"之称。

丝绸之路是指起始于古代中国，连接亚洲、非洲和欧洲的古代陆上商业贸易路线。狭义的丝绸之路一般指陆上丝绸之路；广义上讲又分为陆上丝绸之路和海上丝绸之路。

宁夏回族自治区简称"宁"，首府银川市。宁夏的最佳季节为春、秋两季，七、八月中午最为酷热。地方风味以滩羊肉著称，其他如骆驼掌、骆驼峰、黄河鲤鱼等皆属名菜，土特产有发菜、枸杞。

小贴士

石嘴山市沙湖旅游景区

沙湖是国家首批5A级景区，中国35个王牌景点之一，中国十大魅力休闲旅游湖泊之一。沙湖旅游区在距银川市西北56千米平罗县境内的西大滩。1990年开发建设，每年接待游客都在60万人次左右，已成为我国西北地区颇负盛名的旅游热点地区。

沙湖拥有大面积的水域、沙丘、芦苇、荷池，盛产鱼类、鸟类，栖居着白鹤、黑鹤、天鹅等十数种珍鸟奇禽。你可在观鸟塔上遥看群鸟嬉戏的场景，在水边苇秆间、芦丛底部更有鸟巢无数，每年春季，五颜六色的鸟蛋散布其间，堪称奇观，如图7-1所示。

除了品种繁多的鸟类外，沙湖还盛产各种鱼和两栖动物，在湖南岸的水族馆里，可以看到北方罕见的武昌鱼、娃娃鱼（大鲵）和体围1米多的大鳖。

图7-1 沙湖

甘肃是中国境内从东南通向西北的交通枢纽，也是古代丝绸之路的必经之地。甘肃敦煌莫高窟堪称"世界石窟壁画艺术宝库"，天水麦积山石窟的泥塑世界闻名。因为甘肃地处东西文化交汇地区，因而这里有大量的民族风情。甘肃省内共有44个民族，其中超过千人的民族有汉、回、藏、东乡、裕固、蒙古、哈萨克、保安、土、撒拉、满等11个民族。甘肃的精华景点大体分布在以兰州为中点东、南、西3个方向的交通干线附近。西线：武威—张掖—嘉峪关—敦煌，在这条线上不仅可以一饱世界级名胜的眼福，而且可以领略真正的大西北风情。南线：临夏—夏河—玛曲—朗木寺—迭部—武都，沿途自然、人文风光甚佳，是极佳的发现之旅。东线：天水—平凉—庆阳，对不随俗的旅行者来说，这条线路是适合的，景区内容丰富，西部高原味浓郁，很多美景"养在深闺人未识"。

新疆自然景观神奇独特，冰峰与火洲共存，瀚海与绿洲为邻，自然风貌粗犷，景观组合独特。著名的自然风景有天池、喀纳斯湖、博斯腾湖、赛里木湖、巴音布鲁克草原等。新疆人文旅游资源也很丰富，在新疆5 000多千米古丝绸之路的南、北、中3条干线上留下了数以百计的古城池、古墓葬、千佛洞、古屯田遗址等人文景观，其中，交河故城、高昌故城、楼兰遗址、克孜尔千佛洞、香妃墓等蜚声中外。新疆自古以来就是一个多民族聚居的地区，各民族的文化艺术和风情习俗绚丽多彩，构成了具有浓郁民族特色的人文旅游景观。

内蒙古自治区是一个多民族聚居区，有蒙古、汉、满、回、达斡尔、鄂温克、鄂伦春等10多个民族，具有以蒙古族为主的丰富的少数民族文化。古老的蒙古族有着自己独特的生活方式、风俗习惯。内蒙古拥有奇特的自然风光和悠久的历史文化，旅游资源十分丰富。名胜古迹有四大类别，即陵园古墓、古城遗址、寺庙古塔以及革命活动遗址。自然景观有呼伦贝尔大草原、锡林郭勒大草原、大兴安岭原始森林等。

十、藏族文化、世界屋脊——青藏旅游区

青藏区位于我国西南部的青藏高原，号称"世界屋脊"，包括青海省和西藏自治区两省区。高原上独特的冰雪世界、高寒草原、湖泊热泉，以及高原、高山峡谷与原始森林等构成了本区奇异诱人的自然旅游资源，而具有原始色彩的藏族风情、宗教文化与礼制建筑又构成本区神秘诱人的人文旅游资源。本区在登高探险、科学考察、民族风情旅游开发上独具优势，是一个极富魅力、发展前景广阔的待开发和正在开发中的旅游区。

青海省自然风光雄奇壮美，具有青藏高原特色。全省已开发出旅游景点10多处，有"百鸟的王国"青海湖鸟岛，"高原的西双版纳"孟达自然保护区，藏传佛教著名寺院湟中塔尔寺，伊斯兰教西北四大清真寺之一东关大寺，阿尼玛卿大雪山等。此外，"海藏咽喉"的日月山和全国最大的人工水库龙羊峡、都兰国际狩猎场、坎布拉森林公园等旅游景点将成为新的热门景点。

西藏自然风光主要有：以喜马拉雅山脉为主的雪山风光区域、以藏北羌塘草原为主的草原风光区域、以藏东南森林峡谷为主的自然生态风光区域；湖泊类有以阿里神山圣湖为代表的高原雪山湖泊、以纳木错为代表的草原湖泊和以巴松错为代表的高原森林湖泊等。西藏现有1 700多座保护完好、管理有序的寺庙，形成了独特的人文景观。主要有以拉萨

布达拉宫、大昭寺为代表的藏族政治、经济、宗教、历史、文化中心人文景观区；以山南雍布拉康、桑耶寺、昌珠寺、藏王墓群为代表的藏文化发祥地人文景观区；以日喀则扎什伦布寺为代表的后藏宗教文化人文景观区等。

小贴士

藏戏

藏戏是戴着面具、以歌舞演故事的藏族戏剧，如图7-2所示，形成于14世纪，流传于青藏高原。藏戏承载着藏族文化的血脉，反映了藏族人民的生活面貌和思想感情，是他们文化生活的重要组成部分。2009年，藏戏被联合国教科文组织列入《人类非物质文化遗产代表作名录》。藏戏有8个主要传统剧目，即《文成公主》《诺桑法王》《卓瓦桑姆》《朗萨雯蚌》《白玛文巴》《顿月顿珠》《智美更登》《苏吉尼玛》，内容大都是佛经中劝善惩恶的神话传说。藏戏原来流传于民间，由艺人口传心授，在广场或寺院中演出，后来建立了专业剧团，出现了舞台演出形式。

图7-2 藏戏

十一、中西文化、海岛风貌——港澳台旅游区

本区位于我国东南部沿海地区，包括香港、澳门两个特别行政区和台湾。其中香港和澳门分别位于广东省珠江口东西两侧，而台湾则与福建省隔海相望。该区旅游发展是以传统文化为基调的多元文化旅游，购物旅游发展繁荣。

香港的地形以低山丘陵为主，约占3/4；中间的大雾山脉主峰海拔957米，是香港地区的最高峰；平原只占1/4；耕地及池塘占9.2%；荒山瘦瘠地占74.8%。澳门原为小丘陵地带，平地多为填海而成，占现岛面积的一半以上。台湾多山，山地占全岛面积的2/3，山脉集中分布在中东部，自东向西有台东山、中央山、玉山、阿里山等平行山脉。主峰玉山海拔3 997米，是我国东部地区最高峰。香港、澳门同属南亚热带季风湿润气候，夏季炎热潮湿，冬季微冷干燥，春秋短两季不明显；台湾中部被北回归线横穿，全岛属于亚热带、热带海洋性气候，特点是高温、多雨、多风。

香港、澳门由于独特的地理位置和历史背景，其文化是一种以中华文化为主，兼容英国、葡萄牙文化的具有多元化色彩的共荣文化——中西文化。香港、澳门现存有不少中西合璧的文物古迹，建筑物大都具有"以中为主，英葡结合"的特色。台湾是全世界人口密度最高的区域之一，除岛上的当地居民外，大部分居民皆来自大陆，尤以福建为多。

综上所述，中国旅游地理区划的研究具有现实指导意义。在理论上是对中国地理区划的补充和丰富，是对新兴的旅游地理学科体系的完善和加强，而且对旅游区范围、界限的合理确定，对各旅游区性质、特征、地位及其发展方向的明确，对各级旅游经济中心的分析确定等，都是具有实质性的基础工作，揭示旅游区的内在规律，查明其区域的基本优势，为开发、利用和保护旅游资源，制定旅游区域发展战略，推动区域经济的合理发展提供科学依据。

第三节　世界旅游资源分区

世界旅游资源分区就是在世界范围内划定不同等级的旅游区域，展现各个旅游区域内优美的自然风光、独特的人文景观和悠久的历史文化。根据世界旅游组织（UNWTO）的划分标准，全球分为六大旅游区：东亚及太平洋地区、欧洲、美洲、非洲、南亚及中东。

一、东亚及太平洋地区

（一）东亚旅游区

东亚位于亚洲东部，太平洋西侧，主要包括中国、蒙古、朝鲜、韩国、日本5个国家。地形地势为西高东低，有典型的季风气候，雨热同期。东亚大陆边缘，地质条件复杂，多山，且多火山、地震，夏秋季节常受台风侵袭。东部临海，海岸线曲折，多岛屿和半岛，地形多平原、丘陵；西部远离海洋，地形多高原、山地。大河多自西向东，流入太平洋，主要有长江、黄河、鸭绿江、图们江等。

1. 中国

中国旅游资源丰富，种类繁多，拥有壮丽的山岳河流，丰富多彩的民俗民风，奇特的动植物和数不尽的名胜古迹。中国拥有类型多样、不同尺度的风景地貌景观，这在世界上是独一无二的。不论南北东西，都有繁花似锦的美景，不仅有类型多样的海滨、山地、高原、高纬度地区的避暑胜地，还有银装素裹的冰雪世界，以及避寒休闲度假胜地海南岛。多样的风景地貌和多功能的气候资源，使自然景观更加多姿多彩，著名旅游目的地的最佳旅游季节也不尽相同，如表7-1所示。古代建筑、古城遗址、帝都王陵、禅林道观、园林艺术、民俗风情多姿多彩，其资源之丰厚位于世界各国前列。

第七章　旅游资源分区

表7-1　中国著名旅游目的地最佳旅游季节

中国著名旅游目的地	最佳旅游季节
北京	四季分明，夏热多雨，秋爽冬寒，春短干旱。1月平均气温-5～10摄氏度，7月24～26摄氏度。北京旅游四季皆宜，不同季节有不同的游览景点。注意春短风多，夏季气温高达30度以上，秋季是北京最美丽的季节
哈尔滨	1月平均气温约零下22摄氏度，盛夏7月的平均气温约21摄氏度。哈尔滨四季可游，但冬季（12—1月）、夏季（7—9月）是最佳季节。冬季银装素裹，可欣赏冰天雪地景色；夏季气候宜人，是避暑的理想去处
上海	四季分明，夏季湿热，冬季寒冷。上海旅游一年四季皆宜，注意避开梅雨季节（6—7月），避开最热的暑假（7—8月），避开阴冷的寒假（12—1月），夏季游注意收听气象部门关于台风来临的警报
黄山	气候温暖湿润，四季分明。黄山一年四季皆宜游览，景色各异，特色诱人。山脚和山顶气温相差大，要注意备足防寒衣物，特别是冬天观雪景时
成都	春早、夏长、冬暖。成都市区旅游四季皆宜，但若到附近的地区则因地而异。九寨沟以春末至秋初为宜，9—10月最佳；峨眉景区随海拔不同垂直温差大，低山区与平原无大差异；甘孜地区的四姑娘山，5月及12月、1月、2月为最好季节
贵阳	旅游四季皆宜，若到附近的黄果树看瀑布，最佳的季节是夏、秋两季。此时这里的景色最为壮观，瀑布高约67米，顶宽84米，达全年最高纪录。"地无三尺平，天无三日晴"是对贵州的真实写照，应备好雨具
西宁	日温差大，春、夏秋皆宜旅游。春秋旅游防寒衣必备，夏季是最佳季节，为避暑胜地。若到其西150千米处的青海湖旅游，夏季的日平均气温10摄氏度左右，心脏病患者应注意，这里的海拔3 200米左右，比海平面缺氧约20%
大理	属低纬度高原型季风气候，季节变化不明显，年温差小，年平均均气温为15摄氏度，没有明显的严冬酷暑，寒暑适中，四季如春。白族的很多节日和盛会多集中在每年的3至4月，此时来游，会感受到浓郁的民族风情
三亚	地处海南岛的南端。1月最冷季的平均气温高达20.9摄氏度，7、8月最热，月平均温度约29摄氏度，已近四季皆夏的常夏气候。1月到翌年5月是黄金季节。如果是夏秋旅游，应注意收听气象部门发布的台风警报
香港	属于亚热带气候。年平均气温较高，达22.8摄氏度，天气易受季风影响，四季分明。最佳时间为每年10—11月

2. 蒙古

蒙古是亚洲东北部一个高原地区的泛称。蒙古国名意思是勇敢和朴素，是东亚唯一的内陆国，南、东、西与中国接壤，北与俄罗斯相邻，首都为乌兰巴托。蒙古除了不见尽头的草原外，还有许多极具民族特色的活动、饮食、住所、娱乐等，例如一年一度的那达慕大会、蒙古奶茶、马奶酒、蒙古包、长调、马头琴等。

最佳旅游季节：蒙古属典型的大陆型气候，早晚温差大，冬季最低气温可至-40摄氏度，夏季最高气温达35摄氏度。7月上旬蒙古北部的天气最佳，并且有传统的最隆重的那达慕节日。

3. 韩国

韩国位于中国大陆的东北部，世人称之为"神秘的东方之光"。韩国风景引人入胜，人民诚挚坦率，是个理想的度假胜地。它拥有独特的文化和历史遗产，包括山岳、湖泊、温泉、海滨、皇宫、寺庙、宝塔、古迹、民俗村及博物馆等，共有2 300余处。

最佳旅游季节：9—10月。每年的春秋时节，是韩国最美丽的时候，但是旅游旺季还是9—10月秋高气爽的时节。春季的韩国晴朗爽利，但比起秋天来说少了一份含蓄的美丽。在金秋时节前往韩国，踏着满地落叶行走在精致的小巷中，自有一种安闲的悠然。

4. 日本

日本位于亚洲大陆东边的太平洋上，整个国土由四个主要岛屿组成，在这四个岛屿的周围还有约4 000多个小岛，国土面积大致相当于德国和瑞士这两个国家面积的总和。日本海岸线复杂多变，火山众多，峡谷幽深，山地面积占80%，森林覆盖率达66%。日本是一个地势多变、水力资源丰富的国家，由此构成了优美壮丽的景色，有山中积雪的湖泊、怪石嶙峋的峡谷、湍急的河流、峻峭的山峰、雄伟的瀑布以及大大小小的温泉。这些引人入胜的旅游景点常年吸引着大量游客来观光。

最佳旅游季节：四季皆宜。北海道、东北地区夏季与冬季；关东地区、四国、九州地区春季与秋季；中部地区、关西地区全年皆宜。

（二）东南亚旅游地区

东南亚旅游地区指亚洲东南部地区，包括越南、老挝、柬埔寨、缅甸、泰国、马来西亚、新加坡、印度尼西亚、菲律宾、文莱、东帝汶等，面积约448万平方千米。

1. 泰国

优美迷人的亚热带风光、广博的佛教文化、独特的民间风俗，使泰国蜚声海外，吸引着世界各地的游客前来观光旅游。泰国以"千佛之国"闻名于世，素有"黄袍佛国"美誉，是一个具有两千多年佛教史的文明古国，在美丽富饶的国土上，有30 000多座充满神话色彩的古老寺院和金碧辉煌的宫殿。泰国佛寺外观造型宏伟壮观，建筑装饰精巧卓绝，享有"泰国艺术博物馆"的美称，是泰国的国宝、泰国文化的精粹。泰国90%的居民信奉佛教，民间艺术丰富多彩，节日活动较多，如表7-2所示。

泰国地处热带，绝大部分地区属热带季风气候，终年炎热，全年温差不大，可谓"四季如夏"。泰国主要旅游城市有"天使之城"曼谷，"佛教圣地"清迈；主要旅游区是"东方夏威夷"芭堤雅，"泰国明珠"普吉岛，"椰林海岛"苏梅岛；主要旅游景观有金碧辉煌的大王宫及帕信寺，富丽堂皇的玉佛寺，万佛云集的卧佛寺，价值连城的金佛寺，雄伟壮观的黎明寺，新奇秀美的大理寺，惊险刺激的鳄鱼潭，民族风情浓郁的东芭文化村及玫瑰花园，风景独特的丹嫩沙多水上集市，神秘莫测的四面佛等。

最佳旅游季节：南部游最佳为3—5月，北部游最佳为11月月中旬至2月。由于受热带季风影响，泰国全年可明显分为三季。3—5月气温最高，平均32～38摄氏度，称为"热季"，空气干燥；6月至10月下旬为"雨季"，月平均温度维持在27、28摄氏度左右；11月至次年2月，称为"凉季"，平均气温为19～26摄氏度，温度并不低。

表7-2 泰国的主要节日

泰国主要节日	节日简介
国庆日	又称万寿节，在每年12月5日，即国王生日
万佛节	泰历3月15日，公历一般在2月。节日的清晨，国王也在玉佛寺斋僧
宋干节	又称泼水节。为公历4月12至15日，是泰国新年，举国欢庆，曼谷尤甚。大致有五项活动，即浴佛、堆沙、放生、庆祝游行、泼水
佛诞节	又称浴佛节，为佛祖释迦牟尼诞生纪念日。为公历5月23日，按规定可放假一天。佛寺在这一天都要举行斋戒、诵经法会，以各种香水、鲜花水浴洗佛像。这天善男信女都要到寺庙敬香，参加浴佛仪式
守夏节	每年公历7月，是重要的佛教节日。玉佛寺会举行隆重的玉佛更衣仪式，一般由国王或御代表主持。这一天即表示泰国已进入盛雨季节，僧侣进入为期3个月的坐禅、诵经期，期间和尚除早上外出布施化缘外，其他时间一律不得随意走出寺庙，膳食只能早晚两餐，晚餐只能吃流食
水灯节	每年公历11月（泰历12月）月圆之日。水灯节是泰国的主要节日，亦是泰国民间最热闹、最富诗意的传统节日。届时曼谷全城沸腾，万灯漂流，壮美无比
竹炮节	泰语称"汉邦菲"。它是泰国民间祈雨的一种风俗仪式，在东北部地区较为盛行。于每年雨季将至前的5月中旬举行，一般进行两天，十分隆重、热闹，极具民间气息

2. 马来西亚

马来西亚由马来半岛南部的马来亚和位于加里曼丹岛北部的沙捞越、沙巴组成，位于北纬1°～7°之间，是一个热带之国，陆地面积为32.9万平方米，海岸线总长4 192千米。马来西亚阳光充足，气候宜人，旅游资源十分丰富，拥有很多高质量的海滩、奇特的海岛、原始热带丛林、珍贵的动植物、千姿百态的洞穴、古老的民俗民风、悠久的历史文化遗迹以及现代化的都市。

最佳旅游季节：马来西亚因位于赤道附近，属于热带海洋性气候，无明显的四季之分，一年之中的温差变化极小，平均温度在26～29摄氏度之间，10—12月是雨季。来马来西亚旅游，基本上全年都适宜；如果有商务活动的话，最好是每年的3月至11月，因为大多数马来西亚商人于12月到次年2月休假；圣诞节及复活节前后一周不宜前往，同时也应避开穆斯林的斋月和华裔人的新年。

3. 新加坡

"狮城之国"新加坡位于马来半岛，是由新加坡本岛和其他几十个毗邻的小岛组成的总面积约640平方千米的国家，是世界上面积最小的几个国家之一。新加坡河流贯整个国家，是新加坡的母亲河。

这个面积小的国家对世界上其他国家的旅游者来说，有着莫大的吸引力。新加坡全年气候温暖，特别适合旅游。新加坡市是著名的花园城市，干净整洁又充满都市气息。圣淘沙岛等就是本着度假胜地的宗旨发展起来的。新加坡的自然生态保护得非常好，很难相信在一个现代都市中能环抱一个天然保护区，并拥有世界上首个夜间动物园。

最佳旅游季节：一年中的任何时间都适合到新加坡旅游。新加坡地处赤道附近，属于典型的热带海洋性气候，一年四季温差很小，年平均温度在23～31摄氏度之间。

4. 印度尼西亚

印度尼西亚（简称印尼）横跨赤道，处在亚澳两洲之间，濒临印度洋和太平洋，是连接两大洲和两大洋的海上枢纽。印尼是世界上岛屿最多的一个国家，由于海岸线漫长，岛上的旅游资源颇为丰富。

印尼是个多民族国家，有100多个民族，其中爪哇族人最多。大多数印尼人信奉伊斯兰教，少部分信奉基督教和天主教，此外还有印度教、佛教和原始拜物教等。

巴厘岛有"诗之岛""天堂岛"等美称，这里自然风光引人入胜，是天然的度假胜地。中爪哇的千年古塔婆罗浮屠佛塔和甫兰班南印度教陵庙群，均被联合国教科文组织列入《世界遗产名录》。首都雅加达是印尼各民族文化融合的缩影，是外国游客必游之地。

最佳旅游季节：印尼地处赤道，常年气候炎热，年均温27摄氏度，为典型的热带雨林气候，高温、多雨、潮湿，每年的5—10月降水相对较少，是旅游的黄金季节。

（三）中亚旅游区

中亚地处亚洲中部地区，包括五个独立国家，即哈萨克斯坦、吉尔吉斯斯坦、塔吉克斯坦、乌兹别克斯坦、土库曼斯坦。本区东南部为山地，地震频繁，同山地气候；其余地区为平原和丘陵，沙漠广布，气候干旱，属温带和亚热带沙漠、草原气候。

（四）北亚旅游区

北亚旅游区指俄罗斯亚洲部分的西伯利亚地区。本区西部为西西伯利亚平原，中部为中西伯利亚高原和山地，东部为远东山地。极圈以北属寒带苔原气候，其余地区属温带针叶林气候。河流结冰期6个月以上。

（五）大洋洲

大洋洲陆地总面积约897万平方千米，约占世界陆地总面积的6%，是世界上最小的一个大洲。大洋洲在地理上划分为澳大利亚、新西兰、新几内亚、美拉尼西亚、密克罗尼西亚和波利尼西亚六区，包括澳大利亚、瑙鲁共和国、瓦努阿图共和国、马绍尔群岛共和国、汤加王国、新西兰、图瓦卢等14个独立国家。澳大利亚大堡礁，是世界最大、最长的珊瑚礁群，位于南半球。它纵贯于澳洲的东北沿海，北从托雷斯海峡，南到南回归线以南，绵延伸展共有2 011千米，最宽处161千米，有2 900个大小不同的珊瑚礁岛，自然景观非常特别。新西兰四面环海，山峦起伏，全境属海洋性温带阔叶林气候。

二、欧洲地区

欧洲也称为欧罗巴洲，位于东半球的西北部，面积1 016万平方千米，占世界陆地总面积的6.8%。欧洲的面积是世界第六,人口密度70人/平方千米,是世界人口第三的洲。在欧洲大陆上,平原占总面积的60%,海拔在500米以上的山地占其总面积的17%,海拔超过2 000米的山地只占1.5%。欧洲海岸线长3.79万千米,是世界上海岸线最曲折的一个洲,半岛和岛屿占全洲面积的34%。

欧洲拥有世界典型的温带海洋性和地中海式气候带:西部大西洋沿岸夏季凉爽,冬季温暖,多雨雾,是典型的海洋性温带阔叶林气候;南部地中海沿岸地区冬暖多雨,夏热干燥,属亚热带地中海式气候。

(一) 南欧旅游区

南欧旅游区指阿尔卑斯山以南的巴尔干半岛、亚平宁半岛、伊比利亚半岛和附近岛屿,包括意大利、西班牙、葡萄牙、希腊、梵蒂冈、保加利亚、阿尔巴尼亚、塞尔维亚、黑山、克罗地亚、斯洛文尼亚、波斯尼亚和黑塞哥维那、北马其顿、罗马尼亚、圣马力诺、马其他和安道尔。南欧三大半岛多山,平原面积甚小。地处大西洋—地中海—印度洋沿岸火山带,多火山,地震频繁。大部分地区属亚热带地中海式气候。

南欧旅游地区旅游资源极为丰富,意大利、西班牙、希腊等皆为旅游大国,拥有丰富的旅游资源和成熟的旅游景区。

1. 意大利

位于欧洲南部的意大利,国土大部分在欧洲伸入地中海的亚平宁半岛上,形状狭长,南北走向伸展着亚平宁山脉,因此,意大利国土的90%都是山地和丘陵。

作为地中海沿岸的一个半岛国家,意大利的国土由大陆、半岛以及零散岛屿组成。

南部的西西里岛是意大利乃至地中海最大的岛屿,西部是撒丁王国的旧地撒丁岛,小岛屿则星罗棋布。意大利南北风光决然不同,北部的阿尔卑斯山区终年积雪、风姿绰约,南部的西西里岛阳光充足而又清爽宜人。

最佳旅游季节:意大利气候温暖,四季鲜明,夏季干燥,冬季多雨,春季(4月到5月)和秋季(10月到11月份)气候宜人。倘若是以购物为主,最好不要在8月到意大利,因为这是当地的假期,很多当地人选择这一时期出游,很多商店都休息。

2. 西班牙

西班牙是个资源丰富、经济发达的国家,其园艺业在世界上占有重要地位。西班牙的旅游业相当发达,有"旅游王国"的美称。西班牙人具有开朗、活泼的天性,喜好唱歌跳舞,这个国家以热情的民族性著称于世。斗牛活动是西班牙的国粹,优秀的斗牛士是整个国家尊崇的英雄。

最佳旅游季节:西班牙内陆地区干燥少雨,七八月间较为炎热;东南沿海为地中海型气候,阳光充足,春秋多雨;北部比斯开湾沿岸四季分配平均。

(二) 西欧旅游区

西欧旅游区主要指欧洲西部濒临大西洋的地区和附近岛屿,包括法国、英国、爱尔兰、荷兰、比利时、卢森堡和摩纳哥。狭义上的西欧地形主要为平原和高原,山地面积较小;地处西风带内,绝大部分地区属海洋性温带阔叶林气候,雨量丰沛、稳定、多雾;河流多注入大西洋。

1. 法国

法国是欧洲浪漫的中心，悠久历史，具有文化内涵丰富的名胜古迹及乡野风光，吸引着世界各地的旅游者。风情万种的花都巴黎，美丽迷人的蓝色海岸，阿尔卑斯山的滑雪场等，都是令人神往的旅游胜地。法国有 20 多处风景名胜被联合国列为世界文化和自然遗产，包括以卢浮宫和巴黎圣母院为中心的巴黎塞纳河滨、凡尔赛宫、枫丹白露、斯特拉斯堡、圣米歇尔山、香波堡等。

首都巴黎素有"世界花都"之称。这座美丽的城市不仅是法国的政治、文化、经济和交通中心，而且是著名的旅游胜地。巴黎有 70 多个博物馆，众多的名胜古迹、教堂广场，值得细细品味。

最佳旅游季节：法国大部分地区属于海洋性温带阔叶林气候，南部属亚热带地中海式气候。1 月平均气温为北部 1~7 摄氏度，南部 6~8 摄氏度，7 月北部 16~18℃摄氏度，南部 20~23 摄氏度。从春天到夏天是最好的季节。

2. 英国

英国全称大不列颠及北爱尔兰联合王国，是由英格兰、苏格兰、威尔士和北爱尔兰组成的联合王国，一统于一个中央政府和国家元首。英国位于欧洲大陆西北面，英国本土位于大不列颠群岛，被北海、英吉利海峡、凯尔特海、爱尔兰海和大西洋包围。英国是世界上第一个工业化国家，是一个具有多元文化和开放思想的社会。英国是个美丽的国家，文物古迹比比皆是，自然风景秀丽，旅游资源丰富。许多城市，如"万城之花"伦敦，"北方雅典"爱丁堡，大学城牛津、剑桥，莎翁故乡斯特拉特福，都是享有世界声誉的旅游名城。此外，英国还有几十座国家公园和风景保护区。目前，被联合国列为世界文化和自然遗产的名胜古迹和天然景观就有伦敦塔等 14 处。它们都富有特色，是极受游客青睐的观光热点。

最佳旅游季节：一年中，英国最美的时间是 5 月和 6 月，各种花朵万紫千红，十分美丽。

(三) 中欧旅游区

中欧旅游区指波罗的海以南、阿尔卑斯山脉以北的欧洲中部地区，包括德国、波兰、捷克、斯洛伐克、匈牙利、奥地利、瑞士和列支敦士登。南部为高大的阿尔卑斯山脉及其支脉喀尔巴阡山脉；北部为平原，受第四纪冰川作用，多冰川地形和湖泊。地处海洋性温带阔叶林气候向大陆性温带阔叶林气候过渡的地带。

1. 奥地利

奥地利西部和南部是山区，著名的阿尔卑斯山由西向南，一直延伸到维也纳盆地；北部和东北是平原和丘陵地带；萨尔茨卡默古特湖泊众多，点缀着粗犷豪迈的山峦，蔚为壮观。奥地利境内的最高峰为海拔 3 797 米的大钟山，最著名、最美丽的河流是多瑙河。

最佳旅游季节：奥地利属于温带气候，全国可分为三个气候区，由温带海洋性气候向温带大陆性气候过渡。总体而言，奥地利冬无严寒，夏无酷暑，年平均气温为 7 到 10 摄氏度。

2. 德国

德国的旅游资源非常丰富，拥有丰富的地貌和自然风光，既有雪山耸立、峻峰连绵，也有森林浓密的丘陵山区，更有大大小小的湖泊散落、河流蜿蜒。与此相得益彰的是德国丰厚的人文遗产。无论是美丽的古堡、皇宫，还是街巷狭窄、房子古旧的老城，还有各个历史名人留下的故居等文化遗产，都是德国历史的见证。由于德国对自然环境和历史古迹着力保护，所以这些自然和人文风光都保存得很好。

最佳旅游季节：德国位于大西洋和东部大陆性气候之间的凉爽西风带，四季分明、温暖、湿润。

小贴士

德国风俗习惯

1. 幸运之猪

各种样子的小猪形象在德国出现的频率很高，这是源于一句德语的谚语："Ich habe Schwein gehabt."意思是"我走运了。"其中的Schwein就是"猪"的意思，也指代幸运。因此，在德国（和其他德语国家），猪是幸运的象征。小猪形象有时还会和其他的幸运象征一起出现，如红色瓢虫、四叶草、马蹄铁等，有时也和金钱一起出现，就是招财的意思。

2. 五月柱

在德国的许多城镇，尤其是南部地区，在市中心可以见到一个高高的杆子，顶端是一个叶环，下面依次是一些精美的木雕装饰，表现了本地的各种特色特产。这种柱子就叫五月柱。曾经，竖立五月柱是每个村镇最紧要的任务之一，村民们必定会寻找附近森林里最高最直的一根树干，并仔细装饰，在每年的5月1日竖立起来以后，相邻村镇间还会相互提防，谨防别人的破坏与偷盗。如今五月柱只是一个具有传统意义的装饰，既不会每年重新制作，更不必担心有人来破坏。

3. 幸运数字"4"

"4"是德国人最喜爱的幸运数字。和中国人一样，德国幸运数字的由来也是因为谐音。在德语中，"4"（vier）和"许多"（viel）的发音相近，因此成为好运的象征，受到格外的喜爱。而德国人比较避讳的数字是"13"。

（三）北欧旅游区

北欧旅游区指欧洲北部的日德兰半岛、斯堪的纳维亚半岛一带，包括冰岛、法罗群岛（丹）、丹麦、挪威、瑞典和芬兰，境内多高原、丘陵、湖泊。斯堪的纳维亚半岛面积约80万平方千米，斯堪的纳维亚山脉纵贯半岛，长约1 500千米，宽400～600千米，西坡陡峭，东坡平缓，为一古老的台状山地。挪威海岸陡峭曲折，多岛屿和峡湾，境内格利特峰海拔2 470米，为半岛的最高点。冰岛上多火山和温泉。北欧绝大部分地区属温带针叶林气候，仅大西洋沿岸地区因受北大西洋暖流影响，气候较温和，属温带阔叶林气候。区内河短流急，水力资源丰富。

（四）东欧旅游区

东欧旅游区指欧洲东部地区的俄罗斯联邦、乌克兰、白俄罗斯、立陶宛、爱沙尼亚、拉脱维亚、摩尔多瓦7国。东欧地形以平均海拔170米的东欧平原为主体。东部边缘有乌拉尔山脉，平原上多丘陵，北部湖泊众多，东南部草原和沙漠面积较大。北部沿海地区属寒带苔原气候，往南过渡到温带草原气候，东南部属温带沙漠气候。欧洲第一大河伏尔加河向东南流入里海。

俄罗斯是一个旅游资源丰富的国家，莫斯科的红场、雄伟的克里姆林宫等景点早已是举世闻名。圣彼得堡是座优雅而浪漫的城市，宁静宽阔的涅瓦河与纵横交错的古运河构成了城市的水网体系，精致的桥梁比比皆是，被誉为"北方的威尼斯"。在俄罗斯还可以看到世界上最深最纯净的贝加尔湖，或是乘火车穿越茂密深远的西伯利亚森林，去看看黑海的旖旎风光。

最佳旅游季节：俄罗斯最佳的旅游时间莫过于5—10月，此时的俄罗斯凉爽宜人，最适合避暑度假。当然，冬季的俄罗斯也有它的独特魅力，可以走在零下20摄氏度的圣彼得堡街头，四周银装素裹、白雪皑皑，而且此时也是去俄罗斯滑雪狩猎的大好时机。

三、美洲地区

美洲全称为亚美利加州，位于西半球，以巴拿马运河为界，在地理上分为南北两个大陆，就是通常所称的南美洲和北美洲。美洲东临大西洋，西濒大西洋，总面积为4 213.8万平方千米。美洲通常被分为两个区，即北美地区（主要是美国和加拿大）、拉美和加勒比地区。拉丁美洲由20多个拉丁语系的国家构成，在地理上通常分为墨西哥、中美洲、西印度群岛和南美洲四个地区。在中美洲、西印度群岛和南美洲之间的陆间海叫加勒比海，这个地区习惯上被称为加勒比海地区。

美洲旅游区以美丽的自然风光、现代化的大都市和古老的印第安文明著称。美洲旅游区共有49个国家和地区，按照旅游地现区划分为两个旅游地区：北美旅游地区、南美旅游地区。

（一）北美洲旅游区

北亚美利加洲位于西半球北部，东临大西洋，西临太平洋，北临北冰洋，南以巴拿马运河为界与南美洲相分，是世界第三大洲；主要国家有加拿大、美国、墨西哥、古巴、巴拿马等。北美洲有活火山90多座，西部是世界上地震频繁和多强烈地震的地带。北美洲的河流上多瀑布，落差最大的是美国西部约塞米蒂国家公园的约塞米蒂瀑布，落差达700米。北美洲自然资源丰富，主要矿物是石油、天然气、煤炭等，盛产鲑、鲽、沙丁、比目、萨门等鱼类，在加拿大东部边缘海区还产鲸，北部沿海有海象、海豹以及北极熊等。

北美东北部尼加拉河上的大瀑布，也是美洲六大最著名的奇景之一，位于加拿大安大略省和美国纽约州的交界处。过去数十年，尼加拉瀑布一直吸引人们到此度蜜月、走钢索横越瀑布或者坐木桶漂游瀑布，但美丽独特的自然景观渐渐成为尼加拉瀑布引人入胜的地方。死亡谷国家公园主要位于美国加利福尼亚州东南部，一小角延伸入内华达州境内。地理学上，公园位于北美的盆地与山脉区。这段地区地壳活动频繁，东面的地壳向东伸展、西面的地壳向西伸展，这里的地壳便呈条状下沉，分解成大致为南北走向的地垒（山脉）和地堑（盆地）。盆地和山脉区在死亡谷这里特别显著，因为这里拥有全西半球海拔最低的地点。由于这里海拔很低，所以气候非常炎热，夏天不适合参观，每年只有深秋至初春比较适合游玩。公园里有盐碱地、沙丘、火山口、峡谷、雪山等，有丰富的地质地貌，游客不难找到地壳里各式各样的断层、峡谷往荒漠注入时形成的大大小小的冲积扇平原等。举世闻名的科罗拉多大峡谷全长约330千米,位于亚历利那州西北角,宽度从6千米到数十千米不等,最深处可达1 824米。

(二) 南美洲旅游区

南美洲位于西半球的南部,东濒大西洋,西临太平洋,北濒加勒比海,南隔德雷克海峡与南极洲相望。南美洲一般以巴拿马运河为界同北美洲相分,包括哥伦比亚、委内瑞拉、圭亚那、苏里南、厄瓜多尔、巴西、秘鲁、玻利维亚、智利、巴拉圭、乌拉圭、阿根廷、法属圭亚那等13个国家和地区。

南美洲大陆地形可分为三个南北向纵列带:西部为狭长的安第斯山脉,东部为波状起伏的高原,中部为广阔平坦的平原低地。南美洲海拔300米以下的平原约占全洲面积的60%,海拔300米至3 000米之间的高原、丘陵和山地约占全洲面积的33%,海拔3 000米以上的高原和山地占全洲面积的7%,平均海拔600米。安第斯山脉由几条平行山岭组成,山体最宽处达400千米,全长约9 000千米,大部分海拔在3 000米以上,是世界上最长的山脉,也是世界上最高大的山系之一。安第斯山脉有不少高峰海拔6 000米以上,其中阿空加瓜山海拔6 960米,是南美洲最高峰。南美洲东部有宽广的巴西高原、圭亚那高原,南部有巴塔哥尼亚高原。南美洲平原自北而南有奥里诺科平原、亚马孙平原和拉普拉塔平原,其中亚马孙平原面积约560万平方千米,是世界上面积最大的冲积平原,地形坦荡,海拔多在200米以下。

1. 巴西

巴西人口主要集中在东南部地区,这是有两个大都市,分别是里约热内卢和圣保罗,还有贝洛奥里藏特等重要的内陆城市。巴西是一个多民族的国家,以节日众多闻名于世。巴西的三大名城包括巴西利亚、圣保罗、里约热内卢,热爱大自然的旅游者可以选择亚马孙森林、伊瓜苏瀑布等。

最佳旅游季节:巴西以热带气候为主,各地特别是沿海地带湿度相当高。巴西9月22日—12月21日为春季,12月22日—3月21日为夏季,3月22日—6月21日为秋季,6月22日—9月21日为冬季。当地夏季是旅游旺季,如果想避开人潮和37摄氏度以上高温的话,4到10月是比较好的时间。

> 小贴士

巴西主要节日

巴西是世界上节假日最多的国家之一,主要有元旦(1月1日)、狂欢节(2月中下旬)、蒂拉登特斯纪念日(4月21日)、国际劳动节(5月1日)、独立日(9月7日)、万灵节(11月2日)、共和国日(11月15日)、圣灵怀孕节(12月8日)、圣诞节(12月25日)。

里约热内卢和圣保罗两个城市共同放假庆祝基督升天节(5月28日)和基督圣体节(6月18日)。巴西军队拥有自己的节日,包括陆军节(8月25日)、空军节(10月23日)、海军节(12月11日)。

2. 秘鲁

秘鲁是一个拥有多个种族、多种语言和多种文化的国度，位于南美洲西北部，为古印加文化的发祥地。多样性的自然环境、亚马孙河丛林、安第斯高原印加遗迹及世界最高的的的喀喀湖，使秘鲁成为世界上最具观光价值的国家之一。

秘鲁的多元文化体现在：饮食、手工业、音乐及舞蹈。大自然赋予了这个国家多样的地貌、气候和生态系统，海边沙漠、雄伟的安第斯山脉、茂密的丛林，使得这个国家拥有世界上最多的小气候。居民和自然条件的多样化为不同人之间丰富的文化交流提供了多种方法，并形成了引人注目的文化和地貌的融合。

马丘比丘是秘鲁古印加帝国的古城遗址，古城街道狭窄、整齐有序，宫殿、寺院、作坊、堡垒等各具特色。它们多用巨石堆砌而成，没有灰浆等黏合物，大小石块对缝严密，甚至连一个刀片都插不进去。1983年，联合国教科文组织将马丘比丘列入《世界遗产名录》。据秘鲁官方消息报道，利马拥有超过75个种类各异的博物馆，可参看景点部分介绍来获得这些博物馆的详细资料。

最佳旅游季节：4月及8—10月最宜住访，圣诞节前后两周及复活节前后一周不宜，1—3月多休假。

四、非洲地区

非洲全称为阿非利加洲，位于东半球的西南部，赤道横贯非洲的中部，东临印度洋，西濒大西洋，北隔地中海与欧洲大陆相望，东北隅以狭长的红海与苏伊士运河紧邻亚洲。

非洲是一个以高原为主的大陆，整个非洲大陆北宽南窄，呈倒立的三角形，地面起伏不大，大体上是一个由东南向西北倾斜的高原，故也称高原大陆。非洲最高峰是海拔5 895米的乞力马扎罗山。世界最长的裂谷是贯穿整个非洲的东非大裂谷，全长约6 400千米；世界最大的沙漠撒哈拉沙漠，位于非洲西北部，面积920万平方千米，约占非洲总面积的30%；世界最长的河流尼罗河（6 671千米），发源于东非高原。非洲湖泊众多，大部分分布在东非大裂谷带和赤道边缘，坦噶尼喀湖最深处达1 435米，是世界第二深湖。

非洲大陆的气候特征是高温、少雨、干燥、南北对称，有"热带大陆"之称。全洲有约75%的面积位于南北回归线之间，是热带气候分布最广大的一个洲，平均气温在20摄氏度以上，只有南北两端以及局部山地是亚热带地中海式气候与热带山地气候，平均气温低于20摄氏度。

非洲旅游区以神秘的古代文明、神奇的野生动物园和奇特的异国风情见长。

世界著名的古人类遗址奥莫低谷（埃塞俄比亚）、阿瓦什低谷（埃塞俄比亚）、斯泰克方丹等分布在东非和南非。非洲旅游区共有54个国家和地区，按照旅游地理区划分为5个旅游地区：非洲中部旅游地区、非洲北部旅游地区、非洲东部旅游地区、非洲南部旅游地区和非洲西部旅游地区。

（一）非洲中部旅游区

非洲中部旅游区包括乍得、中非、喀麦隆、赤道几内亚、加蓬、刚果（布）、刚果（金）、圣多美和普林西比等国家，总面积536万多平方千米，约占全洲总面积的17.7%。

本区北部属撒哈拉沙漠,中部属苏丹草原,南部属刚果盆地,西南部属下几内亚高原。

本区内自然环境差异极大,地势起伏明显,地形复杂多样,高原、盆地、沙漠相间分布,有乍得盆地、阿赞德高原、刚果盆地以及下几内亚高原、隆达高原、加丹加高原等。刚果河(扎伊尔河)是最大的河流。刚果(金)旅游资源丰富多样,拥有神奇而美丽的热带雨林和惊险刺激的野生动物园。刚果自然保护区丰富的物种吸引着世界各国的科考、探险和旅游人士。赤道几内亚和加蓬森林资源最为丰富,其中加蓬有"森林之国"的称号。

(二) 非洲北部旅游区

非洲北部旅游区是指撒哈拉沙漠中部以北地区,西、北、东三面分别濒临大西洋、地中海和红海,包括埃及、摩洛哥、利比亚、突尼斯、阿尔及利亚和苏丹6国。该区地处通过苏伊士运河、地中海和直布罗陀海峡沟通印度洋和大西洋的主要航线上,地理位置十分重要。本区大部分地势起伏平缓,西北部阿特拉斯山区由一系列大致呈西南—东北向平行山脉组成。山脉之间分布有高原与谷地,一般海拔1 500~2 000米。地中海沿岸为狭窄平原,属地中海型气候,是北非人口稠密、农业发达之地。其他大部地区由撒哈拉沙漠占据,地表流沙、砾漠广布,属炎热干旱的热带沙漠气候。

1. 埃及

埃及位于地中海和红海中间,非洲东北部,领土包括亚洲西南端的西奈半岛,地跨亚、非两洲。埃及面积为100.2万平方千米,其中96%为沙漠,海岸线长2 700千米,世界最长的河流尼罗河南北纵贯全境。

四大文明古国之一的埃及除有金字塔、狮身人面像等众多令人叹为观止的古迹外,还有美丽的红海海滨和雄伟的阿斯旺大坝,每年吸引着世界各地的游客前往。

最佳旅游季节:埃及为地中海气候,两季分明。每年5—10月为夏季,11月至次年4月为秋季。除夏季的6—8月炎热多风,不适合旅游外,其他时间气候温和,都是埃及的旅游旺季。

2. 摩洛哥

摩洛哥是世界著名的旅游胜地,境内众多的名胜古迹和迷人的自然风光每年吸引着数百万游客前来观光。首都拉巴特景色迷人,乌达亚城堡、哈桑清真寺遗址以及拉巴特王宫等著名景点都位于这里;古都非斯是摩洛哥第一个王朝的开国之都,以精湛的伊斯兰建筑艺术闻名于世。此外,北非古城马拉喀什、"白色城堡"卡萨布兰卡、美丽的海滨城市阿加迪尔和北部港口丹吉尔等都是令游客向往的旅游胜地。旅游业已成为摩洛哥经济收入的重要来源之一。

最佳旅游季节:摩洛哥北部为地中海型气候,夏季炎热干燥,冬季温和湿润。由于斜贯全境的阿特拉斯山阻挡了南部撒哈拉沙漠热浪的侵袭,所以摩洛哥常年气候宜人,花木繁茂,赢得了"烈日下的清凉国土"的美誉。摩洛哥是个风景如画的国家,还享有"北非花园"的美称。

(三) 非洲东部旅游区

该区北起厄立特里亚,南迄鲁伍马河,东临印度洋,西至坦噶尼喀湖,包括厄立特里亚、吉布提、埃塞俄比亚、乌干达、卢旺达、布隆迪、坦桑尼亚、索马里、塞舌尔和肯尼亚10个国家。东非地形以高原为主，大部分海拔1 000米以上，是全区地势最高的地区。沿海有狭窄低地的东非大裂谷纵贯南北，谷地深陷，两边陡崖壁立。乞力马扎罗山是座活火山，位于赤道附近，是非洲最高峰，海拔5 895米。东非地区气候温和，雨量充足，以热带草原气候为主，但垂直地带性明显，高山地区凉爽湿润，沿海低地南部湿热，北部干热。本区湖泊众多，除维多利亚湖、基奥加湖外，多为断层湖，并顺裂谷带呈串珠状分布，构成著名的东非大湖带。

本区历史悠久，古代各地先后形成阿克苏姆、阿比西尼亚等国。此外，本区繁茂的森林、广阔的草原等共同构成了东非得天独厚的生态环境，使东非成为野生动物的天堂。埃塞俄比亚西北部的伯根德省的塞米恩国家公园群峰突起，景色别致，构成了世界上最杰出的自然景观。生长在塞米恩国家公园高达5~7米的山地半边莲引起了世界各地植物学家的极大兴趣。

1. 塞舌尔

塞舌尔是位于印度洋西南部的群岛国家，地处欧、亚、非三大洲中心地带，距非洲大陆约1 600千米，属于非洲，是亚非两洲的交通要塞。它由115个大小岛屿组成，最大岛屿马埃岛面积148平方千米。塞舌尔群岛分为4个密集的岛群：马埃岛和它周围的卫星岛；锡卢埃特岛和北岛；普拉斯兰岛群；弗里吉特岛及其附近的礁屿。花岗岩岛多山地丘陵，以马埃岛海拔905米的塞舌尔山为全国最高点。塞舌尔风景秀丽，全境50%以上地区被辟为自然保护区，享有"旅游者天堂"的美誉，在1993年世界十大旅游点的评选中名列第三，主要景点有马埃岛、普拉兰岛、拉迪格岛和伯德岛等。其中，马埃岛上的拉塞尔自然保护区占地65公顷，拥有种类齐全的热带水果树木和成群的象龟，是马埃岛上最大的自然保护区。

最佳旅游季节：塞舌尔属于热带雨林气候，具有典型的热带雨林气候特征，高温多雨，平均气温为24摄氏度，旱季和雨季分明。6—9月是塞舌尔的旱季，热带雨林的旱季特征是多风、降雨量少、气候比较凉爽，适宜出游。

2. 肯尼亚

肯尼亚是一个景观对比异常分明的国度，拥有炎热的沙漠和积雪高山，低地和高山森林，洋槐树林和辽阔的平原，湖泊以及印度洋优美的海岸线与沙滩。总之，肯尼亚几乎可以说是非洲大陆的缩影。用一般地理名词来说，肯尼亚与埃塞俄比亚高原相接，形成了部分基督教古文明遗址的屏障。肯尼亚东边与东北边是索马里亚，是一块只有骆驼、仙人掌的半沙漠型干热低地。

最佳旅游季节：肯尼亚一年有两次雨季，不适宜旅游：长雨季在3月底至6月中，短雨季在10月底至12月初。春秋两季是肯尼亚最佳旅游季节，时间节为12月至次年的3月和7月至9月。

(四) 非洲南部旅游区

非洲南部旅游区指非洲大陆南部，东、南、西三面为海洋所环绕，包括赞比亚、南非、津巴布韦、莫桑比克、马拉维、博茨瓦纳、斯威士兰、纳米比亚、莱索托以及印度洋上的马达加斯加、毛里求斯、科摩罗和留尼旺等13个国家和地区。莫桑比克东部平原是非洲最大的平原地区之一,马达加斯加是非洲最大的岛屿,也是世界第四大岛屿。本区属热带、亚热带范围,气温由北向南递减,降水自西向东递增,气候类型分布相当复杂,有半干旱气候、亚热带湿润气候、热带干旱气候、温带草原气候及地中海型气候等。

1. 赞比亚

赞比亚,位于非洲中南部的内陆国家。境内大部分地区为海拔1 000~1 500米的高原,地势大致从东北向西南倾斜。东北边境的马芬加山海拔2 164米,为全国最高点。

赞比亚河流众多,水网稠密,水力资源非常丰富,主要河流有赞比西河。赞比西河是非洲第四大河,长2 660千米,流经赞比亚西部和南部。著名的维多利亚大瀑布就位于这条河上,它也是世界七大自然奇观之一,是赞比亚著名的旅游胜地。刚果河是赞比西河的支流,发源于赞比西河上游。另外,卢安瓜河发源于赞比亚东北部山区,由东北向西南部穿过东方省全境,在赞比亚、莫桑比克和津巴布韦三国交界的边陲小镇卢安瓜汇入赞比西河汇。

最佳旅游季节:赞比亚属热带性气候,因位于海拔1 000~1 300米的台地,湿度低,比起其他热带非洲国家较为凉爽。

2. 南非

在非洲,南非是一个自然环境和气候条件都比较好的国家,也是非洲经济最发达的国家。南非矿产资源丰富,是世界第四大矿产国,黄金、金刚石的储量和产量均居世界第一位;钻石在世界上享有盛名,戴比尔斯公司控制了世界钻石销售量的70%。

南非的旅游景点,从国家公园到私人所有的狩猎保留区,自然生态保护区及广袤的原野,任何时刻都向游人敞开。景色一流的海景,丰富的动植物生态体系,以及南非人一向以客为尊的好客传统,吸引了全球各地的旅游观光人士。

最佳旅游季节:由于南非地处南半球,所以季节与北半球恰好相反,每年的6月、7月是南非的冬季,12月和1月为夏季。由于各季气候温和,一年四季都是晴空万里,所以全年不分四季均适于旅游。气候则是从开普半岛的地中海式气候变化到夸祖鲁海岸的亚热带气候,但在东北部内陆则是草原气候。

3. 津巴布韦

津巴布韦这个名字有着"石之家"的意思,来源于由巨大的石头建造的遗迹——伟大的津巴布韦遗迹,在这里到处都可以看到有着奇妙组合的岩石。这些石头都是被精心雕刻而成,曲线流畅。被发现的津巴布韦遗迹中有一座被称为"津巴布韦大鸟"的石像,还成为国家的象征,被用在国旗和硬币上。

津巴布韦有着相当丰富的观光资源,被称为"旅行者天堂"。津巴布韦有世界著名的维多利亚大瀑布以及享有南部非洲第一规模称号的伟大的津巴布韦遗迹。可以在广阔的野生动物保护区内狩猎,在高原上漫步旅行,坐游艇巡游于湖,欣赏津巴布韦伟大的自然景观。津巴布韦的魅力,不仅在于它的大自然景观,还在于它的爽朗的、易于亲近的国民,以及具有独特传统文化的音乐和艺术。

最佳旅游季节:津巴布韦是世界上气候最好的国家之一。虽然地处热带,但由于海拔高,气候温和,夏季不闷热,冬季不寒冷。夏季从10月到来年4月,平均气温为15~25

摄氏度。最热的时候为9—10月，中午气温可达35摄氏度；冬季从5月到8月，平均气温为10~15摄氏度。

（五）非洲西部旅游区

非洲西部旅游区东到乍得湖，南临几内亚湾，北面进入撒哈拉沙漠，包括毛里塔尼亚、马里、塞内加尔、冈比亚、布基纳法索、西撒哈拉、几内亚比绍、几内亚、塞拉利昂、佛得角、利比里亚、科特迪瓦、加纳、多哥、贝宁、尼日尔、尼日利亚17个国家和地区。西部非洲地形以低地为主，属低非洲的一部分，大部分地区海拔不高，沿海地区在海拔200米以下，内陆一般200~500米，南部有富塔贾隆高原、几内亚高原和乔斯高原等。

尼日利亚位于西非东南部，南濒大西洋几内亚湾，西同贝宁接壤，北与尼日尔交界，东北隔乍得湖与乍得相望，东和东南与喀麦隆毗连。海岸线长800千米，地势北高南低，沿海为宽约80千米的带状平原。旅游资源丰富，但尚未很好开发。主要旅游景点有：夸拉州和高原州的瀑布，博尔诺州的乍得湖寺院，十字河州的大牧牛场，伊莫州的奥古塔湖，翁多州的温泉和包奇州的野生动物园。

五、南亚地区

南亚地区指亚洲南部地区，是从喜马拉雅山脉中西段以南，到印度洋之间的广大地区，面积约437万平方千米。南亚地区包括8个国家和地区：尼泊尔、锡金、不丹、斯里兰卡、印度、巴基斯坦、孟加拉、马尔代夫。这块神奇的热土背靠喜马拉雅，南接印度洋，拥有世界最壮美的雪山景观（尼泊尔）、最令人陶醉的海岛（马尔代夫）、幸福感最强的国度（不丹）、最具人文气息的文明古国（印度）；还有印度洋的明珠斯里兰卡，与世界其他地区地理人文宗教的巨大差异使南亚成为一块引力超强的磁石，吸引游客纷至沓来。

南亚地跨热带和亚热带，除马尔代夫群岛和斯里兰卡岛南部接近赤道，属热带雨林气候，印度西北部和巴基斯坦南部属热带沙漠气候外，其他大部分地区属热带季风气候，全年高温。南亚地区历史悠久，印度河流域是人类古代文明的四大发祥地之一，也是佛教和印度教的发源地。

1. 斯里兰卡

热带岛国斯里兰卡旧称锡兰，如同印度半岛的一滴眼泪，镶嵌在广阔的印度洋海面上。"斯里兰卡"在僧伽罗语中意为"乐土"或"光明富庶的土地"，有"宝石王国""印度洋上的明珠"的美称，被马可·波罗认为是最美丽的岛屿，因为没有一个度假胜地能有与其媲美的海滨、无穷秘密的古城、丰富的自然遗产以及独特迷人的文化。

斯里兰卡风景优美，包括宗教圣山，美丽的海滩、城堡，供奉着佛牙的宝塔，经历了几千年的古城，建立在巨大岩石上的宫殿，甚至有大象和豹等野生动物！除去这些，即便只是走在街头，完全陌生的风情都能让人喜悦。斯里兰卡以红茶闻名于世，始于1867年的红茶种植使斯里兰卡成为诸多顶级红茶的产地，斯里兰卡也被称为"红茶之国"。

最佳旅游季节：斯里兰卡地处热带，属热带海洋性气候，受海风影响，并不酷热。沿海地区平均最高气温31.3摄氏度，平均最低气温23.8摄氏度；山区平均最高气温26.1摄氏度，平均最低气温16.5摄氏度。无四季之分，只有雨季和旱季的差别，雨季为每年5月至8月和11月至次年2月，即西南季风和东北季风经过斯里兰卡时为雨季。

2. 印度

印度是世界上人口第二多的国家，拥有十亿人口、上百种语言。印度是世界四大文明古国之一，又有"电影王国"之誉，曾创造了灿烂的印度河文明。重要的城市有首都新德里，东海岸最大港口加尔各答以及印度最大纺织业中心孟买。

印度的旅游项目大致可为三部分：第一部分是古堡陵园，著名的有德里红堡、胡马雍陵、泰姬陵，代表了印度建筑艺术的最高水准；第二部分是甘地陵，是印度国父"圣雄"甘地的陵墓；第三部分是古老的佛教圣地圣迹。其他著名的还有王舍城、那烂陀寺等，最后的旅游项目是参观印度的石窟神庙，那里有多姿多彩的佛教塑像、雕刻和绘画，是研究印度古代文化艺术的绝佳之地。

印度全境炎热，属典型的热带季风气候，大部分地区的天气可分为雨季、旱季和凉季。年平均降水量各地差异很大，2 000～4 000 毫米不等。

最佳旅游季节：冬季除北部高山地区经常下雪外，各地气候温和、凉爽宜人。最冷的1月份，北方平均气温为15摄氏度，但在山区，拉贾斯坦西部和旁遮普南部的最低气温可达零下2.5摄氏度；南部平均气温则高达27摄氏度，气候干燥，为印度最佳旅游季节。

六、中东地区

中东地区是指从地中海东部到波斯湾的大片区域，"中东"在地理上也是非洲东北部与亚洲大陆西南部的地区，该地区包括西亚的伊朗、巴勒斯坦、以色列、叙利亚、伊拉克、沙特阿拉伯、科威特、约旦和北非的埃及等国家。

中东地区是世界文明的发源地之一，曾孕育了灿烂的古埃及和古巴比伦文明，还是犹太教、基督教、伊斯兰教的发源地。该地区丰富而独特的民族风情和宗教文化古迹，海滨、沙漠等自然景观构成了丰富的旅游资源，大部分国家是石油输出高收入国家，因而居民生活富裕，并且交通便利。

1. 伊朗

伊朗是具有四五千年历史的文明古国，史称"波斯"。公元前6世纪，波斯帝国盛极一时，创造了灿烂的波斯文化。德黑兰是当今伊朗的首都，是相对古老的城市，具有独特的建筑传统风格。德黑兰的考古研究和挖掘都发现其文明可以追溯到公元前6 000年的拉伊，如今拉伊已经并入德黑兰。虽然德黑兰在卡扎尔王朝时期及之前发生过多次地震，但仍保留着一些古代建筑。

最佳旅游季节：伊朗东部和内地属大陆性的亚热带草原和沙漠气候，干燥少雨，寒暑变化大。最好于当年10月至次年4月前往，天气比较凉爽。6—8月，商人度假者较多。

2. 沙特阿拉伯

沙特阿拉伯位于亚洲西南部的阿拉伯半岛，东濒波斯湾，西临红海，同约旦、阿联酋、阿曼、也门、巴林、卡塔尔等国接壤。麦加和麦地那是沙特阿拉伯的两张旅游名片，其他地方如玛甸沙勒考古遗址的雕刻墓群等也值得一游。

最佳旅游季节：沙特阿拉伯除西南高原和北方地区属亚热带地中海气候外，其他地区均属热带沙漠气候。夏季炎热干燥，最高气温可达50摄氏度以上；冬季气候温和，是最佳旅游季节。

★ 实例解析

兴文喀斯特与中国南方喀斯特旅游资源对比研究

喀斯特即岩溶，是水对可溶性岩石进行溶蚀等作用所形成的地表和地下形态的总称，是一种地貌特征。"中国南方喀斯特"是中国的世界自然遗产，2007年被收入联合国教科文组织的《世界遗产名录》，2014年得到了增补，现由云南石林、贵州荔波、重庆武隆、广西桂林、贵州施秉、重庆金佛山和广西环江七地的喀斯特地貌组成，是世界上最壮观的热带至亚热带喀斯特地貌样本之一。四川省兴文县位于中国南方喀斯特区域内，拥有国内罕见的完整喀斯特景观，被考察专家誉为"喀斯特博物馆"，是一部罕见的喀斯特教科书。

一、中国兴文喀斯特与中国南方喀斯特旅游资源类型比较

中国南方喀斯特世界遗产地保存了具有多样性和标志性的内陆喀斯特景观，包括塔状喀斯特（峰林）、剑状喀斯特（石林）和锥状喀斯特（峰丛），以及天坑、台原和峡谷等其他喀斯特景观。从中国南方喀斯特主要喀斯特资源类型与旅游资源组合来看，各地喀斯特旅游资源都丰富多样，但旅游资源组合差异较大。兴文喀斯特主要集中在兴文世界地质公园范围内，包括中国最早发现和命名的世界级天坑和规模巨大的地下溶洞群，这些喀斯特景观全面反映了川南特定自然地理和地质条件下喀斯特的发育过程和基本特色，所以兴文是名副其实的"喀斯特博物馆"和"喀斯特大观园"。与中国南方喀斯特世界自然遗产地的喀斯特旅游资源相比，兴文的最大优势在于喀斯特旅游资源丰富多样、集中且组合好。兴文同时集中了天坑、溶洞、石林、石海等喀斯特景观。

二、典型喀斯特旅游资源对比

1. 天坑对比

兴文县是我国最早发现天坑的地区，同时也是天坑的命名地。兴文天坑群主要包括小岩湾天坑、大岩湾天坑以及飞雾洞、道洞、沧水岩峡谷和楠星天坑。通过与其他著名天坑（奉节小寨、乐业大石围、巴马号龙等）在口部直径、口部面积、最大深度、最小深度、深宽比、总容积、历史文化价值、伴生景观和周围相邻景观资源等方面的对比可以发现，小岩湾天坑在口部直径和容积方面都居于前列，且与石林、石芽、峰林、洼地等景观相邻，景观组合较好，共同构成完整的喀斯特发育系统，是极好的"喀斯特天然博物馆"和科学研究的天然实验基地，具有很高的科学和旅游开发价值。

2. 溶洞对比

近年来，经过中外多次的联合洞穴探险活动，在中国南方发现了大量的洞穴。截至2009年年底，中国实测长度超过5千米的洞穴有79个，其中，长度大于10千米的有26个，深度大于250米的有62个，深度大于400米的有20个。这些大型洞穴绝大部分分布于中国南方喀斯特地区，主要大型旅游洞穴达100个以上。

兴文县具有数量众多、规模巨大、结构复杂的地下溶洞群，目前已发现的较大溶洞有260多个，具有代表性的有天泉洞、天狮洞、天梁洞、神风洞、神龙洞等。兴文以天泉洞、天狮洞为代表的洞穴群与国内其他代表性溶洞一样，都为多层洞穴系统，拥有规模巨大的地下溶洞群，空间规模、游览长度均居国内一流洞穴之列。

3. 石林对比

喀斯特石林是一种特殊的喀斯特地貌，中国南方地区是石林分布最为密集的地区。其中，拥有高大石柱、多样形态且分布广泛的云南路南石林是中国石林的典型代表，在国内外享有很高的声誉。通过与云南路南石林比较可以发现，兴文石林的突出优势在于，在兴文县内既有形成于2.5亿年前的二叠系灰岩地层，呈现出"石芽式石海"，又有形成于4.6亿年前的奥陶系宝塔组的灰岩地层，并与竹林交相辉映形成生态古石林。中国南方喀斯特都是经过漫长的地质历史时期逐步演化而来的，形成的地质年代有较大差异，而兴文县内时限相差2亿年的两个地层却近邻而居，具有明显的地质独特性。

4. 喀斯特民族文化对比

中国南方喀斯特地区大部分也是少数民族分布区，尤其是贵州、广西、云南和四川等地，在"中国南方喀斯特"世界自然遗产项目中，大部分都存在民族文化的影子。云南路南石林拥有以"阿诗玛"为代表的彝族文化，展示了独具特色的石林撒尼土著风情；贵州荔波主要有布依族、水族、瑶族、苗族等民族文化；贵州施秉主要有苗族、侗族、彝族等民族文化；广西桂林主要有壮族、瑶族、回族、苗族等民族文化，但由于人类活动较频繁，生态环境受到了一定程度的破坏；广西环江是全国唯一的毛南族自治县，全国60%的毛南族都聚居在环江，县内有毛南族、壮族、苗族、瑶族、仫佬族、水族、侗族等民族文化，以毛南族文化为主要特征的各民族文化内容和形式丰富多彩、各具特色又相互渗透，形成了极具地域特征的少数民族文化；重庆武隆的少数民族文化有土家族、苗族和仡佬族文化。

中国南方喀斯特世界自然遗产地的民族文化类型和组合都存在一定的差异和自身特色。兴文县不仅具有独具特色的喀斯特景观，还具有厚重的民族文化底蕴，不仅是四川省最大的苗族聚居县，也是古僰人的最后消亡地，喀斯特生态僰苗文化，尤其是已经消失的僰文化为喀斯特景观增添了神秘色彩。

三、结论

通过对比分析发现，"兴文式喀斯特"与"世界自然遗产"中国南方喀斯特的7个代表地一样具有代表性，具有列入《世界遗产名录》、进一步补充和完善中国南方喀斯特自然遗产的资源条件。这些条件主要包括：①兴文县是国内著名岩溶研究学者朱学稳研究员发现、研究和命名"天坑"的地方，其独特的喀斯特形成演化史和基本特征被总结为"兴文式喀斯特"；②整个县是一个完整的喀斯特流域，喀斯特资源类型丰富多样且分布集中，溶洞、天坑、石林、石海四绝共生、近邻且组合好，具有较高的科学价值、经济价值、美学价值和旅游价值；③与世界其他天坑相比，小岩湾天坑在口部直径和容积方面都居于前列，是世界级天坑，位居世界十大天坑之列；④拥有规模巨大的地下溶洞群，且空间规模与系统游览长度均居国内一流洞穴之列；⑤独特的喀斯特资源与良好的生态、僰苗文化有机融合，形成了独特的喀斯特地质生态文化景观。

（资料来源：王兴贵，税伟，陈毅萍，等. 兴文喀斯特与中国南方喀斯特旅游资源对比研究［J］. 中国岩溶，2017，36（2）：255-263.）

请阅读案例并思考：

兴文喀斯特与中国南方喀斯特旅游资源有何特点？

知识归纳

旅游资源分区的依据应该从地理区划、旅游资源特色、旅游资源相似性和旅游资源开发保护等因素进行考虑。

根据中国旅游地理区划的目的、意义、基本原则，综合中国传统的地域方位，结合中国文化的地域性特点和景观的差异性，取多种经典方案之长，按区域命名简明扼要的要求，采用区位、文化背景、旅游景观三因子相结合的综合命名法，将中国分为10个一级旅游区，包括京华旅游区、中原旅游区、东北旅游区、华中旅游区、华东旅游区、华南旅游区、西南旅游区、西北旅游区、青藏旅游区和港澳台旅游区。

世界旅游资源分区就是在世界范围内划定不同等级的旅游区域。它展现各个旅游区域内优美的自然风光、独特的人文景观和悠久的历史文化。根据世界旅游组织的划分标准，全球分为六大旅游区：东亚及太平洋地区、欧洲、美洲、非洲、南亚及中东。

复习思考题

1. 旅游资源分区的主要依据是什么？简述其内涵。
2. 中国的旅游资源主要分为几个区？简述每个旅游区旅游资源概况。
3. 世界旅游资源分为哪几个区？每个区有哪些国家？简述主要国家旅游资源概况。

第八章　旅游资源调查与评价

【学习目标】
1. 了解旅游资源调查的目的。
2. 掌握旅游资源调查的内容和方法。
3. 了解旅游资源调查的基本程序。
4. 了解旅游资源评价的原则。
5. 掌握旅游资源评价的内容和方法。

第一节　旅游资源调查

一、旅游资源调查的含义

旅游资源调查是指运用科学的方法和手段，有目的、有系统地收集、记录、整理、分析和总结旅游资源及其相关因素的信息与资料，以确定旅游资源的存量状况，并为旅游经营管理者提供客观决策依据的活动。

（1）旅游资源调查必须采用科学的方法和手段。
（2）旅游资源调查的范围，既包括旅游资源本身，又包括相关的影响因素。
（3）旅游资源调查过程，包括收集、记录、整理、分析和总结旅游资源信息资料。
（4）旅游资源调查现实的目的就是确定某一区域旅游资源的存量状况，最终为旅游经营、管理、规划、开发和决策提供客观、科学的依据。

二、旅游资源调查的作用

（一）描述作用

旅游资源的调查，可以了解一个地区旅游资源的存量状况，摸清旅游资源的家底。

（二）诊断作用

旅游资源调查可以认清旅游资源的空间特征、时间特征、经济特征、文化特征等，以及各种特性形成的环境和成因，旅游资源的功能价值，尤其是旅游资源的时代变异性。

(三) 预测作用

旅游资源调查能够完善旅游资源信息系统，为旅游预测、决策奠定基础。

(四) 管理作用

旅游资源调查可以比较全面地掌握旅游资源开发、利用和保护的现状，有利于推动区域旅游资源的管理工作，从而制定切实可行的旅游资源保护措施。

(五) 效益作用

了解旅游资源产生的经济效益、社会效益和生态效益，这个过程本身就是旅游资源效益功能的体现。

小贴士

"亚洲正在成为世界旅游的中心，我们非常保守地预计，到2030年，亚洲接待的国际旅游人数至少突破5亿（人次）。"联合国世界旅游组织秘书长塔勒布·瑞法依（Taleb Rifai）在此间表示。

第十届联合国世界旅游组织/亚太旅游协会旅游趋势与展望国际论坛2016年10月20日在广西桂林市开幕，Taleb Rifai 在论坛上发言并作上述表述。

Taleb Rifai 说，近年来，全球的旅游业保持着强劲的发展势头，特别是亚洲地区。联合国世界旅游组织发布的数据显示，2015年，全球国际游客的总人数达到了11.86亿人次，较2000年增长了近一倍。其中，以中国为代表的亚洲地区，在接待国际游客方面表现突出。

"中国在世界旅游市场中已成为一个领先国家。目前，中国已成为全球第三大旅游出口国以及全球第四大旅游目的地国家。与此同时，中国还保持着全球旅游消费领导者的地位。"Taleb Rifai 认为，这与中国提出的将旅游业作为支柱产业发展有关，"中国是认真地在推动旅游业发展，而且我们相信，中国将成为世界最大的旅游目的地之一。"

Taleb Rifai 表示，亚洲有着非常丰富的旅游资源和历史文化，符合当前人们"景色+人文"的旅游需求。"我们非常看好亚洲的旅游市场，也相信到2030年亚洲国际旅游接待人数能突破5亿（人次）。"

（资料来源：中国新闻网）

三、旅游资源调查的主要内容

(一) 旅游资源调查的内容

旅游资源调查的内容极为丰富，通常包括旅游资源环境调查、旅游资源存量调查、旅游资源要素调查、旅游资源客源市场调查等内容。

1. 调查区的自然与人文环境条件

（1）自然环境条件调查包括调查区概况、地质地貌要素、水体要素、气候气象要素和动植物要素等。

（2）人文环境调查包括行政归属与区划、历史沿革、人口与居民、经济环境、社会文化环境、政策法规环境等。

2. 调查区的旅游资源数量与类型

调查区的旅游资源数量与类型包括该地区旅游资源的类型、数量、结构、规模、级别、成因、现场评价等，并提供调查区的旅游资源分布图、照片、录像及其他有关资料，以及与主要旅游资源有关的重大历史事件、名人活动、文艺作品等。

3. 调查区的环境保护状况

调查区的环境保护状况包括工矿企业、科研医疗、生活服务、仓储等设施的排污、放射性、电磁辐射、噪音及地方性传染资料，还包括水资源、空气质量、土壤中的重要物质或元素等资料。

4. 旅游资源的客源市场情况

旅游资源的客源市场调查包括调查区旅游资源可能的客源分析、客源的需求分析及对旅游区开发资源的态度，临近地区的旅游资源对调查区客观产生的影响、具体表现及成因机制等。

(二) 旅游资源调查的重点

1. 大城市和交通沿线及人口密集区普查

旅游资源调查是为旅游发展服务的，在旅游资源开发后，吸引游客越多，它的经济效益和社会效益就越大。在靠近大城市、交通沿线附近和人口密集的地区，因距客源近、交通便捷、潜在游客多，即使资源水平略低，数量较少，只要有一定特色，也能吸引游客，如成都市的三圣花乡，每逢周末和节假日都能吸引大量的近郊游客。而远离大城市和交通沿线的地区，只有规模宏大、特色突出、吸引力巨大的旅游资源，才能吸引一些有时间和精力并有一定支付能力的游客前往，如一些国家公园和地质公园等旅游景区。

2. 已知旅游区及外围的调查

在已知旅游区及外围对旅游资源进行深入调查，充分挖掘潜力，开发多样的旅游产品，满足不同类型和层次的游客多样化的需求。

3. 重点新景区的调查

旅游资源调查除了调查区位条件好和已有的旅游区，还应该将那些目前区位条件差、知名度低，但具有较高的开发潜力和价值的旅游资源提前进行调查，将客观科学的调查结果提交给主管部门，以引起重视，加以合理开发。重点新景区的旅游资源调查应特别重视以下三种旅游资源。

(1) 具有特色的大型景观。对于这类旅游资源，经调查确认后应加以开发或保护，如云南的香格里拉、四川的九寨沟、贵州的黄果树瀑布。

(2) 具有特殊功能的旅游资源。近年来，旅游正由过去的观光型为主向观光、度假、休闲、运动等多种形式转变，使旅游资源的开发深度和广度都大大增加。因此，在调查中可重点注意除传统观光功能外，可供开发的其他形式的旅游资源，如近年流行的漂流、滑翔、攀岩等旅游形式。

(3) 适合科学考察和教学学习的旅游资源。如标准或典型的地质剖面、地貌、古生物化石、特有和稀缺的动植物资源等。

四、旅游资源调查的基本程序

旅游资源调查主要有三个基本程序：室内准备、野外调查、整理统计。

（一）室内准备

1. 成立调查工作组

根据旅游资源调查区的情况，成立旅游资源调查工作组，成员主要为相关领域的专家、专业工作者、当地政府相关部门的工作人员及熟悉调查区各方面情况的当地群众。

2. 初步了解调查区基本情况

在已有资料中搜集和此次调查密切相关的资料，初步了解调查区基本情况，包括调查区及周边区域的自然和人文环境及旅游资源相关的文献、数据、图表、航卫片、地形图等。以这些资料作为野外调查的参考资料。

3. 制订调查计划

依据旅游资源调查的要求，结合搜集的资料，编写任务计划书，包括总的任务和要求、分步的任务和要求、将会使用的调查方法、技术要求、设备要求、人员配备、所需经费及预期成果等。

（二）野外调查

1. 初步普查

在调查的初期，对调查区进行全面普查以对调查区有初步但是相对全面的了解，大致掌握调查区哪些资源具有开发价值或者适合开展哪些旅游项目。在此阶段可将有旅游资源价值的区域在1:5万至1:20万的图上进行标示，并在图上划定远景区域，确定其分布情况和规律。此阶段的共组可将实地调查和当地各有关部门的现有材料紧密结合，既减少工作量，又防止遗漏。

2. 系统调查

对初查远景区域或预测远景区域进行系统调查，加密调查线和调查点，对旅游资源的规模、数量、质量、美感、可能客源进行系统调查，将结果标示在1:2.5万至1:5万的图上，并进行同类初步类比。

3. 详细勘察

通过前两个步骤的工作，初步筛选拟定有开发价值的区域和项目进行详细勘察。调查时要组织多学科力量对重点旅游资源进行实地详细勘察，以弄清资源的成因、历史演变、现状、未来发展方向及其在同类资源中的特色。同时，要对调查区的自然、经济、技术、物资、能源、交通、生活供应能力、环境质量等进行详细的调查分析，对投资、客源、收益及旅游区发展对区域经济发展、社会和生态环境的影响做出预测，确定该区域的旅游发展基本方向和重点旅游项目，并对此提出规划性建议。

4. 专业调查

对具有极大开发价值的旅游资源，单独进行专业性调查，为旅游资源开发提供详细的专业资料。

(三) 整理统计

1. 资料、照片、视频的整理

将调查过程中获取的全部资料进行复核和分类整理，对所拍视频进行剪辑，必要时配以文字说明。

2. 图件的编制和填绘

野外填绘的各种图件是调查的重要成果之一。整理时应将其与室内复核分析整理过程中的资料、照片和视频进行相互对比、校核，使记录的内容更真实准确、重点突出，最后缩绘成正式的图件。

3. 编写旅游资源调查报告

调查报告的主要内容和结构如下。

（1）绪言。绪言包括调查工作任务的目的、意义、要求、调查区位置、行政区划与归属、范围、面积、调查人员组成、工作期限、工作量、主要资料和成果。

（2）区域地理情况。区域地理情况包括调查区的地质地貌、水系水文、气象气候、植被土壤、交通和经济情况及邻近区域的旅游资源开发等情况。

（3）旅游资源状况。旅游资源状况包括旅游资源分布、成因、历史、现场调查评价、初步分析等，要附有旅游资源分布图、旅游资源分区图、重要的景观照片及与之密切相关的重大历史事件、典故、名人活动、文化作品等相关资料。

（4）旅游资源调查评价。对调查区旅游资源的全面评价，包括评价内容、采取的方法、所取得的结论。

（5）调查区旅游资源开发利用的现状、开发与保护建议。

五、旅游资源调查的方法

旅游资源学是一门涉及多门学科的交叉学科，所以在旅游资源调查的方法上也借鉴了不同学科的调查方法，主要有资料统计分析法、综合考察法、资源图表法、区域比较法、分类分区法和遥感调查法。

(一) 资料统计分析法

资料统计分析法指的是对原有的和调查得到的资料数据进行分析和统计的方法。如该区域基本景观有哪些，地质地貌要素是什么，动植物要素有哪些，等等。

(二) 综合考察法

要了解分布在一定地域范围内的旅游资源的分布位置、数量、特征、类型、结构、功能和价值，必须对其进行综合的考察和分析，必须结合多学科知识进行实地考察。

(三) 资源图表法

资源图表法是将调查到的信息和数据运用专业的方法绘制在图表上，形成旅游资源分布图、现状图等，区分哪些区域是一般开发区，哪些是重点开发区域，哪些条件较好，哪些不利于开发，等等。

（四）区域比较法

采用区域比较法可将两地或多地的不同类型或者同类型的旅游资源进行对比、评价，得到旅游资源的一般特征和独特性，为旅游资源开发决策提供依据。

（五）分类分区法

调查区内不同的旅游资源，特征和美感各异。对调查区内的旅游资源按形态特征、内在属性、美感、吸引性等加以分类，并与同类型或者不同类型旅游区域内的旅游资源进行比较、评价，得出该区域旅游资源的种类、一般特征与独特性、质量与差异性等，以便制订开发规划和建立资源信息库。

（六）遥感调查法

遥感技术已经在许多领域得到了很好的应用，为科学考察提供了便利。遥感技术在旅游学科也有了初步的应用，并取得了一定效果。旅游资源地域分布广、变化快、信息量大，传统的旅游资源调查方式效率低、费时、费力，地势险峻地区因调查人员无法进入而成为死角。而应用遥感技术，根据遥感多波段信息的差异，建立对应解译标志，分类识别出不同的旅游资源类型，即可分别进行各资源的数量、质量和分布特征的分析评价，并可在人迹罕至、不便调查的地区达到同样的效果。如微波遥感可以穿透雨林、土壤、雪等覆盖层探测地表覆盖物以下的地貌、矿体、喀斯特溶洞、地下暗河及湖泊等。

小贴士

通过遥感解译可以形成旅游图，这种地图图面清晰易读、色泽明快，旅游者能从图上迅速而准确地判定所在位置。利用遥感图像可以制作较大比例尺的景点扩大图，可以充分表示景点内部结构与特征。国内已有几个地区制作了遥感影像导游图，如桂林工学院利用 Landsat 卫星影像编制了桂林导游图，北京市测绘院也利用 Landsat-5 卫星的 TM 影像绘制了《北京卫星影像旅游地图》。1997年，西南林学院运用 Landsat-5 的 TM4、3、2 合成的假彩色影像进行遥感调查，从影像上能看到金沙江、澜沧江和怒江"三条大江向南奔腾并进"的壮观场面，其中金沙江还回首北流。

（资料来源：孙家抦. 遥感原理与应用 [M]. 武汉：武汉大学出版社，2003.）

第二节　旅游资源评价

一、旅游资源评价的含义和目的

（一）旅游资源评价的含义

旅游资源评价就是在旅游资源调查的基础上，选择某些因子，运用一定的方法对旅游资源的价值进行科学的评判和鉴定。旅游资源评价是旅游地建设的前提和重要环节。

（二）旅游资源评价的目的

旅游资源评价的目的主要有三：一是通过对旅游资源类型、数量、结构、功能、性质的评价，确定旅游资源的质量水平，评估其在旅游地旅游资源开发中的地位，为旅游资源开发提供依据；二是通过对旅游资源规模的评价和鉴定，确定旅游地类型，为国家和地区进行分级规划和管理提供资料和判断标准；三是通过区域旅游资源现状和开发利用条件的综合评价，为合理利用资源、发挥整体宏观效应提供依据。

二、旅游资源评价的原则

旅游资源评价要尽可能公正客观，就要遵循一定的原则。

（一）客观原则

旅游资源是客观存在的事务，其外在表现、价值内涵也是客观存在的，在评价时必须从客观实际出发，实事求是地进行科学的评价，不能任意进行夸大或者缩小。不同的人对同一事物的评价往往会由于自身的认知不同而不一样，对资源的评价必须尽可能抛开个人主观因素的影响，秉承客观原则做出最真实的评价。

（二）科学原则

旅游资源的评价和调查一样，必须要有严谨的态度，采取科学的方法和工具对旅游资源进行评价。应充分运用地理学、历史学、美学、经济学、数学等学科的方法对旅游资源进行综合评价，既要有定性的描述，也要有定量的数据统计。对于民间流传的一些传说，要合理进行评价和科学的解释，既要做到不传播迷信思想，又要寓教于游。

（三）全面原则

旅游资源的形式和价值都是多方面的。就价值而言，有观赏、文化、社会、科学、经济、美学等价值；功能有观光、科考、娱乐、休闲、健身、医疗、探险、商务等。有些可通过其外在形式直接评价，有些需要结合当地历史、社会和资源的特殊内涵进行评价。不管是哪一种资源，都需要综合衡量、全面完整地进行系统的评价，才能保证评价的结果具有可参考性。

（四）精简原则

旅游资源评价以大量的一手资料作为评价基础，资料数量庞大，种类繁多，在评价时必须对其分门别类，分别描述，且必须言语精炼，直白易懂，高度概括，一目了然。

三、旅游资源评价的内容

（一）旅游资源自身评价

1. 旅游资源的特色

这是吸引游客的关键因素。从旅游心理学角度来说，追求异趣是产生旅游动机的一个主要因素，同时是一个地区开发旅游资源、发展旅游业的内在动力，在评价时应该特别注意。

2. 旅游资源的价值和功能

旅游资源的价值有观赏、文化、社会、科学、经济、美学等价值，功能有观光、科考、娱乐、休闲、健身、医疗、探险、商务等功能，在评价中要注意这些功能的体现，并且明确哪些价值和功能是该地区的核心价值和功能，应重点进行评价。

3. 旅游资源的密度和地域组合

一般来讲，孤立的独个景观，开发价值和游客吸引力明显不如旅游景观组合。从游客心理这个角度来讲，在作旅游决策时更愿意一地多游，特别是一些距离较远，景观又很独特的区域，如果一次旅游能看到几个景观，旅游满意度会更高。我国著名的旅游线路基本都是旅游环线、旅游带或者旅游景区组合，如有着"亚洲第一瀑"之称的黄果树瀑布景区，就不仅仅只有一个大瀑布，而是由三个景观组成的一个旅游景观组合。

4. 旅游资源容量

旅游资源容量又称旅游资源承载力，是指在保持旅游资源质量的前提下，一定时间内旅游资源所能容纳的旅游活动量。它反映旅游区资源空间承载力的大小，是旅游业发展的基本条件。无论在哪个旅游场所，进行何种旅游活动，只有当每个游人占有的面积达到某一标准时，才可能保证其自由自在地游赏，活动不受干扰，可以充分领略和体会旅游资源的底蕴，游人才能获得心理满足；也只有当旅游资源不受明显损伤、旅游环境质量不明显下降时，游人的心理才能得到满足，健康和安全才不受到影响和威胁。以此为依据确定的旅游资源容量被称为旅游空间容量。依据上述三因素，一般情况下可利用下述公式来计算某一基本旅游空间的旅游空间容量。

$$C_i = X_i \times Z_i / Y_i \tag{8-1}$$

式中　C_i——某旅游空间容量（人次/日）；

　　　X_i——某旅游空间面积（m^2）；

　　　Y_i——人均最低占用面积（m^2）；

　　　Z_i——日周转率。

计算旅游资源空间容量的关键问题在于人均最低空间标准的确定。它因旅游资源性质和旅游活动方式不同而不同。例如体育竞技、节庆活动、集市庙会和部分文艺表演等允许，也应当熙来攘往，欢声雷动，否则会因没有气氛而扫人兴致；而文物和艺术展览等，则需要保持环境幽静，需要保证参观者有充裕的时间去品评玩味，其容量便较低；同是水上活动，游船比游泳所需面积大，快速机动船艇所需面积更大；同是游览，在长城上所需面积较风景区为小，因为此时游人主要观赏的是长城壮观的气势和周围景色。中国古代园林最初的设计都是为少数人服务的，现在也只有在游人较少时才能充分体会其意境。在封闭、半封闭的空间（如洞穴、石窟、陵寝的地宫等），以及风景区内的险要地段，更应严格限制游人数量，以保护旅游资源免遭损害和游人的健康与安全。

（二）旅游资源开发利用现状评价

通过对旅游资源开发的利用现状进行评价，可以明确可开发利用的旅游资源和不宜进行开发利用的旅游资源。我国的旅游资源丰富，景色奇特，但是面对日益增长的旅游人数与旅游需求，如何正确与可持续地开发这些旅游资源、如何在经济利益与环境保护之间做出抉择，需要通过科学的评价找出解决的方法，以便为下一步的开发利用和保护提供参考。

（三）旅游资源开发利用的环境条件评价

旅游资源开发利用的环境影响旅游资源价值和功能的发挥，因此在评价阶段，环境评价也必不可少。旅游资源开发利用的环境包括区位环境、自然环境、人文环境、客源环境、政治环境和施工环境。

（四）旅游资源开发序位建议

完成前三项评价之后，应根据已经得到的评价结果，确定其开发的难易程度及不同类型资源间的关联程度，做出一个总的旅游资源开发的序位排列，确定各项资源开发的先后顺序。

四、旅游资源评价的方法

旅游资源评价是一项极其复杂而重要的工作，由于评价的目的、资源的赋存条件、开发导向等不同，可采用不同的评价方法，大体可分为定性评价和定量评价两大类，在具体应用时根据情况采用定性与定量评价相结合的方法比较理想。

（一）定性评价

定性评价法使用广泛，形式多样，内容丰富，是在旅游资源调查的基础上，根据调查者的印象所作的主观评价，多采用定性描述的方法，评价的结果主要与评价者的经验与水平有关，因此也叫作经验评价法。该方法简单易行，对数据资料和精确度要求不高，但不可避免地存在结论的非精确性和推理过程的相对不确定性。定性评价法主要有"三三六"评价法和"六字七标准"评价法。

1. 卢云亭的"三三六"评价方法

"三大价值"指旅游资源的历史文化价值、艺术观赏价值、科学考察价值。

"三大效益"指旅游资源开发之后的经济效益、社会效益、环境效益。

"六大开发条件"指旅游资源所在地的地理位置和交通条件、景象地域组合条件、旅游环境容量、旅游客源市场、投资能力、施工难易程度等六个方面。

2. "六字七项标准"评价法

"六字"指美、古、名、特、奇、用。"美"是指旅游资源给人的美感，"古"为有悠久的历史，"名"是具有名声或与名人有关的事物，"特"指特有的、别处没有的或少见的稀缺资源，"奇"表示给人新奇之感，"用"是有应用价值。

"七项标准"指对旅游资源所处环境，对季节性、环境污染状况、与其他旅游资源之间的联系性、可进入性、基础结构、社会经济环境、客源市场等七个方面进行评价。

（二）定量评价

根据一定的评价标准和评价模型，以全面系统的方法，将有关旅游资源的各评价因子予以量化，使其结果具有可比性。

较之定性评价，结果更直观准确。但是定量评价难以动态地反映旅游资源的变化，对一些无法量化的因素难以表达，且评价过程较为复杂。主要有以下几种方法。

1. 单途径单因子评价法

选用某个评价途径的某个指标进行评价的方法即为单途径单因子评价法。这种方法一般多见于对自然旅游资源的评价，特别是对于开展专项旅游活动的评价，如登山、滑雪等尤为适用。比较有影响的旅游要素的单途径单因子评价有日本洛克计划研究所的地形适宜性评价，乔戈拉斯的海滩和海水浴场的评价，美国土地管理局的滑雪旅游资源评价，我国的气候的适宜性评价。

2. 单途径多因子评价法

选用一个评价途径的多个指标进行评价的方法即为单途径多因子评价法。此法比较简单，在旅游资源类型单一的情况下有较好的评价效果。

3. 多途径综合评价法

选用两个或两个以上评价途径的指标进行评价的方法即为多途径综合评价法。此法能对旅游资源进行全面的评价，比单因子评价法更能接近实际情况或者说更能降低犯错误的概率，因此建议在条件允许的情况下优先选择多因子评价法。

4. 因子综合评价法

该方法首先是给出各个因子的具体指标值，再按照各因子的相对重要性赋予不同的权重，求出总的综合指数值，最后按评价标准划分不同的评价等级。其计算公式为：

$$I_{CP} = \sum_{i=1}^{n} \omega_j L_{pij}/n \tag{8-2}$$

式中 ω_j——参数的权重；

L_{pij}——某类因子（指标）具体值。

根据计算结果，参照相应的评价标准，即可得到评价结果。

5. 因子加权加和法

因子加权加和法具有补偿性，个别指标下降会因其他指标上升而使总和不变，故该法仅适用于同类型指标评价。因为如果是进行综合评价或考虑最小限制因子的作用，所有指标中任何一项指标较低，总评价结果都不可能高，故可采用边乘法来计算。

$$I_{CB} = \prod_{i=1}^{n} I_{DI}^{\lambda i} \tag{8-3}$$

6. 模糊评价法

该方法是基于模糊数学的理论，给每一个评价因素赋予评语，将该因素与系统的关系用0~1之间连续值中的某一数值来表示。其具体工作程序是：建立评价因素集——确定模糊关系——分组综合评价——总体综合评价。

模糊评价法最具代表性的研究成果是罗成德（1994）运用模糊评价法以地表岩石、构造、侵蚀速度、地貌组合、旅游环境、知名度、愉悦感或奇异感七项因子对旅游地貌资源进行打分，对峨眉山、张家界等10个景区（点）进行评价。首先，建立聚类因子模糊评分标准，根据旅游地貌资源方程，对7个自变量因子赋分；然后对于峨眉山、张家界等10个景区（点）按7个指标分等定分；接着建立模糊相似矩阵，计算模糊等价关系矩阵；最后，进行模糊聚类，对模糊等价关系矩阵取不同置信水平λ进行聚类，根据λ不同的取值范围，即可将旅游景区（点）的旅游地貌资源综合评价分为若干等级。

7. 层次分析评价法

按照各类因素之间的隶属关系把它们分为从高到低的若干层次，建立不同层次因素之间的相互关系，根据对同一因素相对重要性的相互比较结果，决定层次各因素重要性的先后次序，以此作为决策的依据。基本步骤为：建立层次结构模型（划分目标层、准则层、指标层等）——→构造判别矩阵（可由客观数据、专家意见或分析者的综合获得）——→排序及检验（求上述矩阵的特征根和特征向量）——→层次总排序——→一致性检验。

8. 主成分分析评价法

主成分分析评价法是将多维信息压缩到少量维数上，构成线性组合，并尽可能反映最大信息量，从而以尽可能少的新组合因子（主成分）反映参评因子之间的内在联系和主导作用，从而判定出客观事物的整体特征。

五、旅游资源评价的程序

旅游资源评价的内容确定后，首先确定各评价因子的权重，然后获得各评价因子的评估值。

（一）确定各评价因子的权重

1. 确定评价因子

评价因子的选择与确定是科学评价的关键，因此在选择评价因子时要本着代表性和重要性的原则，选择对旅游资源开发价值有重要影响的因子；层次性和系统性的原则是指要明确评价因子的层次关系，并形成一个具有层次网络结构的评价因子体系；唯一性和区分性的原则是指评价因子相互之间应该是并列平行关系，因子不能重叠与兼容，要有唯一性和可区分性。

2. 建立评价因子权重系统

旅游资源综合评价的关键和重点就是给定评价因子予以恰当的权重值，各评价因子权重的获得，常常采用德尔菲法：可请地理、建筑、经济、旅游管理等有关行业专家20～30人，直接咨询其各评价因子的权重值。然后采用所有专家的平均意见为平均因子权重值；此法亦可分为几轮进行，最终得出评价因子结果。也可不要求专家评价出评价因子的权重值，而要求就相对重要性进行比较，给出定性的结论，然后将其量化，运用数学方法处理后获各评价因子的权重值。

（二）旅游资源因子评价

1. 评价因子指标分级

根据评价因子的含义及重要程度，进行模糊等级划分，每一个等级都应有具体描述。

2. 评价因子量化打分

评价因子的评分值一般满分取 10 分,也可用连续的实数 0~10 来表示因子分值的变化范围,也可将其划分为不同档次,给予不同分值。

3. 计算评价值

对每一因子评价后,进行综合评价值的计算,综合评价值一般取 100 分。

4. 评价等级划分

根据旅游资源评价总分,一般可将旅游资源划分为特品级、优良级和普通级。

第三节 旅游资源评价国家标准

在 GB/T 18972—2003 的基础上,相关部门利用旅游资源定义、价值、应用等的最新研究成果对其进行了修订,形成了新的国家标准《旅游资源分类、调查与评价》(GB/T 18972—2017)。新标准于 2017 年 12 月 29 日发布,自 2018 年 7 月 1 日起实施。

一、总体要求和评价体系

旅游资源评价按照国家标准中的旅游资源分类体系,有调查组采用打分评价方法对旅游资源单体进行评价。

(一)评价体系

依据"旅游资源共有因子综合评价系统"赋分。本系统设"评价项目"和"评价因子"两个档次。评价项目为"资源要素价值""资源影响力""附加值"。其中:"资源要素价值"项目中含观赏游憩使用价值、历史文化科学艺术价值、珍稀奇特程度、规模、丰度与概率、完整性等五项评价因子。"资源影响力"项目中含知名度和影响力、适游期或使用范围等两项评价因子。"附加值"含环境保护与环境安全 1 项评价因子。

(二)计分方法

评价项目和评价因子用量值表示。资源要素价值和资源影响力总分值为 100 分,其中,资源要素价值为 85 分,资源影响力为 15 分,分配如下:观赏游憩使用价值 30 分,历史科学文化艺术价值 25 分,珍稀或奇特程度 15 分,规模、丰度与概率 10 分,完整性 5 分,知名度和影响力 10 分,适游期或使用范围 5 分。

"附加值"中的环境保护与环境安全,分正分和负分。

每一评价因子分为 4 个档次,其因子分值相应分为 4 档。根据对旅游资源单体的评价,得出该单体旅游资源共有综合因子评价赋分值。旅游资源评价赋分标准如表 8-1 所示。

表 8-1 旅游资源评价赋分标准

评价项目	评价因子	评价依据	赋值
资源要素价值（85分）	观赏游憩使用价值（30分）	全部或其中一项具有极高的观赏价值、游憩价值、使用价值	30~22
		全部或其中一项具有很高的观赏价值、游憩价值、使用价值	21~13
		全部或其中一项具有较高的观赏价值、游憩价值、使用价值	12~6
		全部或其中一项具有一般观赏价值、游憩价值、使用价值	5~1
	历史文化科学艺术价值（25分）	同时或其中一项具有世界意义的历史价值、文化价值、科学价值、艺术价值	25~20
		同时或其中一项具有全国意义的历史价值、文化价值、科学价值、艺术价值	19~13
		同时或其中一项具有省级意义的历史价值、文化价值、科学价值、艺术价值	12~6
		历史价值或文化价值或科学价值或艺术价值具有地区意义	5~1
	珍稀奇特程度（15分）	有大量珍稀物种或景观异常奇特，或此类现象在其他地区罕见	15~13
		有较多珍稀物种或景观奇特，或此类现象在其他地区很少见	12~9
		有少量珍稀物种或景观突出，或此类现象在其他地区少见	8~4
		有个别珍稀物种或景观比较突出，或此类现象在其他地区较多见	3~1
	规模、丰度与概率（10分）	独立型旅游资源单体规模、体量巨大；集合型旅游资源单体结构完美、疏密度优良；自然景象和人文活动周期性发生或频率极高	10~8
		独立型旅游资源单体规模、体量较大；集合型旅游资源单体结构很和谐、疏密度良好；自然景象和人文活动周期性发生或频率很高	7~5
		独立型旅游资源单体规模、体量中等；集合型旅游资源单体结构和谐、疏密度较好；自然景象和人文活动周期性发生或频率较高	4~3
		独立型旅游资源单体规模、体量较小；集合型旅游资源单体结构较和谐、疏密度一般；自然景象和人文活动周期性发生或频率较小	2~1
	完整性（5分）	形态与结构保持完整	5~4
		形态与结构有少量变化，但不明显	3
		形态与结构有明显变化	2
		形态与结构有重大变化	1

续表

评价项目	评价因子	评价依据	赋值
资源影响力（15分）	知名度和影响力（10分）	在世界范围内知名，或构成世界承认的名牌	10~8
		在全国范围内知名，或构成全国性的名牌	7~5
		在本省范围内知名，或构成省内的名牌	4~3
		在本地区范围内知名，或构成本地区名牌	2~1
	适游期或使用范围（5分）	适宜游览的日期每年超过300天，或适宜于所有游客使用和参与	5~4
		适宜游览的日期每年超过250天，或适宜于80%左右游客使用和参与	3
		适宜游览的日期超过150天，或适宜于60%左右游客使用和参与	2
		适宜游览的日期每年超过100天，或适宜于40%左右游客使用和参与	1
附加值	环境保护与环境安全	已受到严重污染，或存在严重安全隐患	−5
		已受到中度污染，或存在明显安全隐患	−4
		已受到轻度污染，或存在一定安全隐患	−3
		已有工程保护措施，环境安全得到保证	3

（三）旅游资源评价等级指标

依据旅游资源单体评价总分，将其分为五级，从高级到低级为：五级旅游资源，得分值域≥90分；四级旅游资源，得分值域75~89分；三级旅游资源，得分值域60~74分；二级旅游资源，得分值域45~59分；一级旅游资源，得分值域30~44分。

此外还有未获等级旅游资源，得分≤29分。其中：五级旅游资源称为"特品级旅游资源"，五级、四级、三级旅游资源通称为"优良级旅游资源"，二级、一级旅游资源被通称为"普通级旅游资源"。

二、旅游资源调查和评价文（图）件内容编写

（一）基本要求

全部文（图）件包括《旅游资源调查区实际资料表》《旅游资源图》《旅游资源调查报告》。旅游资源详查和旅游资源概查的文（图）件类型和精度不同，旅游资源详查需要完成全部文（图）件，包括填写《旅游资源调查区实际资料表》，编绘《旅游资源地图》，编写《旅游资源调查报告》；旅游资源概查要求编绘《旅游资源地图》，其他文件应根据需要选择编写。

（二）文（图）件产生方式

1. 《旅游资源调查区实际资料表》的填写

在调查区旅游资源调查、评价结束后，由调查组填写。按照《旅游资源分类、调查与

评价》(GB/T 18972—2017) 附录 C 规定的栏目填写，栏目内容包括：调查区基本资料，各层次旅游资源数量统计，各主类、亚类旅游资源基本类型数量统计，各级旅游资源单体数量统计，优良级旅游资源单体名录，调查组主要成员，主要技术存档材料。

2.《旅游资源图》的编绘

（1）类型。"旅游资源图"，表现五级、四级、三级、二级、一级旅游资源单体；"优良级旅游资源图"，表现五级、四级、三级旅游资源单体。

（2）编绘程序与方法

1）准备工作底图。

①等高线地形图。比例尺视调查区的面积大小而定，较大面积的调查区为 1 : 50 000 ~ 1 : 200 000，较小面积的调查区为 1 : 5 000 ~ 1 : 25 000，特殊情况下为更大比例尺。

②调查区政区地图。

2）在工作底图的实际位置上标注旅游资源单体（部分集合型单体可将范围绘出）。单体符号一侧加注旅游资源单体代号或单体序号，各级旅游资源使用如表 8-2 所示的图例。

表 8-2 旅游资源图图例

旅游资源等级	图例	使用说明
五级旅游资源	★	1. 图例大小根据图面大小而定，形状不变。 2. 自然旅游资源（旅游资源分类中主类 A、B、C、D）使用蓝色图例；人文旅游资源（旅游资源分类表中主类 E、F、G、H）使用红色图例。
四级旅游资源	■	
三级旅游资源	◆	
二级旅游资源	▲	
一级旅游资源	●	

3.《旅游资源调查报告》的编写

各调查区编写的旅游资源调查报告，基本篇目如下。

前言

第一章　调查区旅游环境

第二章　旅游资源开发历史和现状

第三章　旅游资源基本类型

第四章　旅游资源评价

第五章　旅游资源保护与开发建议

主要参考文献

附图：《旅游资源图》或《优良级旅游资源图》。

★ 实例解析

南岳衡山旅游资源调查与评价

南岳衡山为五岳名山，历史与山川的融合，使自然景观与人文景观交相辉映，相得益彰。自然景观丰富奇特且具有不可替代性，也是一个久负盛名的文明奥区，佛道儒共存共荣的宗教文化之盛为他山罕见，"地脉天成，文脉共生"的寿文化品牌已成雏形。其生态旅游资源具有自然与人文渗透融合的特性,同时又兼具风景名胜区暨自然保护区的共性。

一、南岳衡山概况

(一) 历史及现状

南岳古属荆州之域,战国中期属楚,秦属长沙郡,汉属湘南县,三国属吴之衡阳县。晋惠帝永熙元年(290年),衡阳县更名衡山县,南岳属之。此后,南岳隶属均随衡山县异动。1949年10月7日,南岳解放。南岳管理局及驻南岳的衡山县政府均被衡山县人民政府查封,南岳隶属衡山县管辖。1950年恢复南岳管理局,专管风景名胜及山林。1951年2月,撤南岳管理局,建南岳特别区,为县级行政机构之始,仍隶省民政厅。1963年5月,撤管理局,建南岳县,隶属、行政不变。1966年2月撤南岳县,仍归衡山县管辖。1975年2月,重建衡山县南岳管理局,为县辖区一级机构。1982年升格为县级单位,隶属省政府办公厅。1984年5月,建县级南岳区,隶属衡阳市,为市辖区,与湖南省南岳管理局并存,两块牌子,一套人马合署办公。1990年5月,国务院批准南岳区为革命老区。

(二) 地理位置及概况

南岳景区位于湖南省中部偏东南丘陵山区,衡阳市北部,在东经112°45′~112°50′,北纬27°12′~27°40′之间。距省会长沙136千米,衡阳市区50千米,京广铁路20千米,京珠高速公路紧邻,107国道穿境而过。区境东、南、北三面依次与衡山县的福田、沙泉、师古、祝融、马迹、东湖、望峰、岭坡等8个乡镇接壤,西面抵衡阳县界牌,全南岳区总体面积181.5平方千米,旅游中心景区的面积达到了85平方千米,南岳城区面积5平方千米,呈北、东、西三面环山的马蹄形,为湖南省最小的县级区。

(三) 地形地貌及山水特征

南岳是一座孤山,山体连绵起伏,系中山地貌,最低海拔80米,最高海拔即祝融峰1 289.8米,为衡阳市境内的最高点。山脉呈北北东至南南西走向,由东北向西南倾斜。坡度一般为30°~40°,南端边缘悬崖地带坡度最大可达60°以上。其地貌类型分为构造地貌、侵蚀地貌和堆积地貌,主要表现为山地、丘陵、岗地、平原。分布状况为:南岳山体主要部分海拔在300米以上者为构造地貌;侵蚀地貌主要分布于南岳山主体周围,多为100~300米的丘陵地带;堆积地貌多分布于沿河及山麓地带的河流出口处,以及部分窝瓶状宽谷带内。其地貌主要特征表现如下。

(1) 地貌类型多样而以山地丘岗为主。南岳衡山72峰中在区境内有43峰,峰峦溪谷交错相间,溪谷之间夹有狭窄小型盆地。其中山地占64.5%,丘岗占23.3%。

(2) 阶梯层状结构明显。境内地势中高周低,由海拔1 000米以上,800米、500米、150~200米分别构成四级阶梯状。

(3) 断层地貌发育。山体两侧皆有断层,凡两级阶梯交界处都有悬谷存在,若有水流则形成瀑布。

(4) 地表破碎,岩洞石蛋遍布。因境内降水丰富,地表水流冲刷严重,形成众多沟谷,河网冲沟密度达2.5千米/平方千米。南岳水系属湘江流域,有50多条溪流发源于南岳山中,呈放射状。

(四) 交通概况及发展

南岳衡山地处湖南省南部的衡阳市范围内,衡阳市为湖南省第二大城市,具有十分优越的地理区位，地处湖南东部湘江经济走廊中点，湘中长、株、潭经济金三角的南侧和衡、永、郴经济银三角的顶端。南联两广近港澳，北出洞庭可通江达海，东出为闽赣之地，西往可通云贵川大西南，是沿海的内地，内地的前沿，107国道穿越区境南北。衡阳作为全国45个交通枢纽城市之一，以京广、武广、京珠等大动脉为主轴，形成1个机场、1条千吨级黄金水道、8条高速、9条铁路的"1189"立体交通格局。

二、南岳衡山旅游资源分类与评价

（一）南岳衡山旅游资源类型

根据国家质量监督检验检疫总局颁发的《旅游资源分类、调查与评价》（GB/T 18972—2003）标准对南岳生态旅游资源进行综合分析与比较分析，结果表明南岳生态旅游资源共有8个主类，18个亚类，29个基本类型，如表8-3和表8-4所示。

表8-3　南岳衡山旅游资源统计

系列	标准数目	数目	调查区占比/%
主类	8	8	100
亚类	31	18	54.8
基本类型	155	29	18.7

1. 自然旅游资源

南岳自然风光秀丽多姿，"仰望群峰，壮若阵云；帆随湘转，九向九背"，构成七十二峰山水连绵、壮伟的宏观胜景；而层峦叠嶂之中，有三海、四绝、五峰、九潭、九池、九溪、十五洞、二十四泉、三十八岩诸景点，加上异兽珍禽，琪花瑶草，汇而凝聚为无数的微观风光，令人赏心悦目；飞瀑流泉，山清谷幽，高山平湖，风光旖旎，一幅宁静优美自然酣畅的风景画卷。这些为南岳生态旅游的开发提供了资源优势。

（1）群峰怪石资源。南岳是以花岗岩断块组成的峰林状地垒中山地貌。境内有山峰44座，海拔多在500米以上，其中海拔高度超过1 000米的山峰19座，以祝融、紫盖、天柱、石廪、芙蓉最为有名，旧称"衡岳五峰"。

（2）古树名木资源。南岳总面积11 991.6公顷，森林覆盖率为78.8%，其中核心区90.7%。南岳植物种类繁多。苔藓植物共计48科、101属、152种，其中苔类18科、20属、26种，藓类30科、81属、126种。维管植物共计163科、579属、1 122种，另有栽培植物2科、14属、32种，其中，蕨类植物27科、46属、72种，裸子植物5科、8属、10种，被子植物131科、525属、1 040种（双子叶植物114科、433属、875种，单子叶植物17科、92属、165种）。南岳有古树名木45科、109种，其中100年以上2 936株、250年以上753株、500年以上92株。

（3）气候气象资源。南岳属于亚热带季风山地湿润气候，具有冬无严寒、夏无酷暑、雨量充沛的气候特色；气候垂直差异明显。南岳气候具有明显的亚热带季风山地湿润气候特征，光、热、水资源丰富，气候类型多样。气候具有随高度变化而变化的特点，形成了南岳独特的气候景观：低温潮湿、风大雷频、冰冻多雾、冬长无盛夏，适合冬观雪景、夏避暑。南岳素有春观花潮、夏看烟云、秋望日出、冬赏雾凇等四季景致。

（4）溪流泉瀑资源。南岳溪流泉瀑布众多，流淌于幽林翠谷之中，山因水而林茂，林茂因山而秀，郁郁葱葱，蔚成林海、花海之大观，故有"独秀"之称。水源洞之奇、灵芝泉之巧夺天工、华严湖之碧波环翠、龙凤溪之奇幻峭丽、五岳溪之蜿蜒奇异、干龙溪之清幽险峻、黑龙潭之清澈神秘、卧虎潭之野趣横生、虎跑泉之清冽甘甜及龙池蛙会的壮观等各具特色的水体景观与连绵的山峰相互映衬，以山势陡峭、道路险峻、山谷幽深、溪流蜿蜒、瀑布飞旋、涧水潺潺、树木葱茏、奇花异草为主要景观特色，倍添生机和雅趣，构成一幅幅具有抑扬顿挫的节奏变化的风景画。

2. 人文旅游资源

南岳衡山是我国五岳名山之一，素有"五岳独秀""文明奥区"的美誉。南岳衡山有数千年的文明史，蕴藏着丰富的人文旅游资源。

（1）宗教文化旅游资源。南岳大庙将佛道儒共存的繁荣景象体现得最为淋漓尽致。它是我国南方规模最大、总体布局最完整的官殿式古建筑群之一，集佛教寺院、道教宫观、民间寺庙及皇宫建筑于一体，扬北方园林之雄伟，存南方园林之清秀，布局严谨，气势恢宏，与泰安岱庙、开封中岳庙齐名于世，占地98 500平方米，布局是北京故宫的缩影。庙贯轴线、层次分明、左右对称、抑扬开合、高低起伏、和谐有序、匠心独具，是儒家文化的体现，其权星门与奎星阁也是儒家文化的象征；东道八观，西佛八寺，佛道儒共存共荣的宗教文化不但共存于一山，且融合于一庙，堪称宗教文化之一绝。此外，福严寺中供奉南岳圣帝、祝融殿中供奉慧思大师等均是南岳佛道同尊共荣独特性的真实映照。

（2）建筑雕刻人文旅游资源。南岳的建筑千姿百态，祠、庙、寺、观、殿、庵、陵、塔、亭、台、楼、阁、桥、路，各具特色。南岳庙是我国南方最大的古建筑群，是中国建筑史上的典范之作。忠烈祠仿南京中山陵建造，富有民族特色。民间的马头青瓦建筑皆为明清时期风格，融入了地方文化特点。同时由于南岳为花岗岩山体，历代人文荟萃，保留了大量的石刻艺术，成为南国少有的艺术博物馆。这里有神州第一碑——禹碑，历代名人、僧人、道人留有大量书法精品，时间跨越大，门类多种多样，楷、行、隶、草、篆皆有。如唐代的李泌、颜真卿、柳宗元，宋代的张孝祥、黄庭坚，明代的湛若水、顾璘、张元、谭元春、王夫之，清代的彭玉麟、李元度，民国的何健、张治中、宋哲元、邹鲁等都留有石刻。

（3）书院楹联人文旅游资源。南岳衡山的书院众多，曾国藩《重修胡文定公书院记》云："天下之书院，楚为盛，楚之书院，衡为盛。"据《湖南通志》记载，光绪年间，南岳衡山有邺侯、卢潘、韦宙、文定、景行、南轩、集贤、甘泉、白沙、东廊等17个书院，包括衡山、衡东范围，前后书院达27所。南岳书院最早的为邺侯书院，为纪念李泌而建。最有影响的是文定书院，宋代胡安国、胡宏父子在此著述讲学，开创湖湘学派，成为湖湘文化的发源地。同时，由于南岳的祠、庙、观、殿、亭、台、楼、阁众多，留有大量的楹联，形成了南岳楹联文化。

（4）名人墓庐遗址旅游资源。岳有不少名僧、名人的墓庐，如福严寺慧思的三生塔、磨镜台的七祖怀让"最胜轮塔"、南台寺石头希迁"见相墓塔"、紫盖峰的李皓白墓，山上保存的宋、明至现代高僧墓塔有墓碑可考的有50处以上。忠烈祠是中国大陆最大的纪念抗日阵亡将士大型烈士陵园。同时，南岳地下文物丰富，有园艺场的新石器时代遗址、商周文化遗址，师古桥的新石器时代遗址。1987年在荆田村还发现东晋墓葬群。

表8-4 南岳旅游资源类型统计

主类	亚类	基本类型
A 地文景观	AA 综合自然旅游地	AAA 山丘型旅游地：祝融峰 AAB 谷地型旅游地：麻姑仙境、梵音谷
	AC 地质地貌过程形迹	ACD 石（土）林：穿岩诗林 ACE 奇特与象形山石：狮子岩石、飞仙石、会仙桥、皇帝岩 ACF 岩壁与岩缝：黄巢试剑石
B 水域风光	BA 河段	BAA 观光游憩河段：龙凤溪风光带、干龙溪、五岳溪、止观溪
	BB 天然湖泊与池沼	BBA 观光游憩湖区：华严湖 BBC 潭池：龙池、黑龙潭、卧虎潭
	BC 瀑布	BCA 悬瀑：水帘洞
	BD 泉	BDZ 天然泉：灵芝泉、虎跑泉
C 生物景观	CA 树木	CAA 林地：无碍林、竹海 CAC 独树：古银杏、绒毛皂荚、明樟、宋柏、同根生、连理枝、摇钱树、古白玉兰、迎客松、云锦杜鹃
	CC 花卉地	CCB 林间花卉地：树木园
D 天象与气候景观	DB 天气与气候现象	DBE 物候景观：春观花潮、夏看烟云、秋望日出、冬赏冰琼、冬日雾凇
E 遗址遗迹	EA 史前人类活动场所	EAA 人类活动遗址：师古桥、园艺场
	EB 社会经济文化活动遗址遗迹	EBB 军事遗址与古战场：双忠亭、率武亭、圣经学校、胜利牌坊 EBF 废城与聚落遗迹：禹王城
F 建筑与设施	FA 综合人文旅游地	FAC 宗教与祭祀活动场所：南岳大庙、朱陵洞天、祝圣寺、南台寺、福严寺、十方玄都观、黄庭观、高台寺、上封寺、方广寺、藏经殿、广济寺、大庙东八宫、西八庙、祝融峰、磨镜台 FAE 文化活动场所：万寿大鼎广场
	FC 景观建筑与附属型建筑	FCA 佛塔：金刚舍利塔 FCG 摩崖字画：天下南岳、五岳独秀、雍容大雅、祖源、寿岳、还丹赋、极高明
	FD 居住地与社区	FDA 传统与乡土建筑：南岳牌坊、南天门 FDE 书院：邺侯书院
	FE 归葬地	FEA 陵区陵园：忠烈祠 FEB 墓（群）：怀让墓

续表

主类	亚类	基本类型
G 旅游商品	GA 地方旅游商品	GAA 菜品饮食：雁鹅菌、云雾茶、猕猴桃、观音笋、腐乳、佛门斋席 GAD 中草药材及制品：清热解毒类、清热利湿类、祛风寒湿类、活血止血类、止咳定喘类、镇静催眠类、清肝明目类、利水通淋类、拔毒止痒类、散癖化结类、蛇虫咬伤类、防癌类、黄精 GAE 传统手工产品与工艺品：竹木根雕工艺品、花岗岩工艺制品、紫砂陶、仿制保健凉席、宗教用品、武术健身娱乐装饰工艺品
H 人文活动	HC 民间习俗	HCA 地方风俗与民间礼仪：祭祀文化、香期、新春朝圣、庙会
	HD 现代节庆	HDB 文化节：南岳寿文化节

注："BDZ 天然泉"为国标中没有的基本类型，为自身添加。

（二）南岳衡山旅游资源定量与定性评价

1. 南岳衡山旅游资源定量评价

根据对单体旅游资源的赋值标准，对南岳衡山大部分单体旅游资源赋值评分得出南岳衡山旅游资源分级评价，如表8-5所示。

表8-5 南岳衡山旅游资源分级评价表

级别	单体名称
五级	祝融峰、南岳大庙、祝融殿
四级	黄帝岩、磨镜台、龙凤溪、无碍林
三级	麻姑仙境、穿岩诗林、飞仙石、干龙溪、五岳溪、止观溪、水帘洞、严湖、灵芝泉、竹海、古银杏、绒毛皂荚、树木园、冬赏冰琼、冬日雾凇、祝圣寺、福严寺、南台寺、上封寺、方广寺、藏经殿、玄都观、黄庭观、怀让墓、金刚舍利塔、忠烈祠、万寿大鼎广场
二级	梵音谷、会仙桥、龙池、黑龙潭、卧虎潭、金秋望日、同根生连理枝、春观花潮、夏看云海、禹王城
一级	狮子岩、试剑石、虎跑泉、明樟、宋柏、摇钱树、古白玉兰、迎客松、云锦杜鹃、"极高明"石刻

2. 南岳衡山旅游资源的定性评价

（1）资源种类齐全、数量丰富、高质量景点（区）较少。从不同级别的旅游景点（观）的数量来看，南岳旅游资源种类齐全，丰富，数量多，高质量的旅游景点（区）数量不多，四、五级景点（区）总共才7处。

（2）自然旅游资源与人文旅游资源交相辉映。南岳自然风光秀丽多姿，具有自然旅游资源优势，也是一个久负盛名的文明奥区。历史与山川的融合，使自然景观与人文景观交相辉映,相得益彰。因此,南岳突出的旅游地位并不是依靠单个或几个旅游景点,而是由人文和自然旅游资源相辅相成、共同发展而来。

3. 人文旅游资源略胜一筹

从旅游景点(区)的资源属性类型来看,自然、人文旅游资源各具特色,但人文旅游资源在质和量上略显突出。

(资料来源:彭蝶飞,廖建军,付美云. 南岳衡山风景名胜区景观资源的调查与评价[J]. 湖南环境生物职业技术学院学报,2002,8(4):264-273.)

请阅读案例并思考:

1. 为什么说南岳衡山景区人文旅游资源略胜一筹?
2. 试对南岳衡山景区的开发和运营提出建议?

知识归纳

旅游资源调查是指运用科学的方法和手段,有目的、系统地收集、记录、整理、分析和总结旅游资源及其相关因素的信息与资料,以确定旅游资源的存量状况,并为旅游经营管理者提供客观决策依据的活动。旅游资源调查具有描述、诊断、预测、管理、效益作用。旅游资源调查的内容通常包括旅游资源环境调查、旅游资源存量调查、旅游资源要素调查、旅游资源客源市场调查等内容;调查的重点是大城市和交通沿线及人口密集区普查、已知旅游区及外围的调查、重点新景区的调查。旅游资源调查主要有室内准备、野外调查、整理统计三个基本程序。旅游资源调查的方法上借鉴了不同学科的调查方法,主要有资料统计分析法、综合考察法、资源图表法、区域比较法、分类分区法和遥感调查法。

旅游资源评价就是在旅游资源调查的基础上,选择某些因子,运用一定的方法对旅游资源的价值进行科学的评判和鉴定,是旅游地建设的前提和重要环节。旅游资源评价的内容主要包括旅游资源自身评价,旅游资源开发利用现状评价,旅游资源开发利用的环境条件评价和旅游资源开发序位建议。由于评价的目的、资源的赋存条件、开发导向等不同,旅游资源评价可以采用不同的方法,大体可分为定性评价和定量评价两大类,在具体应用时,根据情况采用定性与定量评价相结合的方法比较理想。

复习思考题

1. 旅游资源调查的内容和方法是什么?
2. 旅游资源调查的基本程序有哪些?
3. 为你所在市区编制一张旅游资源分布图。
4. 实训:就近调查旅游资源,撰写调查报告。要求如下。
(1)通过查阅文献资料,明确旅游资源的内涵、特征。
(2)完成调查区旅游资源的分类工作。
(3)实地考察调查区,调查其拥有的旅游资源并应用所学方法对旅游资源进行评价,提出合理建议。

第九章　旅游资源开发

【学习目标】
1. 掌握旅游资源开发的概念。
2. 掌握旅游消费的概念和特点。
3. 掌握旅行社设立的条件和程序。
4. 掌握旅行社组织机构的构建。
5. 能够独立地撰写设立旅行社的各种报告。

第一节　旅游资源开发的概念

旅游资源开发是一个多学科知识交互运用的创新过程，涉及面非常广泛，主要基础理论有区位论、区域分异规律、经济学与市场学、旅游者行为学、景观生态学、系统论和可持续发展理论等。通过对这些理论的应用，将各种现实和潜在的旅游资源有序、科学合理地组合利用和有效保护，使其能被持久、永续地利用，实现经济效益、社会效益和生态效益的协调发展。旅游资源开发要以现有资源为基础，以市场为导向，考虑产品的供需关系，分析产品开发的投入与产出比等，突出地域特色及开发的多样性、综合性、永续性与文化性。不同旅游资源类型可以有不同的开发理念与模式。

一、旅游资源开发的概念

旅游资源开发是一种综合性开发，是经济技术行为。它要运用一定的技术手段，充分发挥人的创造性和智力资源，将存在于开发区的各种现实和潜在的旅游资源先后有序、科学合理地组合利用和有效保护，使其能被持久、永续地利用，实现经济效益、社会效益和生态效益的协调发展。

旅游资源开发包括三方面的内容：一是对尚未被旅游业所利用的潜在旅游资源进行开发，使之产生效益；二是对现实的、正在被利用的旅游资源进行再生性开发，延长其生命周期，提高综合效益；三是凭借经济实力和技术条件，人为地创造旅游资源和创新旅游项目。

狭义的旅游资源开发概念是指单纯的旅游资源利用。广义的旅游资源开发概念包括以下含义。

（1）旅游资源开发要以资源调查和评价为基础。
（2）旅游资源开发的目的就是发展旅游业。
（3）旅游资源开发要以市场需求为导向。
（4）旅游资源开发是一项综合性工程。

二、旅游资源开发的意义

（1）旅游资源开发对满足旅游者的需要具有重要意义。一方面开发新的旅游吸引物和提高已成熟景点的综合接待能力，可缓解由于旅游者数量不断增多而产生的旅游接待地超负荷的矛盾。另一方面，对旅游资源进行纵向开发，挖掘老景点的文化内涵，创建具有新型吸引因素的新景点，可满足现代旅游者的新需求。

（2）旅游资源的开发对一个国家或地区旅游业和经济的发展具有重要意义。旅游资源在区域经济发展诸要素中属于自然资源与历史基础要素，是资源的一部分，具有"资源"的共性，在区域经济开发中具有重要的基础作用和可利用价值，旅游资源的开发必能促进旅游地经济发展，提供劳动者就业机会，带动相关产业的共同发展。相关地区的旅游业发展起来了，对整个国家的旅游业发展也会起到积极作用。

（3）旅游资源的合理开发对历史文物保护和生态环境的改善具有重要意义。旅游开发使大批文物和自然资源的作用得以发挥，提高了文物景点、景区的知名度，增强了群众热爱文物、保护环境的意识，同时也拓宽了文物和自然资源保护资金的来源渠道。

小贴士

2010ASLA 专业奖——秦皇岛海滨景观区开发

项目位于河北省秦皇岛市渤海海岸，长 6.4 千米，面积为 60 平方千米。整个场地的生态环境状况遭到了严重破坏：沙滩被严重地侵蚀，植被退化，一片荒芜杂乱，之前的盲目开发破坏了海边湿地，使之满目疮痍。项目旨在恢复受损的自然环境，向游客和当地居民重现景观之美，并将之前退化的海滩重塑为生态良好且风光宜人的景观。整个场地分为三个区域。

一区：木栈道作为生态修复策略

木栈道位于多风的海岸，绵延 5 千米，分布有沙丘以及各种适应多样场地环境的植物群落，包括湿地的香蒲和旱柳。长期以来，海岸线被废弃、侵蚀和荒芜，游客和居民难以靠近。设计方案巧妙地设计了一条随海岸线蜿蜒的木栈道，将不同的植物群落连接在一起。木栈道不仅可以让游客观赏不同的植物群落，同时也可作为一种土壤保护设施，保护海岸线免受海风、海浪的侵蚀。因为采用了生态友好的玻璃纤维基础，木栈道能"漂浮"在沙丘和湿地之上。玻璃纤维基础是特别预制的容器，这种创新的专利技术（设计师发明并拥有专利）不仅比传统建筑方法在自然环境中安装木栈道更加简易，同时，也把对环境的影响降到了最低。休息亭、遮阴棚和环境解说系统沿着木栈道设计，全都根据周围景色谨慎选址，使其能够将场地的生态意义视觉化并突出海岸的美丽景色。亭子变成了景点，吸引了成群的游客和当地居民来欣赏美景和休息游玩。

二区：湿地恢复与博物馆建设的结合

中心区新建有一座鸟类博物馆。它原先是退化的湿地，毗邻被列为国家级鸟类自然保护区的潮间带。之前的主题公园在建设时破坏了海边湿地的环境，建筑废物和垃圾遍布场地，生态修复的需求十分强烈，因此景观设计师寻求一种能够实现社会、生态和经济可持续发展的方案，即在场地建造作为教育设施的湿地博物馆，与远处的鸟类自然保护区相呼应。受潮间带的水坑景观启发，建筑废墟周围建成了泡泡来收集雨水，从而让湿地植物得以生长动物得以生存，而且能吸引鸟类觅食。受当地渔船在海上集体抛锚使船在风浪中保持稳定的启发，设计师设计了组合式的建筑及环境，使湿地博物馆延伸进湿地，与景观融为一体。来自港湾的海风穿过建筑内部，驱散了盛夏的炎热，降低了建筑的能耗。木栈道和平台系统让人们能从建筑中走向湿地，观赏新建成的生境与多样的物种。

三区：点状岛屿和生态友好的碎石是堤岸

此区在项目的最东边，之前是一个由水泥堤构成的公园，水泥主要是为了保护海岸线免受侵蚀，并用围截潮海水的方法来造湖。显然这个公园既不生态也不美观，水泥堤坝单调乏味，湖也被僵硬的水泥线所环绕，显得空旷。再生设计策略包括拆掉水泥堤岸，用环境友好的碎石取而代之；同时修建一个木栈道取代硬质铺装，使用当地的地被植物来绿化木栈道沿线的地面。另外，湖心建9个绿岛以丰富单调的水面，并为鸟类休憩和筑巢提供场地。这些生态恢复的设计取得了显著成功：海岸线侵蚀得到了有效的控制；退化的海边湿地得到了成功的恢复；单调并毫无生态可言的水泥堤坝得到了生态改造；连续的木栈道将海边多样的植物群落联系了起来，给游客以难忘的教育与审美体验；鸟类博物馆与海岸景观融为一体，成为大海的有机部分，并成为线性生态和风景沙滩上的一个亮点。本项目展示了景观设计师如何将生态、工程、创新技术和设计元素作为一种有效的再生手术途径，实施于受损的景观之上，并将退化了的人与自然的关系重塑为一种可持续的、和谐的关系。

（资料来源：筑龙网）

第二节 旅游资源开发的原则与理念

一、旅游资源开发的原则

旅游资源开发作为一项经济文化活动，必须遵循经济活动的运行规律，同时也要符合文化事业的开发规律，才能获得成功并取得良好的社会经济效益。旅游资源开发的原则就是指旅游资源开发活动中必须遵循的指导思想和行为准则。

（一）保护性原则

旅游资源具有较强的脆弱性，不但会受到自然因素的破坏，在被旅游业利用的过程中也会遭到耗损，然而相当多的旅游资源又不具有再生性，一旦毁掉就难以复原。所以，旅游资源保护在旅游开发中极其重要。主要包括两个方面：一是资源本身的保护，限制资源的损耗，延缓衰减的自然过程，将人为损耗降到最低点，绝不允许人为随意破坏；二是旅游环境的保护，就是要求旅游资源的开发既要和自然环境相适应，有利于环境保护和生态平衡，控制污染，又要与社会环境相适应，遵守旅游目的地的政策法规和发展规划，不危及当地居民的文化道德和社会生活。开发旅游资源要为当地提供就业机会，加快基础设施的建设，促进文化交流，以得到当地政府和居民的认可和支持。

小贴士

2016年10月18日，来自国内外的数十名茶界专家、学者及省、内外的60多位茶企人士针对云南古茶树现状建言献策，提议对古茶树遗产进行保护性开发。

当天，在云南凤庆举行的未来中国"古茶树遗产保护与开发暨红茶产业发展峰会"上，与会专家临沧市茶业协会负责人谈到，古树茶是不可多得的资源，只有在四川、贵州、云南这几个西南省份有。数量最多、年龄最长的在临沧，而临沧树龄最大的在凤庆香竹箐，达3 200年之久。

据悉，临沧市共有野生型、栽培型古茶树群落70多平方千米，其中凤庆有大约38平方千米。大面积的野生茶树群落、众多树龄在千年以上的大茶树、丰富的种质资源和人类驯化使用茶叶的古茶园，是世界不可多得的自然遗产。凤庆是名副其实的世界茶文化的发源地之一，被冠以"世界著名滇红之乡"的美誉。

这次红茶节，希腊、土耳其、利比亚、斯里兰卡等国的驻华官员慕名前来参加，滇红集团的国际贸易合作伙伴也组团参会。

现状：天价炒作云南古茶树将带来毁灭性打击

很多与会专家、茶叶界知名人士提出，要以红茶节为契机，通过峰会、媒体、茶人将古树茶的美名传播到世界各地。

一些专家提出，现在在云南有这样的情况，就是过分强调古树茶的功能，抬高古树茶的价格，让它不接地气，特别是那些非品牌、不注重品牌美誉度的企业冒充古树茶、哄抢古树茶。当地以前挂牌的茶树，现在莫名其妙地被外地茶企挂牌了。一棵古茶树一年给300到500元，就把这一棵树给包了，然后炒成天价，就变成了神仙药、救命草。这种现象对行业发展是不利的。这种浮躁的产业发展心态，再不及时纠正，一定会给云南的古茶树资源带来毁灭性的打击。

对策：不能过度开采，要以"保护为主"

"目前，临沧市已出台古茶树管理保护办法，对古茶树的资源和价值进行明确定位；其次是要以品牌为导向，开发出老百姓、消费者需要的茶叶，一片茶叶适合做什么茶就做什么茶，非品牌的散茶销售是一定会透支甚至是搞垮古茶树资源的。"前述负责人在峰会上说。他强调，要合理定价，不能漫天要价、以次充好把市场搞乱了，也就是说"政府要重视，行业要自律"，不能过度开采，要以"保护为主，开发为辅"。他认为，科学研究永无止境，呼吁专家、学者们进一步研究和论证古茶树的未来价值、人文价值和文化价值。本届"古茶树遗产保护与开发暨红茶产业发展峰会"提出，古茶树遗产是临沧、云南、中国乃至全人类的，要在保护中开发的观点已得到与会专家、学者的广泛认同和支持。

(资料来源：云南网)

(二) 特色性原则

特色是旅游之魂，而旅游资源的特色是发展特色旅游的基础，是构成旅游吸引力的关键因素。具体表现在以下三方面。

(1) 原始性。在开发建设中必须尽量保持自然和历史形成的原始风貌；尽量开发利用具有特色的旅游资源项目。

(2) 民族性。努力反映当地特有的民俗文化，突出民族特色和地方特色。

(3) 创意性。特色性并不是单一性，在突出特色的基础上，还应围绕重点项目，不断增添新项目，丰富旅游活动内容，满足旅游者多样化的需求。

(三) 经济性原则

旅游资源开发是一项经济活动，必须遵循经济效益原则。因此，应当进行旅游开发投入-产出分析，确保开发活动能带来丰厚的利润。在充分了解旅游市场的基础上，对旅游资源开发项目的可进入性、对旅游者的吸引力、投资规模、投资效益、建设周期、资金回收周期等方面，都应有细致的数据分析。同时，还要根据开发实力（财力、人力、物力等供给保障因素），分阶段、有重点地优先开发某些项目，之后再不断增添新项目和配套设施及服务，最终形成完善的旅游设施和服务体系。坚决禁止不加选择地盲目开发，更不能不分先后地全面开发。

(四) 市场导向性原则

所谓市场导向性原则，就是根据旅游市场的需求内容和变化规律，确定旅游资源开发的主题、规模和层次。这是市场经济体制下的一条基本原则。市场导向性原则要求旅游资源开发一定要进行市场调查和市场研究，准确把握市场需求和变化规律，结合资源特色，寻求资源条件与市场需求之间的最佳结合点，确定开发主题、规模和层次。

市场导向原则要求根据旅游者需求来开发旅游资源，但是并不意味着凡是旅游者需求的都可以进行开发。例如，国家法律所不允许的、对旅游者有危险或有害于旅游者身心健康的旅游资源，就应该受到限制或禁止开发。

二、旅游资源开发的理念

旅游资源开发与其他类型的产品开发有许多共同之处：就是要以现有资源为基础，以市场为导向，考虑产品的供需关系，分析产品开发的投入与产出比等。但不同类型的产品开发又有其各自的特点，旅游资源开发要突出5个方面的特色。

(一) 地域性

地域性是指旅游资源分布具有一定的地域范围，存在地域差异，带有地方色彩。首先，由于地域分异因素（纬度、地貌、海陆位置等）的影响，自然环境因素如气候、地貌、水文、动植物等出现地域分异，从而导致自然旅游资源出现地域性。如赤道雨林景观、温带大陆内部的荒漠景观、南极的冰原景观等分别出现于不同的地表区域。其次，由于人文景观与自然环境有紧密的联系性，这种联系性在农业社会及其以前的历史时期，甚至表现为强烈的依赖性，自然景观的地域性也导致了人文景观的地域性。如不同民族具有风格各异的文化活动、风俗习惯、村镇民宅等。

地域性是旅游流产生的根本因素。不同地方有不同的自然与文化环境，而旅游者天生有求新、求异的心理需求，这使得旅游者在一定的条件下跨越空间限制前往异地游览。现代旅游开发中，要求充分挖掘资源特色，开发独特的旅游产品，因为在旅游市场竞争越来越激烈的今天，特色就是旅游产品拥有市场的法宝。可见，正确认识和评价区域旅游资源条件，突出自身特色，是旅游资源开发中的重要内容。

旅游资源地域性也受到挑战，尤其是人文景观的地域性正在削弱。科学技术的发展，使得大工业生产中的标准化、规范化受到重视，而地方知识、地方技能、地方价值观遭到忽视。从全球范围来看，随着经济全球化、一体化浪潮的掀起，人文景观正在经历景观趋同、特色消失的过程。因此，保护现有富含人类历史信息和地方信息的特色景观资源迫在眉睫。

（二）多样性

中国是世界上旅游资源最丰富的国家之一，资源种类繁多，类型多样，具备各种功能。中国拥有类型多样的富有美感的、不同尺度的地貌景观，这在世界上是独一无二的。从海平面以下155米处的吐鲁番盆地的艾丁湖底，到海拔8 848.13米的世界第一高峰珠穆朗玛峰，绝对高差达9 003米。中国不仅有纬向地带性的多样气候带变化，还有鲜明的立体气候效应，尤其在横断山脉地区，即所谓"一山有四季，十里不同天"。中国不论南北东西都有繁花似锦的美景，不仅有类型多样的海滨、山地、高原、高纬度地区的避暑胜地，而且还有银装素裹的冰雪世界，以及避寒休闲度假胜地海南岛。多样的地貌和多功能的气候资源，为生物提供了优越的生存栖息环境，使自然景观更加多姿多彩。

不论是从旅游资源供给的角度还是从旅游消费的角度看，中国都拥有世界旅游活动的各种资源和要素，可以开发成为适合现代旅游的各种旅游产品。

（三）综合性

旅游资源开发的综合性主要表现在旅游资源本身的综合性和旅游资源涉及行业部门的综合性。

旅游资源本身具有综合性。旅游资源包括自然资源和人文资源两大类，各类又可细分为诸多要素。各自然和人文要素间相互依存，相互作用，形成一个稳定的整体。一个地区的旅游资源相互间作用越和谐，生命力越强，开发和利用的价值就越大。

旅游资源开发涉及许多行业和部门，如旅游、国土资源、计划发展和环境、林业、城市规划、建筑、园林、文物、宗教、交通、管理、银行等，需要有旅游学、地理学、城市规划学、建筑学、经济学、美学、历史学、园林学、民俗学等方面专家的参与,发挥不同学科专家的所长。能否协调好不同行业、部门相互间的关系,是能否有效开发旅游资源的关键问题。因此,旅游资源开发的项目组织、总体规划编制、项目实施等,也体现出综合性。旅游资源开发一方面要慎重安排自然要素、人文要素和整体环境的和谐,充分协调好各要素之间的关系,防止任何环节的破坏;另一方面要加强旅游资源开发工作的组织和领导,调动一切积极因素,认真做好资源开发的论证、组织、协调、管理等工作。

(四) 可持续性

旅游产品不同于一般的物质产品,一般的物质产品会有物质流动和所有权的转移,同时产品价值会随着消费者的使用而不断下降。而旅游者购买的只是产品的暂时使用权,所有权并不发生转移,在正常情况下,旅游产品的价值也不会因为旅游者的消费而降低,甚至可以通过口头宣传,扩大旅游产品的知名度,从而使旅游产品升值。然而,旅游资源是自然界的造化、人类历史的遗存、现代人的精心设计,在数量上是有限的,它的可持续性有时也会受到环境或人为因素的影响。因此,旅游资源开发必须处理好保护与开发的关系,禁止破坏性的开发和开发中的破坏,防止环境污染,控制旅游者数量,加强景区管理和对游客的教育,以保证旅游资源的可持续利用。

(五) 文化性

旅游资源有自然旅游资源和人文旅游资源之分。自然旅游资源是大自然的造化,但是当它由普通的旅游资源转化为旅游产品,成为人们观赏或游乐的对象时,就添上了文化的色彩,成为"人化的自然"。人文旅游资源作为各个时期人类活动的产物,完全属于文化范畴。

旅游资源开发不仅是一个技术性、经济性行为的实施过程,更是一个文化传播与交流的过程。从旅游者角度而言,旅游需求主要是精神方面的享受,或者是一次社会经历,或者是一次体验,且这种精神需求会随着社会的发展和生活水平的提高而发生变化。旅游本身是一定文化背景下的产物,是文化驱使的结果。旅游者千里迢迢前往旅游目的地,从某种角度看可视为购买文化、消费文化、享受文化的过程。从管理者角度而言,旅游资源开发就要尽量适应和满足旅游者的精神享受需要,旅游资源开发中一定要深入挖掘当地的旅游资源特色,突出旅游资源的文化内涵,使旅游产品既是一个经济产品,又是一个文化产品,能让旅游者感到不虚此行,得到满意的精神享受。

因此,旅游资源开发可以看作一种文化活动。在旅游资源开发中注重挖掘旅游资源的文化特色,对旅游业发展具有极其重要的意义。

第三节　旅游资源开发模式与程序

一、旅游资源开发的模式

由于旅游资源性质、价值、区位条件、规模、组合、结构以及区域经济发达程度、文化背景、法律法规、社会制度、技术条件等方面的不同，加之旅游资源开发的深度和广度不一，使得旅游资源开发的模式也趋于多元化。根据不同的影响因素和划分标准，旅游资源开发的模式可归纳为不同的类别。

（一）按资源类型划分的旅游资源开发模式

1. 自然类旅游资源开发模式

自然类旅游资源是指由地质、地貌、水体、气象气候和生物等自然要素所构成的，具有观赏、文化和科学考察价值，能吸引人们前往进行旅游活动的自然景物和环境。自然类旅游资源一般具有观光游览、休闲体验、度假享乐、康体健身、参与性游乐、科学考察以及各种专题性旅游等功能。

自然类旅游资源的开发一般要尽量突出资源的本色特点，在保证旅游者可进入以及环境保护设施达到要求的前提下，尽量减少和避免人为的干扰性建设以及资源地的城市化倾向，使之源于自然，体现自然。

2. 文物古迹类旅游资源开发模式

文物古迹类旅游资源是人类文明的瑰宝，具有观光游览、考古寻迹、修学教育、学习考察、访古探幽、文化娱乐等多种旅游功能。我国是文明古国，文物古迹类旅游资源极为丰富。这类旅游资源是我国发展旅游业的优势所在，从某种程度上说代表了我国作为中华文明古国在世界上的旅游形象，开发价值极大。

文物类旅游资源的魅力在于其历史性、民族性、文化性和科学艺术性，其开发也应从展现资源的历史价值、科学价值、艺术价值、民族文化价值、美学价值、稀缺性价值等方面入手，着重反映和展示资源所代表的历史时期的政治、经济、文化、社会、文学艺术等的发展水平及其历史意义，着力打造特色鲜明、主题突出的文物类旅游产品。

3. 社会风情类旅游资源开发模式

异国风情、他乡风俗习惯也可以成为吸引旅游者的重要因素，我国的56个民族是社会风情类旅游资源最广泛的基础。与其他旅游资源的开发方式不同，社会风情类旅游资源的开发利用更强调参与性、动态性和体验性，要尽可能地使旅游者参与到旅游地的社会活动和民俗仪式中去，让他们对当地的社会风情、民族习惯有切身的体验。

4. 宗教文化类旅游资源开发模式

宗教文化类旅游资源具有观光游览、朝拜祭祀、猎奇探秘、参与性游乐等旅游功能。宗教文化是人类精神财富的一个重要组成部分，其深厚的哲学理念、虔诚的精神导向、强烈的信徒吸引力、深邃的文化艺术性，使它成为一种非常重要的人文旅游资源。一方面，宗教文化含有浓重的精神文化色彩，文化艺术性极强；另一方面，宗教文化具有较广阔的客源市场，不但对广大信徒有强烈的吸引力，而且也较受非宗教信仰者的欢迎。同时，宗教活动具有浓厚的氛围、神秘的表演性和广泛的参与性，且节庆日多，易于开展各种专题旅游活动。由于宗教本身的特殊性，开发者必须深谙宗教特色和其内涵，所以宗教文化旅游资源往往由宗教组织来进行开发。

5. 现代人工吸引物类旅游资源开发模式

改革开放以来，我国经济得到了持续快速的发展，由于交通条件的改善，各种基础设施的不断完善，使得可用于开发旅游的各种现代人工吸引物大量涌现，成为一种新兴的旅游资源。这些资源主要可分为观光型和游乐型两大类。

现代人工吸引物一般具有参与性娱乐、演艺体验、观光游览、休闲游乐等旅游功能。

建造人工吸引物投资大、周期长，且要和周围的环境、已有建筑物相互协调，是一种难度较大的旅游资源开发模式。它需要在地点选择、性质与格调确定、产品定位、市场定位、规模体量、整体设计等方面都进行认真细致的调研，并要特色突出、个性鲜明，在某一方面具有垄断性，注意大众化、娱乐性和参与性。

（二）按投资主体划分的旅游资源开发模式

按投资主体，旅游资源开发模式可划分为政府主导型旅游资源开发模式、企业主导型旅游资源开发模式、民间投资型旅游资源开发模式和外商投资型旅游资源开发模式。

1. 政府主导型旅游开发模式

政府主导型旅游开发模式是在以市场为基础来配置资源的前提下，由政府组织、发动和协调各种社会主体的力量，加快旅游业增长速度的发展模式。它往往以旅游业的大众化、国际化和现代化为追求目标，通过政府计划、规制、金融支持、国际合作等措施来实现旅游业的快速、可持续的发展。

作为投资者的政府可分为中央政府和地方政府。其中，中央政府投资主要集中于宏观意义上的，投资规模大、回收期长、风险大、跨区域、涉及多方利益的大型公益性开发项目，如跨区域交通道路建设，能源基地、大型环保项目、码头、机场的修建。这些基础设施是旅游业赖以生存和发展的基本条件，其他投资主体无力完成，只能由中央政府投资建设。地方政府的投资主要是地方的一些基础设施项目，如区域内除中央投资外的交通道路建设，标志性的、最初开发的、带动性强的、影响力大的大型旅游开发项目建设，主干旅游道路建设，大型水、电、能源、环保工程以及机场、码头的建设等。

该模式的特点是政府运用掌握的开发规划审批权力，对旅游资源开发进行宏观管理。开发资金的投入主要依赖中央、地方财政，但可能对一些公共设施的投入引入相关的市场招商引资机制。对具体的旅游开发项目不作具体干预，主要通过开发规划和行政审批来调控。该模式适用于旅游资源待开发区域以及经济欠发达地区的旅游开发，多见于铁路、高速公路、旅游专用公路、环保工程等旅游基础设施建设。

2. 企业主导型旅游资源开发模式

企业主导型旅游资源开发模式是指地方政府将管辖范围内的旅游资源开发及经营权采用出让的方式，吸引投资商进行开发经营，政府只在行业宏观层面通过规划、政策法规、宏观市场促销等方式对投资、开发商进行管理的模式。按照投资企业的不同，可划分为不同的投资、开发类型，如国有企业型、集体企业型和民营企业型以及混合经济型（国有、集体、非国有企业中的几个企业共同投资开发，按照股份制组成开发经营董事会）等。

这种模式主要针对的是不同类型的景区景点类的旅游资源开发项目。旅游景区景点类项目的管理相对简单，经济效益明显，投入产出比值高，投资回收期相对较短。近些年来，由于国内企业实力的不断壮大和投资领域的放宽扩大，出现了由几家企业联合、共同向某个旅游项目投资、按照现代企业制度管理的趋势。随着政府职能的转变，在未来的旅游业发展中，企业投资开发经营旅游景区景点将会成为我国旅游资源开发最主要的模式。

这种模式的特点是政府从宏观层面上管理市场、审批开发规划项目、制定法规和旅游发展战略等，不直接进行投资，而在旅游资源开发项目引入市场机制，引导企业来开发、建设、经营旅游项目，按照市场经济的法则来发展旅游业。该模式为我国鼓励和优先支持的旅游资源开发模式，适用于所有不同类型的旅游资源开发区域。

3. 民间投资型旅游资源开发模式

民间投资型资源开发模式是指一般的民营企业或个人投资于中、小型的旅游资源开发项目，或旅游区内开办的一些餐饮、住宿、购物项目，如风味饭馆、乡村旅店、农家乐项目等。这一类投资主体往往较注重投资的短期效益，追求投资回报率。他们或是以独资企业的方式，或是以个体投资的方式，或是以几人集资的方式，承揽、建设旅游开发项目。民间投资虽然只是单体或几个旅游项目的资金投入，但对于关联性很强的旅游业来说，却有着非常重要的意义。按照"谁投资，谁受益"的发展旅游业原则，民间资本投资旅游业的积极性正在不断提高。民间投资为快速发展的旅游资源开发热潮注入了一定的活力，可以起到拾遗补阙的作用，为旅游者提供便利的旅游消费条件，是地方旅游业发展不可缺少的部分。

该模式的特点是投资规模一般不是很大，涉及的投资范围较宽，一些投资少、见效快的旅游开发项目较能吸引这一类投资者。此模式适用于旅游业发展较为成熟，且取得了较好经济效益的旅游资源开发区域，或旅游业在起步阶段的旅游资源的待开发区域。

4. 外商投资型旅游资源开发模式

外商在旅游业的投资范围目前主要集中于宾馆、饭店、旅行社和汽车出租行业。投资方式以合资方式为主。为了进一步扩大旅游行业利用外资的能力，引导外商转向旅游基础设施建设以及旅游资源开发，将是中国旅游业吸引外商投资的重要发展方向。这种投资方式将更为灵活多样。如通过 BOT（Built Operate Transfer）方式，进行某个旅游资源地的开发建设，即一般先由政府将该项目的投资权赋予某外商投资主体，让其独自投资开发建设，在项目建成后，允许该投资主体独立经营，以便让该投资主体在规定时期内收回投资并获得利润，在经营年限期满后，投资主体将把该旅游项目的经营权移交给当地政府。

这种资源开发模式的特点是投资规模可能很大,外商将带来先进的管理理念和管理模式,对地方旅游业发展可能起到一种示范带动作用。该模式适合于经济欠发达地区的旅游资源开发,或资源开发需要资金量很大,当地不可能进行开发的旅游项目。

以上几种模式并不是完全独立的,随着旅游资源开发投资管理体制的进一步完善,以上四种模式可能会相互交叉结合,共同完成旅游资源开发项目。"以政府为主导,以企业和外商为投资主体,民间和个人为投资补充,共同进行旅游资源开发"的模式,将会成为我国旅游业发展的主体形式。

(三) 按地域划分的旅游资源开发模式

1. 东部地区的精品开发模式

我国东部地区的社会经济发展水平高,对外交往联系密切,市场范围广阔,高素质人才集中,已形成了环渤海、长江三角洲和珠江三角洲3个旅游发达区域,具有发展旅游业的综合优势。东部地区旅游资源开发,应着眼于努力提升旅游产品层次和提高旅游资源开发水平。在原来旅游资源开发的基础上,着重突出构建旅游产品的精品项目,使低层次资源开发完全转变为高层次资源开发,为旅游者提供全面的、高质量的旅游产品和服务。在继续开发建设好观光游览旅游产品的同时,重点开发建设休闲度假、会展商贸旅游产品,根据国际国内旅游市场的需求,不断满足不同类别的旅游群体的需求。

2. 中部地区的特品开发模式

从地理位置看,我国中部地区位于从沿海向内陆经济梯级发展的中间过渡地带,有着承东启西、延承旅游业发展、转送旅游客流的区位条件。在旅游资源开发时,中部地区应根据自身所处的区位位置,紧密地"联东启西",把东部的旅游业发达优势和西部的旅游资源优势结合在一起,建立起传承旅游的独特优势。

中部地区的旅游资源开发,一方面应着眼于旅游设施相对落后的现状,继续努力加强基础设施建设,改善发展旅游的条件;另一方面要面对和东部旅游产品竞争所处的相对劣势,大幅度提高旅游资源开发和利用的水平,重点开发建设具有特色旅游产品的特品项目,即发展专题旅游,以便能够和东、西部旅游产品形成优势互补。

3. 西部地区的极品开发模式

我国西部地区地域辽阔,是中国地形最复杂、类型最多样的旅游区域,自然、人文、社会风情旅游资源极为丰富,正处在旅游资源待开发的旅游业发展期。其资源优势突出,但由于经济发展水平低,旅游观念、意识相对较为落后,绝大部分旅游资源正处于尚待开发状态。该区域发展旅游业存在两大制约条件,一是生态环境脆弱,二是基础设施落后,旅游资源地可进入性较差。所以,西部地区发展旅游业的首要任务就是加快基础设施、服务设施和生态环境的建设,特别是旅游交通的开发建设。

西部地区的旅游资源不但数量多,而且种类丰富,很多旅游资源在全国甚至世界具有唯一性和垄断性。西部地区的旅游资源开发,要充分利用这一重要优势,在大力发展旅游基础设施建设的同时,全力打造旅游资源开发的"极品"工程。一方面继续努力开发观光旅游产品；另一方面重点开发旅游极品产品项目，即开发具有不可替代性的专项旅游资源项目，面对和东、中部地区旅游产品的竞争劣势，能够以旅游产品的独有性和不可替代性来吸引旅游者。如丝绸之路旅游产品，陕西历史文化旅游产品，云南风光及少数民族风情旅游产品等。西部的沙漠风光、草原风光和高原风光等旅游产品，也非常具有市场竞争力。

（四）按资源、区位和经济条件综合划分的旅游资源开发模式

1. 价值高，区位优，经济条件好：全方位开发模式

这类旅游资源地的资源自身价值高，地理区位优越，且拥有良好的发展旅游业的经济社会条件，资源、区位、经济发展水平优势明显，因此，可以进行旅游资源的全方位开发。要重视充分有效地利用各类旅游资源，开展丰富多彩的旅游活动，完善旅游活动所需的各类层次结构，从食、住、行、游、购、娱等6个方面，满足旅游者的需求。特别要重视开发购物场所和娱乐设施，提供专项特色服务，提高旅游服务档次，增加旅游收入中弹性收入部分的比例。

2. 价值高，区位一般，经济条件差：重点开发模式

这类旅游资源地的资源很丰富，且价值高，对游客的吸引力强，但地理区位一般，经济发展水平较差。由于地方经济条件的限制，往往缺乏发展旅游业所必需的开发资金，因此，这类旅游地的开发要积极争取国家或上级政府的扶持资金；或转让资源开发经营权，多方争取区外、境外的旅游资源开发资金，有选择、有重点地开发一些受市场欢迎的旅游资源项目；同时，还要进一步改善交通条件，提升旅游目的地的可进入性，并完善旅游服务配套设施的建设，提高旅游服务质量，使地方旅游业得到快速发展。

3. 价值高，区位、经济条件差：特色开发模式

这类旅游资源地的资源价值高，加之常年"深处闺中人未知"，往往带有很强的神秘色彩，对旅游者有很强的吸引力，但由于地理位置偏僻，交通条件差，旅游者的可进入性差，加之地方经济落后，导致旅游资源开发成本加大。这类旅游资源大多处于未开发或初步开发状态，其开发的关键在于改善进出交通条件，故应将改善区域交通条件作为突破口。同时，应有选择地开发一些高品位的、有特色的旅游资源，开展一些市场针对性强的特种旅游活动，并逐步配备相应的服务接待设施，进而培育和改善旅游业发展的环境和条件。

4. 价值低，区位好，经济条件好：参与性游乐开发模式

这类旅游资源地由于区位条件和区域旅游经济发展水平较高，因此具有发展旅游业的社会经济基础，但缺少高品位的旅游资源。旅游资源开发时要充分利用区位优势和经济优势去弥补旅游资源贫乏的劣势。在注重利用现有旅游资源的基础上，可开发建设娱乐型、享受型、高消费型的旅游开发项目，如参与性较强的主题公园类等人工旅游景点，像游乐园、娱乐天堂、欢乐谷等。同时，还应看到当地经济发展水平高，居民消费能力强，旅游资源开发要注意完善旅游活动所需的各种配套设施，满足不同层次旅游者的需要。

5. 价值、区位、经济条件都一般：稀有性开发模式

这类旅游资源地无明显优势，旅游资源价值、地理区位、当地经济发展水平都属于中间状态。旅游资源开发时，要注意对旅游资源进行分级评价，重点开发周边市场缺少、可能受游客欢迎的旅游资源项目，创造区域内的拳头旅游产品。另外，还要进一步改善区位交通条件，提高旅游服务质量，赢得市场赞誉，同时加强对外宣传和促销，逐步树立鲜明的旅游形象。

二、旅游资源开发的程序

（一）旅游资源开发的内容

1. 旅游资源由潜在向现实的转化

旅游资源在开发之前，一般都因缺乏现代旅游活动所必需的基本条件而难以开展大规模的旅游接待活动。因此，对旅游资源的开发和建设是客观必要的。这种建设不仅指对尚未利用的旅游资源的初次开发，也可以是对已经利用了的景观或旅游吸引物的深度开发。

2. 提高旅游资源所在地的可进入性

在旅游开发中，旅游资源所在地同外界的交通联系及其内部交通条件是非常重要的，不合理的交通往往会成为一个地方旅游业发展的"瓶颈"。因此，实现进出交通的便利、快捷与舒适是旅游开发首要的基础工作。

3. 建设和完善基础设施和配套设施

旅游基础设施指当地居民生活所必需的设施，如供水、供电、邮政、排污、道路、银行、商店、医院、治安等。旅游配套设施指直接为旅游者服务的旅游饭店、旅游商店、游乐场所等。旅游开发要求在建设和完善保障当地居民生活所需的基础设施的基础上，建设和完善为旅游者消费所需要的旅游配套设施。

4. 培训人才完善旅游服务

旅游专业人才是旅游开发的人力资源保障。旅游服务质量的高低在一定程度上会起到增添或减少旅游资源吸引力的作用，因此，要不断加强和完善旅游服务，培训能够提供专业服务的人员。

5. 旅游市场开发

旅游市场开发主要包括市场预测与定位和市场营销与推广。旅游目标客源市场是旅游市场营销和推广的主要对象。市场营销推广的目的，是促使目标市场的潜在客源购买已开发出的旅游产品并在旅游目的地进行消费。

（二）旅游资源开发的方式

根据旅游资源的性质和开发目的，旅游资源开发包括新建、利用、修复、改造和挖掘提高5种方式。

1. 新建

新建即凭借当地的旅游资源特点，建立新的旅游景区、景点或主题公园，建设一些必要的旅游服务基础设施，以增加区域旅游吸引力，满足旅游需求，推动地方旅游业发展。

这种方式，重在创新，贵在特色，必须创造出"人无我有、人有我优、人优我特"的具有鲜明个性和独特风格的景物。

2. 利用

利用指利用原有的并未被认识到的旅游资源，通过整理、组织和再开发，使之成为旅游吸引物的一种开发方式。随着社会的进步和人类生活水平的提高，人们的旅游需求及消费行为特征也呈现多样化趋势。所以，根据人们需求的新变化，开发利用以前未被认识的旅游吸引物，使其成为新的旅游景点。如工业旅游、科技旅游的开展，使西安的卫星测控中心、陕西阎良的飞机制造公司成为新的旅游热点。

3. 修复

由于自然或历史的原因而被损毁，但又有很高艺术、历史文化或科学研究价值的旅游资源，经过对其进行整修、修复或重建，使之重新成为可供旅游者参观游览的景点。

4. 改造

改造是指投入一定数量的人力、物力和财力，对现有的、利用率不高的旅游景观、旅游设施进行局部或全部改造，使其符合旅游市场需求，成为受旅游者欢迎的旅游吸引物的一种开发方式。

5. 挖掘提高

对已被开发但又不适应旅游业发展需要的旅游吸引物，需要深入挖掘，增加一些旅游设施和新的服务，提高其整体质量，再生出新的旅游吸引力。

以上5种开发方式并无严格的界限，难以截然分开，通常是结合现状与需求，根据具体的旅游资源状况，确定具体的开发方式及其组合。

（三）旅游资源开发的程序

不同的旅游资源，由于其目标市场定位、旅游产品定位和游客的旅游方式不同，具体的开发过程也有所差异。但总的来说，旅游资源开发都要按照一定的程序来进行，一般可按4个步骤来实施，如图9-1所示：确定开发项目——→旅游资源开发可行性分析——→旅游资源开发规划的制订与评价——→旅游资源开发项目实施与监控。

1. 确定开发项目

根据资源特色和市场需求以及当地经济发展水平等因素，确定旅游资源开发项目。

2. 旅游资源开发可行性分析

（1）旅游资源调查与评价。资源评价包括对旅游资源的丰度、特色、价值（如美学价值、科学价值、历史价值等）和结构进行的评价。

（2）旅游客源市场分析。客源市场分析主要是分析市场需求方向和需求量。资源优势能否转化为开发优势取决于市场需求前景的好坏，所以现代旅游开发均侧重以市场为导向。

（3）旅游资源开发条件分析。旅游资源开发条件分析包括经济基础条件分析、设施条件分析和环境容量分析。

3. 旅游资源开发规划的制订与评价

（1）旅游分区规划。

（2）确定旅游资源的开发政策。

（3）确定环境与旅游资源的保护措施。

4. 旅游资源开发的实施与监控

旅游资源开发的实施与监控贯穿整个开发过程。

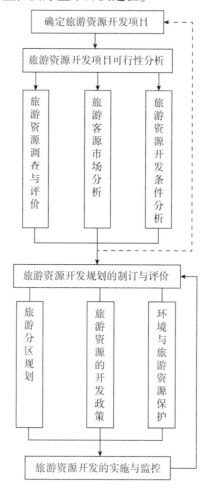

图 9-1　旅游资源开发的程序

★ 实例解析

长白山国际度假区旅游资源开发

长白山国际度假区位于吉林省抚松县松江河镇，是中国占地面积最大的休闲度假旅游项目。项目占地 21 平方千米，其中建设用地 11.5 平方千米，旅游项目总投资 200 亿元。项目分为南北两区，北区规划为旅游新城；南区为国际度假区，由大型滑雪场、高端度假酒店区、旅游小镇、森林别墅等组成。该度假区由大连万达集团、中国泛海集团等机构联合投资230亿元打造，集旅游、会议、休闲、商业、娱乐等多种功能于一体，统一服务于项目的度假功能需求，已成为中国冬季旅游、山地滑雪的典型案例。

长白山国际度假区建设了由运动服务、休闲体验、生活服务、应急服务以及特色商品五类商业功能组成的欧洲小镇，与滑雪服务中心、星级酒店群有机结合，同时根据不同的项目，再配合以文化、商业和旅游的要素，如商业街、美术馆、博物馆、医疗、教育中心等，形成了集主题项目、商业地产、酒店、住宅、文化产业、百货业于一体的复合旅游地产模式。

核心区域的景观主要分为休闲金帐火塘、联外林荫走廊、冰雪主题商街、雪花灯阵广场、观景休憩平台、对景湖心浮岛、滑雪坡地群雕等。其中三个国际酒店自南向北错落有致排列，六星级威斯汀酒店景观主题为"丛林隐居"，五星级喜来登酒店景观主题为"英式庄园"，四星级洲际假日酒店景观主题为"山—石—趣"。三个酒店的主题明确，在功能上协调一致又层次分明。在酒店景观小品的打造中，矮墙以及小型构筑物都是以当地原生毛石为主要材料，与建筑本体呼应，彰显出这片土地的文化个性。度假区其他区域也各有不同的景观主题，如商业街的主题为"冰河漫步"，人工湖的景观被定义为"曲桥烟波"，不同区域的景观设计各具特色。

（资料来源：中国景观网，2013年12月24日）

请阅读案例并思考：
（1）本案例体现了旅游资源开发的哪些原则？
（2）长白山国际度假区的开发分别属于四类旅游资源开发模式中的哪一种？
（3）借助参考资料和网络，谈谈该度假区的优势和劣势？

知识归纳

旅游资源开发是一种综合性开发，是经济技术行为。它要运用一定的技术手段，充分发挥人的创造性和智力资源，将存在于开发区的各种现实和潜在的旅游资源先后有序、科学合理地组合利用和有效保护，使其被持久、永续地利用，实现经济效益、社会效益和生态效益的协调发展。旅游资源开发主要遵从保护性原则、特色性原则、经济性原则、市场导向性原则，同时，在开放过程中要注重和坚持地域性、多样性、综合性、可持续性、文化性的理念。

根据不同的影响因素和划分标准，旅游资源开发的模式可划分为不同的类别。按资源类型划分为自然类旅游资源开发模式、文物古迹类旅游资源开发模式、社会风情类旅游资源开发模式、宗教文化类旅游资源开发模式、现代人工吸引物类旅游资源开发模式；按投资主体划分为政府主导型旅游开发模式、企业主导型旅游资源开发模式、民间投资型旅游资源开发模式、外商投资型旅游资源开发模式；按地域划分为东部地区的精品开发模式、中部地区的特品开发模式、西部地区的极品开发模式；按资源、区位和经济条件综合划分为全方位开发模式、重点开发模式、特色开发模式、参与性游乐开发模式、稀有性开发模式。

根据旅游资源的性质和开发目的，旅游资源开发包括新建、利用、修复、改造和挖掘提高5种方式。主要通过确定开发项目——➤旅游资源开发可行性分析——➤旅游资源开发规划的制订与评价——➤旅游资源开发项目实施与监控四个主要步骤来完成。

复习思考题

1. 旅游资源开发的概念和意义是什么？
2. 旅游资源开发的模式有哪些？
3. 旅游资源开发的基本程序包括哪些？
4. 在新城建设或旧城改造的过程中，作为文化传承的老建筑、老街区不是被习惯性地拆除，而是另外新建街区，以全新的"IN"生活体验（"流行前卫""潮流健康"）为旅游创意，融入创意理念，使其成为新的街区，焕发活力，成为吸引游客的新亮点。请列举二至三个老街区旅游资源开发的典型案例，并利用本章所学知识进行简要分析。
5. 实训：以小组为单位，对学校或家庭所在地周边的景区进行实地考察，分析景区的优势和弊端，并提出自己的开发建议，完成调研报告。

第十章　旅游业可持续发展与旅游资源保护

【学习目标】
1. 掌握旅游可持续发展的概念及内涵。
2. 理解旅游业可持续发展的意义。
3. 掌握旅游资源、旅游业发展与旅游环境保护的关系。
4. 了解旅游资源开发过程中出现的问题。
5. 理解可持续旅游发展及其实现路径。

第一节　可持续发展理念

一、旅游业可持续发展的含义

20世纪80年代末,可持续发展作为一种环境管理思想被提出,此后,可持续发展逐渐形成一种价值观而被社会普遍接受。可持续发展是一个涉及经济、社会、文化、技术及自然环境的综合概念,是一种立足于环境和自然资源角度提出的关于人类长期发展的战略和模式。这并不是一般意义上所指的在时间和空间上的连续,而是特别强调环境承载能力和资源的永续利用对发展进程的重要性和必要性。

世界旅游组织(WTO)在1993年提出了旅游可持续发展的理念,1995年,联合国教科文组织、环境规划署和WTO在西班牙召开了"旅游可持续发展世界会议",会议通过了《可持续旅游发展宪章》和《可持续旅游发展行动计划》,标志着可持续发展模式在旅游业中主导地位的确定。1993年,在英国创办了专门面向可持续旅游研究的《Journal of Sustainable Tourism(JOST)》杂志,体现了可持续发展这一研究领域在旅游学科中的重要地位。

WTO认为,旅游可持续发展就是既要能满足当前旅游目的地与旅游者的需要,又要能满足未来旅游目的地与旅游者的需要。旅游业可持续发展是可持续发展思想的延伸,其含义为在不损害环境持续性的基础上,既满足当代人高质量的旅游需求,又不妨害后代人对高质量旅游的要求,既保证旅游经营者,又保证旅游者的利益、旅游地居民的利益,实现旅游业长期稳定和良性发展，实质就是不断保持环境资源和文化的完整性，并能给旅游区的居民公平地分配旅游业的社会、经济效益。

二、实现旅游业可持续发展的意义

（一）实现旅游业可持续发展是推动我国经济发展、扩大社会就业总量的有效举措

旅游业具有联动性广、经济性强的特点，可以对相关产业的发展起到显著的促进作用。研究表明，旅游业每增加1个单位效益就可以带动其他产业增加4个单位效益。与此同时，旅游业就业具有门槛低、覆盖面广、劳动密集的特点，可以有效带动其他行业就业。世界旅游组织研究发现，旅游业每增加1个就业岗位就可为其他产业带来5个就业机会。加快发展旅游业将会在未来缓解严峻的就业压力，给我国带来更多的就业机会。

（二）实现旅游业可持续发展是促进发展方式转变、推动低碳经济发展的巨大助力

旅游业相对于其他产业而言，具有资源消耗低、环境成本小的优势。加快发展旅游业，可以实现依靠资源消耗促进经济增长的传统模式向低耗能、高收益的新模式转变，达到自然文化资源和生态环境可持续发展的和谐统一。同时，大力发展旅游业，可以引领和带动相关服务业及服务贸易的快速发展，转变以能源密集型和污染密集型为主的贸易出口模式，发展低碳经济，构建低碳社会。

（三）实现旅游业可持续发展是扩大国际文化交流、提升国家软实力的重要保障

一方面，积极接待入境旅游，打开国门，欢迎各国朋友，通过旅游让其充分了解我国社会、经济、文化等方面的发展状况，逐渐消除他们的一些错误认识和偏见；另一方面，大力组织民众出境旅游，走出国门，通过宣传中华文明来提升华夏文化在世界各国的影响力和知名度，塑造开放、自由、民主、富强的国家形象。

第二节 旅游资源与旅游环境保护

一、旅游资源、旅游业发展与旅游环境保护的关系

可持续发展的重要标志是资源的永续利用和良好的生态环境。保护好人类赖以生存与发展的大气、淡水、海洋、土地和森林等自然环境与自然资源，防治环境污染，可持续发展要求严格控制人口增长、提高人口素质，以及在保护环境、保证资源永续利用的条件下进行经济和社会建设。现如今，旅游业已成为世界上发展势头最强劲、创造价值最多的新兴的、独立的复合型产业。有无良好的旅游环境是一个国家和地区旅游业能否健康可持续发展的重要因素，良好的旅游环境是体现该国家和地区社会文明的重要标志。

古往今来的旅游者，都将观光赏景视作一种休养生息、调节生活、消除疲劳的乐事。为了能充分地享受大自然的美，旅游者不辞劳苦，跋山涉水去尽情地享受大自然赐给人类的美，以陶冶情操、愉悦心情、启迪睿智。一个群峰巍峨、清泉飞溅、林海绿浪、鸟语花香的优美环境，能吸引人们前去游玩、览胜、搜奇和观赏。反之，一个污水横流、垃圾遍

地、黑烟弥漫、噪声刺耳的恶劣环境，绝不会成为人们的旅游目的地。由此可见，保护好自然环境和旅游资源，是发展旅游业的先决条件。

旅游资源的合理开发不仅可促进旅游业的发展，还能促进旅游资源的保护，具体体现在以下两方面。

（一）促进对自然资源、野生动植物及环境的保护

自然资源和野生动植物资源是自然环境的组成部分，也是重要的旅游吸引物。在人类越来越渴望回归自然、越来越关注自然环境的情况下，旅游开发确实起到了保护自然环境和野生动植物的作用。比如，我国建立的国家地质公园，在旅游开发的同时保护了地质地貌的多样性和在此生存的野生动植物。再如东非和南非在20世纪80年代初期就建立了国家公园，成为世界上最大的野生动物庇护所，通过开发旅游资源，发展旅游业，既获得了利润，又对野生动植物资源起到了良好的保护作用。

（二）促进对传统文化的挖掘、保护和弘扬

由于旅游者的来访以及他们对地方特色的探寻，使许多传统文化和民俗文化得到继承、传播和发扬，对传统文化和民俗文化是一种极好的保护，如具有地方特色的戏曲、原生态的音乐、手工艺术等。除此之外，旅游资源的开发和旅游业的发展也使得很多少数民族的民族文化免受灭顶之灾，如阿坝州藏羌文化旅游的发展就对当地民族文化起到了较好的保护作用，同时，通过旅游业的传播，使民族文化更有生命力和吸引力。

二、我国旅游环境保护面临的问题

（一）旅游城市生态环境恶化

旅游业的兴旺，使旅游接待地的流动人口增加。旅游交通的频繁和飞机、汽车、游艇等交通工具废气排放量的增大，致使旅游接待地的空气污染、噪声污染和水质污染加剧，许多穿城而过的河流已遭严重污染，水色发黄甚至发黑。另外，旅游接待地人满为患的状况，也加重了当地基础设施的负担，水、电、交通等的供应因需求量增加而显得不足。

（二）旅游者环保意识差，加重了人为因素对旅游景点的破坏

在旅游景点经常可以看到旅游者触摸、攀爬名胜古迹，在部分古迹上乱刻乱画的现象也不时发生。这些都使名胜古迹的本来风貌和存在寿命受到严重威胁。一些穿着入时的旅游者随手丢垃圾的不良行为，也致使旅游区的美景大打折扣。更有少数旅游者，竟在旅游区狩猎、露营、野炊，这既加重了旅游区的生态负担，又可能造成一些物种的数量减少，甚至灭绝，使旅游区的生态平衡受到严重破坏。

小贴士

英国《新科学家》杂志撰文称，在世界各国生态旅游蒸蒸日上的同时，作为其保护对象的动植物种群却面临威胁。为此，生物学家不无担忧地发出警告：在一些旅游景区，大量旅游者的到来使动物日常生活紊乱、压力增加，进而微妙地影响它们的健康与繁衍生息。例如，在加拿大的曼尼托巴，在寒冷的冬天本应休眠的北极熊由于受到人类的侵扰而焦虑不安，提前进入捕猎海豹期；在新西兰的奥塔哥半岛，长着黄眼睛的小企鹅频繁受到

旅游者惊扰，10%以上体重下降，由于观赏者众多，企鹅的聚集地越变越小，甚至消失……可见，在旅游者观赏取乐时，动物的苦乐和生存需要往往被忽略掉了。

一个国家的国民对待动植物的态度，是衡量一个社会文明程度的重要标志。千百万年来，在地球生态系统中，各种生物相互依存、制约，通过复杂的食物图和营养金字塔才得以共生，自然界的秩序才得以和谐。也就是说，人类只有与动物、植物等生物体和谐共处、共同发展，才能维持整个生态系统的平衡。而生物多样性的"生命之舟"如今却陷入了失去平衡与稳定的困境。

联合国《千年生态系统评估》认为，目前全球物种灭绝的速度已经超过自然灭绝速度的1 000倍。而生态系统一旦被破坏，后果将会是灾难性的，几乎无法逆转。因此，提醒已经在进行生态旅游或将要进行生态旅游的游客：在游玩过程中，请不要忘记野生动植物也有自己喜欢的生活方式，尽量不要去打扰它们。

（三）旅游资源管理体系不完善

首先，旅游区的资源和环境管理体制不健全，管理水平跟不上。目前，所有旅游区都是由旅游区管理处负责景区的管理和建设，在旅游区的环保工作中，经常发生相关部门互相推诿的现象，造成管理混乱，影响了环保工作的深入开展。

其次，旅游经营人员缺乏环保意识，文明建设滞后，致使名胜古迹受损。旅游业经营管理部门对旅游区内的垃圾等污染源只作简单处理，而不是彻底解决；对于维护环境的基本设施，如警示牌、垃圾桶、厕所等觉得没必要，不愿投资。

（四）对旅游资源的开发不当造成了部分资源的破坏

旅游区的开发缺乏科学规划，是造成旅游环境破坏的一个重要原因。有的旅游区规划经不起可行性论证，更有甚者，虽然做了规划，但在实际开发时并未执行规划。旅游开发建设过程中，旅游开发建设与旅游区整体环境不协调，破坏了旅游区环境，特别是旅游气氛环境，主要表现为古迹复原处理不当、新建项目与旅游景观不协调，改变或破坏了旅游区所有的、应当保留的历史、文化、民族风格和气氛等。

（五）旅游环境破坏的自然因素

旅游环境是大自然的一部分，大自然的发展变化必然会促使旅游环境的发展变化。根据大自然发展的影响程度和速度，可分为突发性破坏和缓慢性破坏两种情况。

突发性破坏是自然界中突然发生的变化，如地震、火山喷发、飓风、海啸、洪水、泥石流、塌方、滑坡等自然灾害。这些自然灾害会突然直接改变一个地区的自然面貌，毁掉部分或全部的旅游资源和环境。

缓慢性破坏指的是自然界的风化侵蚀，会慢慢地改变景观的形态。旅游环境的缓慢性破坏包括自然状态下的寒暑变化、风吹雨淋及生物作用所导致的旅游环境形态和性质的改变，任何名胜古迹及其外围环境都时刻受到自然机械风化的危害。在千百年的风雨侵蚀和人为作用的影响下，许多旅游区的旅游环境已出现衰败的迹象。

第十章 旅游业可持续发展与旅游资源保护

小贴士

一、旅游资源立法

（1）旅游资源的国内立法保护。旅游业较发达的国家都很重视旅游资源保护方面的立法，如法国、埃及、日本等。我国的相关法律法规主要有《中华人民共和国环境保护法》《中华人民共和国森林保护法》《中华人民共和国水法》《中华人民共和国野生动物保护法》《风景名胜区管理暂行条例》（1985年6月7日国务院发布）、《中华人民共和国自然保护区条例》（1994年12月1日起施行）、《中华人民共和国文物保护法》（2002年10月28日第九届全国人民代表大会常务委员会第三十次会议通过）等。我国于1983年成为世界旅游组织成员，自1985年起，每年都确定一个省、自治区或直辖市为世界旅游日庆祝活动的主会场。

（2）各国旅游资源法规的主要内容。

①规定旅游资源立法的保护范围。

②规定旅游资源管理机构的职权和任务。

③规定旅游资源保护开发利用的原则。

④规定旅游资源各级主管机构和旅游者的义务。

⑤规定有关的法律责任。

二、《旅游资源保护暂行办法》

《旅游资源保护暂行办法》是2007年9月4日由国家旅游局发布并实施的。

第一条 为了加强对旅游资源和生态环境的保护，促进旅游业的健康协调可持续发展，建设资源节约型和环境友好型社会，特制定本办法。

第二条 本办法所称旅游资源是指自然界和人类社会凡能对旅游者产生吸引力，可以为旅游业合理利用，并可产生经济效益、社会效益和生态效益的各种事物和因素。

包括已开发的各类自然遗产、文化遗产、地质、森林、风景名胜、水利、文物、城市公园、科教、工农业、湿地、海岛、海洋等各类旅游资源，也包括未开发的具有旅游利用价值的各种物质和非物质资源。

第三条 旅游资源保护坚持严格保护、开发服从保护的原则，实现协调监管、合理利用、科学发展的目标。

第四条 国务院旅游行政管理部门负责全国旅游资源的普查、分类、定级、公告及相关保护工作，各地旅游行政管理部门负责本地区的旅游资源的普查、分类、定级、公告及相关保护工作。

第五条 旅游资源普查是旅游资源保护的基础，县级以上旅游行政管理部门应依据本办法和《旅游资源分类、调查与评价》等国家标准做好本地区的旅游资源普查工作，向社会公布，并适时补充、更新相关信息，作为开展旅游资源保护、制定旅游产业发展规划的基础数据库。

第六条 各级旅游行政管理部门应与同级人民政府的环保、建设、土地、林业、文化、水利等部门密切合作，承担推进本地区旅游资源保护工作的责任。

第七条 各级旅游行政管理部门应加强对旅游资源保护的宣传工作，不断增强旅游经营者、民众和游客的旅游资源保护意识。

旅行社、旅游景区、导游人员应担负起教育游客在旅游活动中保护旅游资源的职责。

第八条 任何社会团体和个人都有权利和义务依法从事旅游资源保护工作。

对于发现的旅游资源破坏事件，任何团体和个人都有义务及时向当地旅游部门举报。

第九条 各级旅游行政管理部门应确保旅游资源普查工作的资金。

第十条 鼓励社会团体、个人通过捐赠等方式依法设立旅游资源保护基金，专门用于旅游资源保护，任何单位和个人不得侵占、挪用。

海外社会团体、个人通过捐赠等方式在我国设立旅游资源保护基金，依照我国相关法律、法规等规定办理。

第十一条 各级旅游行政管理部门可以根据需要设立本地的"旅游资源保护监督员"和"旅游资源保护公益宣传大使"。监督员和公益宣传大使名单应向社会公布，并报相应旅游行政管理部门备案。若有变动，及时向社会公布并报告备案。

第十二条 各级旅游行政管理部门应对在本地旅游资源保护工作中做出突出贡献的集体和个人进行大力宣传和鼓励。

第十三条 设立旅游资源保护咨询专家组，建立旅游资源保护专家咨询报告制度。

专家组由各级旅游行政管理部门负责组建，并向社会公布。所聘专家应包括涉及旅游资源各种类型各方面的专家。

专家组为旅游资源保护工作提供咨询、建议、发表评论。并在每个五年规划的末期，提交本时期的《旅游资源保护报告》，由各级旅游行政管理部门向社会发布。

第十四条 各级旅游行政管理部门应协调处理好旅游资源保护和旅游发展之间的关系。单独编制旅游资源保护规划，并将旅游资源保护规划的主要内容纳入本地的旅游业发展规划。

旅游资源保护规划的编制应选择具有相应资质的旅游规划编制单位承担。

第十五条 依据国家有关法律法规的规定，依法从事旅游资源开发活动的单位或个人，在取得有关部门的立项和建设许可后，应及时到旅游资源所在地的旅游行政管理部门备案。

当地旅游行政管理部门有责任向备案的旅游资源开发单位或个人，提供本地的旅游业发展基本情况、发展预期等相关信息，并做好企业发展的有关业务指导工作。

第十六条 各级旅游行政管理部门应建立辖区内的旅游资源开发情况资料库，收集、登记旅游资源开发建设单位、建设规模、运营情况等信息，并将可以公开的信息及时向社会公布。

第十七条 开展旅游资源的招商开发活动，应提供全面和可信的项目立项、土地审批、资源保护等方面的信息，严禁虚假宣传，旅游行政管理部门应加强相关监督检查。

第十八条 依法从事旅游资源开发活动的单位和个人，应提前制定专项的旅游资源开发保护方案。方案包括旅游资源开发过中的保护措施和建成后景区的旅游资源保护措施。并报当地旅游行政管理部门备案。

第十九条 旅游景区从事旅游接待活动，应在旅游资源保护允许容量范围内开展，并制定相应的旅游高峰安全运行预案，及时向社会公布游客流量占景区最大接待容量的信息，合理疏导游客。

第二十条 严禁任何单位和个人在未经开发的旅游资源区域开展旅游经营活动。

在以上区域开展科学研究、体育运动、探险等非赢利活动，应提前向所在地旅游行政管理部门报告备案，包括活动目的、人数、停留天数、相应联系方式及预采取的旅游资源保护措施等内容。

第二十一条 建立旅游资源保护情况通报制度。各级旅游行政管理部门对于本地区发生的重大破坏旅游资源事件应及时报告同级人民政府和上级旅游行政管理部门。经过批准后，及时向社会通报旅游资源破坏事件的相关情况，正确引导舆论，接受社会各界监督。

第二十二条 对于破坏旅游资源的行为，由资源所在地旅游行政管理部门对行为主体予以教育、批评、责令其停止违法行为，并根据法律、法规，协同有关部门做出相应处罚。

第二十三条 对于各级旅游行政管理部门对辖区内旅游资源保护未履行监督职责或监督不力，造成严重后果的，由上一级旅游行政管理部门予以通报批评。

第二十四条 本办法由国家旅游局负责解释。

第二十五条 本办法自发布之日起实施。

第三节 可持续旅游发展及其实现路径

一、实施可持续旅游发展战略

在保护资源与环境并最大限度地增加旅游者的乐趣和给当地带来效益的同时，将旅游开发对所在地区的消极影响维持在最小限度内。可持续旅游发展应该成为旅游资源开发和保护的衡量标准之一。

二、政策引导、加强管理、综合发展

旅游资源开发和保护中需要政策支持、引导和适度的管理力度，以规范旅游资源的开发和保护，更需要政府在旅游发展中的规划、组织、协调、规范等作用。旅游单位本身要注意研究新问题，要不断加强与建设、交通、林业、文化、宗教、环保等相关部门的有机结合，及时研究、协调、解决旅游业发展中的困难和问题。

三、加强监管

保证开发与环境保护相结合，着力建立长效机制，并适当地开展政策和旅游宣传教育，可以使社会形成开发保护的共识，使旅游从业人员成为资源开发和保护的先锋，使旅游者成为文明的资源保护者。

四、建立旅游资源与环境保护的制度体系

通过立法建立旅游资源与环境保护制度，实现对旅游活动的规范管理，是当前旅游资源保护和旅游业发展面临的紧迫任务。立法必须建立在深入研究旅游活动对旅游资源与环

境影响的基础上，必须以生态学理论为指导，遵循资源与环境演变的自然科学基本规律，这样才能保证旅游资源与环境保护制度的合理性和科学性，达到制定这些制度的根本目的。

（一）旅游规划制度

旅游规划是指运用适当的经济、技术手段，对旅游区的旅游资源、人力资源、资金与物力资源进行合理配置，以确定区域旅游资源的经济开发目标，实现旅游经济发展与生态环境的协调。

（二）旅游容量控制制度

保护生态系统的完整性，将人类活动控制在生态系统的承载能力之内，是实现系统与区域可持续发展的最基本的要求和首要条件。旅游容量控制制度，是指从这一制度出发，根据旅游承载能力确定旅游区的游客容量，对进入旅游区（点）的人数进行控制的一项管理制度。这个制度在保护旅游资源、实现可持续旅游目标方面十分重要。

（三）旅游资源与环境保护制度

旅游资源与环境共同构成了旅游地的生态系统，保护资源与保护环境具有高度的一致性。与普通地区相比，旅游区的环境要求更高。因此，要建立旅游资源与环境保护制度，加强对旅游区旅游资源与环境消长情况的监测，并按照更加严格的环境质量标准，做好旅游区的环境治理工作，保证旅游地的环境优良，给游客营造一个良好的环境条件。

★ **实例解析**

美国黄石公园的旅游资源保护

一万多年前，黄石公园原是印第安人的狩猎区。1807年，随着路易斯与克拉克探险队的远征及第一位进入黄石公园的白人约翰·寇特的探勘，黄石公园才得以呈现在世人面前。直到1872年，美国总统格兰特签署了《黄石国家公园法案》，黄石国家公园成为世界上第一个国家公园。

如今，黄石公园地处美国西部爱达荷、蒙大拿、怀俄明三个州交界处的熔岩高原上，总面积8 987平方千米。公园自然景观有以石灰石台阶为主的热台阶、大峡谷、瀑布、湖光山色、间歇喷泉与温泉等。黄石公园内栖息着60种哺乳动物，12种鱼，6种爬行动物，4种两栖动物，以及100多种蝴蝶和300多种鸟。其中不乏世界珍稀动物北美野牛、灰狼、棕熊、驼鹿、麋鹿、巨角岩羊、羚羊等。

由于异常丰富的旅游资源、长达100多年的旅游历史中众多特许经营商加盟，每年约有300万游客到公园旅游，有1/3的美国人一生中至少去黄石公园一次，如今黄石公园已经成为旅游者的天堂。

一、保护措施

黄石公园员工自己引以为傲的是他们保持国家公园的优良传统，即公园的所有工作人员都参与公园资源的保护工作。在黄石公园，所有的雇员都被鼓励参与对游客的教育活动，尤其是教育的内容涉及资源保护时。当游客们看到在公路上慢悠悠地行走的野生动物

第十章 旅游业可持续发展与旅游资源保护

时，会成为公园守护者的忠实听众，听他们讲解关于野生动物的生活习性、种群状况等方面的情况。

为了加强经营管理和资源保护方面的联系，黄石公园除了资源方面的专家负责监督公园的自然和文化方面的资源状况、确定需要采取什么措施去保护或修复它们之外，还有5个全职的资源运营协调员。另外，通常情况下，还有15名雇员被安排在资源运营和保护部工作。

一起参与黄石公园维护的，除了专家、协调员和雇员外，还有来自各个行业的志愿者、合作伙伴、合作协会、基金会以及黄石公园的赞助商们。

（1）正式雇员。他们是公园的守护者，提供关于公园的信息服务和传递保护环境的内容。

（2）志愿者。公园的管理当局为了在延长了的旅游旺季中保持公园的平稳运作，每年都要招募许多临时雇员和志愿者。

（3）合作伙伴。公园与非赢利机构合作以帮助公园的雇员为游客提供更好的服务以及对公园的资源进行更好的保护。

（4）黄石公园合作协会。黄石公园协会通过在公园观光中心销售教育资料、发展会员和从愿意支持特别项目的个人那里募集资金。

（5）黄石公园基金会。1996年，一个新的基金会建立了，以便吸纳更多的私人资金用于维持、保护和加强黄石公园的资源管理并丰富游客的游览经历。

（6）黄石公园的赞助商。黄石公园最慷慨的赞助商是美国留声机总裁及Mannheim Steamroller集团公司制片人Chip Davis。黄石公园的其他赞助商包括：佳能，提供设备和资金用于研究棕熊以及打印公园的宣传品；Diversa Inc，对狼的DNA进行实验分析以找出黄石公园中的狼与美国其他地方的狼的血缘关系；环境系统研究所，提供软件和培训，以帮助公园雇员绘制资源图以及获得空间信息，便于研究人员利用。

黄石公园还和Univer Home & Personal Care公司有长期稳定的合作关系，该公司提供资金支持关于公园热点问题的科学研讨会，以及捐助回收材料用于老忠实泉周围的人行道建设，并且该公司还是一个新的游客中心的主要赞助商。

无论公园的守护者是专家、雇员还是志愿者，他们的职责核心就是维护黄石公园的自然环境；监督资源状况，从而确定游客的影响程度，并采取有效措施将这种影响降至最低；在游客经常光顾的景点开辟道路、野营地以及添置设施设备；教育游客如何保护公园的资源；加强法律和公园规章制度的实施力度。

二、旅游项目

如今黄石公园的旅游活动可以说是包罗万象、丰富多彩，适合形形色色的旅游者。

根据活动组织者的不同，黄石公园内的旅游活动可分为：具有官方性质的活动，由公园守护者组织的活动，由特许经营者组织的活动，自助旅行等。根据在公园内旅行所采用的交通方式，可分为：乘坐公园大巴旅行，自驾车游览，骑自行车旅行，骑马，划船，冬季雪上项目，徒步旅行等。根据地质特征和生态景观，可分为：温泉旅游，峡谷瀑布区旅游，黄石湖区旅游，间歇喷泉区（包括间歇喷泉、温泉、热水潭、泥地和喷气孔）旅游等。根据旅游活动的内容，可分为：参观景点，讲解和讨论，观赏野生动物，参与带有学术性质的旅游活动，探险，野营和篝火，垂钓，柯达摄影展示以及其他旅游活动等。

其中，最具代表性的旅游项目有以下几种。

（1）初级守护者。黄石公园针对5～12岁的孩子开展了一项名为"初级守护者"的官方项目，其目的是向孩子们介绍大自然赋予黄石公园的神奇景物以及孩子们在保护这一人类宝贵财富时所扮演的角色。

要成为一名初级守护者，每个家庭需要为长达12夜的活动支付3美元，这样孩子们就可以参观公园的任何一个游览中心。孩子们的主要活动包括：参加由公园守护者引领的一些活动，在公园的小道上徒步旅行，完成一系列关于公园的资源和热点问题的活动，以及了解诸如地热学、生态学的相关概念。然后，在核实了孩子们确实出色地完成了上述活动后，参与者将被授予官方的"初级守护者"荣誉称号。

（2）野生动物教育——探险。黄石公园的野生动物数量众多，类型多样，是全美观察悠闲漫步的大型野生哺乳动物的最佳地区之一。该活动在黄石公园协会的一名有经验的生物学家的带领下，探寻黄石公园内珍稀的野生动物。通过该活动，参与者将会了解在何处、何时、怎样观察野生动物，并且从它们的行为以及保护状况中得到满足。

（3）寄宿和学习。该项目对于那些想通过游历世界上最早成立的国家公园而获得乐趣、恢复精力的游客而言，是真正集教育和休闲于一体的活动。借助于黄石公园的住宿条件，参与者白天在黄石公园研究会的自然学家的带领下探寻黄石公园的有趣之处；夜晚，他们返回住处享受美味佳肴和舒适的住宿环境，并且在有历史性的公园饭店内体验丰富多彩的夜生活。

（4）现场研讨会。该活动为游客提供了一段相对比较集中的近距离的教育经历，主要涉及一些专门领域的内容，如野生动物、地质学、生态学、历史、植物、艺术以及户外活动的技巧。研讨会的指导者一般是对黄石公园充满感情、并且愿意与他人共享其专业知识的知名学者、艺术家和作家。无论是青年还是老人，男性还是女性，长期从事科研工作的学者还是初来黄石公园的游人，只要是具有某一方面好奇心的游客，都可以成为该活动的积极参与者。

（5）徒步探险。面积达8 900多平方千米的黄石公园，是美国最原始的荒原地区。这其中，有1 700多千米的小道适合徒步行走。然而，由于荒野带给人们固有的恐惧感、不可预知的野生动物、变幻莫测的天气、难以忍受的地热环境、寒冷的湖水、湍急的溪流以及布满松散岩石的崎岖不平的高山，使得徒步探险活动充满了艰险和危险。当然，有一部分探险活动不那么充满危险和艰辛，而是在公园守护者的带领下，花半天的时间，参观鲜为人知的地热区、探寻野生动物的栖息地、经历黄石公园的一段荒凉地带。

（6）野营和野餐。黄石公园内共有12个指定的野营地点，其中大部分遵循谁先到先为谁服务的原则。在野营地点，游客既可以欣赏黄石公园的美景，又可以远离喧嚣的都市，体验悠闲自得的乡野生活，同时，还可以通过与公园守护者和其他游客的交谈加深对黄石公园的了解。

（资料来源：中国环境报网，2010年4月）

请阅读案例并思考：

1. 如何理解本案例中对于旅游资源保护的措施？
2. 黄石公园的旅游项目对于我国旅游景区的资源保护有何借鉴意义？

第十章 旅游业可持续发展与旅游资源保护

知识归纳

旅游业可持续发展是可持续发展思想的延伸，其含义为在不损害环境持续性的基础上，既满足当代人高质量的旅游需求，又不妨害后代人对高质量旅游的要求，既保证旅游经营者的利益，又保证旅游者、旅游地居民的利益，实现旅游业长期稳定和良性发展，实质就是不断保持环境资源和文化的完整性，并能给旅游区的居民公平地分配旅游业的社会、经济效益。实现旅游业可持续发展的意义在于实现旅游业可持续发展是推动我国经济发展、扩大社会就业总量的有效举措，是促进发展方式转变、推动低碳经济发展的巨大助力，是扩大国际文化交流、提升国家软实力的重要保障。

我国旅游环境保护面临的问题主要有：旅游城市生态环境恶化；旅游者环保意识差，加重了人为因素对旅游景点的破坏；旅游资源管理体系不完善；对旅游资源的开发不当造成了部分资源的破坏；旅游环境破坏的自然因素。

可持续旅游发展的实现路径有：实施可持续旅游发展战略，政策引导、加强管理、综合发展，加强监管，建立旅游资源与环境保护的制度体系。

复习思考题

1. 什么是旅游业可持续发展？简述其内涵。
2. 当前中国的旅游资源保护存在哪些问题？应该如何解决？
3. 在旅游资源开发中运用可持续发展的思想的意义是什么？
4. 结合自身的经历，举例说明旅游资源、旅游业发展与旅游环境保护的关系。
5. 实训：以个人为单位，搜集国内外旅游资源保护相关的典型案例，并结合所学理论知识进行分析，形成案例分析报告，以PPT展示的方式与全专业同学分享。

参 考 文 献

[1] 保继刚，楚义芳. 旅游地理学 [M]. 北京：高等教育出版社，1999.
[2] 庞规全. 中国旅游地理 [M]. 北京：旅游教育出版社，2003.
[3] 高曾伟，卢晓. 旅游资源学 [M]. 上海：上海交通大学出版社，2002.
[4] 孙克群. 世界旅游地理 [M]. 南昌：江西美术出版社，2008.
[5] 晁华山，世界遗产 [M]. 北京：北京大学出版社，2004.
[6] 马耀峰，宋保平，赵振斌. 旅游资源开发 [M]. 北京：科学出版社，2005.
[7] 骆高远，吴攀升，马骏. 旅游资源学 [M]. 浙江：浙江大学出版社，2006.
[8] 李燕琴，张茵，彭建. 旅游资源学 [M]. 北京：清华大学出版社，2007.
[9] 田克勤，王照青，朱海梅. 工业旅游方略：青岛工业旅游发展研究 [M]. 北京：社会科学文献出版社，2009.
[10] 陈国生，黎霞. 旅游资源学概论 [M]. 武汉：华中师范大学出版社，2006.
[11] 甘枝茂，马耀峰. 旅游资源与开发 [M]. 2版. 天津：南开大学出版社，2007.
[12] 高峻. 旅游资源规划与开发 [M]. 北京：清华大学出版社，2007.
[13] 董晓峰. 旅游资源学 [M]. 北京：中国商业出版社，2006.
[14] 周骏一. 旅游资源与开发 [M]. 成都：西南财经大学出版社，2009.
[15] 孙克勤. 地质旅游 [M]. 北京：地质出版社，2011.
[16] 郑光磊. 风景旅游区环境质量评价 [M]. 北京：中国环境科学学会，1982.
[17] 陈传康，刘振礼. 旅游资源鉴赏与开发 [M]. 上海：同济大学出版社，1990.
[18] 谢彦君. 基础旅游学 [M]. 2版. 北京：中国旅游出版社，2004.
[19] 朱小雷. 建成环境主观评价方法研究 [M]. 南京：东南大学出版社，2005.
[20] 麦克切尔，迪克罗斯. 文化旅游与文化遗产管理 [M]. 朱路平，译. 天津：南开大学出版社，2006.
[21] 孙家抦. 遥感原理与应用 [M]. 武汉：武汉大学出版社，2003.
[22] 杨载田. 中国旅游地理区划教学的理论体系探索与实践 [J]. 衡阳师范学院学报，2010，31 (6)：154-157.
[23] 魏峰群. 对历史文化名城旅游开发的探索和思考 [J]. 旅游科学，2006 (2)：30-34.

［24］卫红，严艳．基于博弈论的历史文化名城保护与旅游开发研究——以陕西韩城市为例［J］．资源开发与市场，2011，27（1）：71-82.

［25］张炜．历史文化名城保护与旅游协同发展探索——以平遥古城为例［D］．重庆：重庆大学，2008.

［26］张军占．历史文化名城开封的发展与城市文化遗产保护研究［D］．武汉：华中师范大学，2008.

［27］严国泰．论历史文化名城旅游规划系统方法［J］．同济大学学报（社会科学版），2002（6）：17-20.

［28］潘宝明．历史文化名城的文物保护与旅游发展——扬州的得失引发的名城文物保护的忧思［J］．旅游学刊，1999（3）：51-53+79.

［29］阎守邕，丁纪，濮静娟，等．中国旅游资源分区的初步研究［J］．自然旅游资源学报，1989（2）：112-122.

［30］程志美．浅析中西方园林艺术的差异［J］．安徽农学报，2009，15（23）：92-93.

［31］黄细嘉，李雪瑞．我国旅游资源分类与评价方法对比研究［J］．南昌大学学报（人文社会科学版），2011，42（2）：96-100.

［32］吴必虎，高向平，邓冰国．内外环境解说研究综述［J］．地理科学进展，2003，22（3）：326-334.

［33］俞孔坚．自然风景质量评价研究——BIB-LCJ审美评判测量法［J］．北京林业大学学报，1988（2）：1-11.

［34］马晓龙，吴必虎．西安旅游区旅游流空间结构研究［J］．地理与地理信息科学，2004，20（5）：95-97.

［35］罗成德．旅游地貌资源的综合模糊评价［J］．地理与地理信息科学，1994，8（3）：45-49.

［36］王芳．基于百度指数的中国大陆5A级景区旅游信息流网络空间格局研究［D］．南京：南京师范大学，2015.